JN424626

푸드표현상담을 통한

치유와 성장

한국푸드표현예술치료협회 전문가 공저

김민용 강민주 김지유 김혜경 백경미 이경숙
이영희 이은영 장기덕 지효숙 최진태 한은혜

Food expression counseling

양성원

머리말

Foreword

'인생은 어떤 식으로 살라고 누가 정해 놓은 규칙이 있는 게 아니다. 중요한 것은 나에게 맞는 삶의 방식을 찾아내는 일이다.'라는 말은 미하이 칙센트미하이 교수의 말이다. 필자는 세 번째 푸드표현예술치료 책인 누구나 쉽게 적용 가능한 푸드표현상담사례집으로 『푸드표현 상담을 통한 치유와 성장』을 K-FEAT협회 전문가분들과 공저로 집필하면서 미하이 친센트미하이 교수의 말로 이 책의 머리말을 시작하고 싶다. 상담도 이와 마찬가지이지 않을까 한다. 지구상의 수많은 상담이론 중 자신의 가치관과 잘 맞는 상담이론과 기법, 방식을 선택하여 내담자의 마음에 맞추어 내담자의 마음을 따라가며 내담자의 삶의 질을 높여 주는 것이 중요하지 않을까. 즉, 상담을 통한 치유(healing) 도우미로 도움을 필요로 하는 내담자의 곁에 온전히 함께 있어 주는 것이 푸드표현 상담자의 역할이라 생각한다.

본 책은 총 12장으로 열한명의 푸드표현상담 전문가의 실제 상담사례와 한명의 푸드표현상담 적용프로그램으로 구성되어 있다. 각 장마다 전문가 각자의 고유의 특성과 전문지식이 '푸드표현 예술치료'와 함께 녹아나 있다. 상담을 처음 공부하는 초보자도 쉽게 이해하고 푸드표현상담을 접목하여 내담자에게 도움을 줄 수 있도록 구성되어 있다. 처음부터 읽지 않고 독자 자신이 관심갖는 부분을 펼치고 읽어도 도움이 될 것이라 생각하다. 푸드표현예술치료를 사랑하는 전국에 계신 전문가 분들이 바쁜 가운데 따로 또 함께 마음을 모았고 책을 전개하는 표현방식은 다 다르지만 푸드표현예술치료를 활용하여 내담자와 온전히 함께하며 내담자의 건강하고 아름다운 인생을 위해 시간과 마음을 모아 용기 있는 목소리를 내 보았다.

2006년부터 필자와 함께하는 푸드표현 전문가분들은 필자와 비슷한 생각을 하고 계신 분들이라 생각한다. 사람이 살아가는 동안 생명을 유지하기 위해 하루에 두세 번은 먹어야 하는 음식이라는 중요한 요소를 생각해 보며 음식재료를 만지고 다듬고 먹으며 마음을 표현한다. 푸드작품을 표현하는 동안 음식재료의 생명력이 내담자의 마음에 각인되며, 음식재료를 보는 순간 생각의 전환이 일어나고 기분이 바뀌어 주변 환경을 바라보는 시각이 바뀔 수 있다. 이런 과정을 통해 일상생활 속에서 자신을 조절하고 통제하는 힘이 커질 것이며 조화로운 삶을 살아가는 데 도움이 되고 행복도 또한 증진된다고 생각한다.

이 책은 상담초보자부터 상담에 능숙한 전문상담사가 되기까지의 우리가 함께 고뇌하고 솔직하게 고민하며 시행착오를 경험한 실수한 흔적들도 담겨있는 고백서이기도 하다. 또한 우리가 함께 모여 연구하고 푸드표현 실습을 병행하고, 전문가로서 상담자의 자질과 인격적 자질을 높이기 위해 워크샵을 열고, 서로 가르치며 피드백을 주고받으며 이해를 높인 푸드표현예술치료에 대한 임상실습서이기도 하다.

우리 필자 모두는 한마음으로 이 책을 통하여, 언어상담만으로는 접근하기 어려운 내담자를 만났을 때 푸드재료를 매개체로 어떻게 하면 상담과 심리치료에 관심을 갖고 문제를 소유한 사람들을 좀 더 편안하게 접근하며 내담자와의 래포형성에 도움이 될지 내담자의 마음의 문을 어떻게 하면 편안하게 열 수 있는지 고민하며 마음을 모았다.

자신의 상담사례를 공유해 주신 푸드표현상담 전문가 선생님들께서는 많은 개인, 가족, 집단상담에서 푸드표현예술치료를 수년간 적용하고 활용해 온 경험을 통해 상담 장면에서 내담자와의 신뢰를 구축하기 위한 자기 개방과 내담자와 치료적 동맹관계에 푸드표현예술치료가 도움이 많이 되셨음을 증명해 주셨다.

이 책의 대표 저자로서 필자 또한 특히 까다로운 내담자라고 불리는 말하는 것을 거부하거나 상담에 거부감을 갖는, 또는 심각한 트라우마를 갖고 있거나 오랫동안 고통으로 마음이 많이 황폐해진 사람들에게 푸드표현예술치료가 그들을 온전하게 감싸 주며 사랑이 듬뿍 담긴 밥상을 차려 주는 엄마처럼 편안함을 느끼게 하는 것을 보아 왔다. 이런 푸드로 만들어 가는 안전한 환경 속에 온전히 함께 있어 주는 것만으로도, 내담자는 무의식 깊이 숨어 있던 자신의 건강한 내면의 자신과 만나, 자신의 긍정적인 자원을 찾아내고 자기유능감을 향상시키게 된다. 필자는 푸드만큼 편안하고 안전하며 좋은 치유 매체는 없을 것이라 자부한다. 실제 내담자들의 소감에서도 푸드라는 매체가 참 재미있고, 자연의 아름다움을 자신의 작품으로 만들어 가는 과정에서 희열과 자신감을 느꼈다는 피드백과 또한 먹는 것의 즐거움도 적지 않았다는 이야기들을 한다.

현재 우리는 스마트 디지털 지식정보가 넘치는 4차산업혁명시대를 살아가며 코로나19상황까지 대한민국은 물론 전세계 인류는 급변하는 환경의 스트레스 속에 살고 있다. 이러한 사회적 거리두기로 인한 불안함과 불확실의 시대속에 살아가는 현대인들의 불편함을 해결하고 자신에게는 편안하고 치유의 시간을 다른 사람들과는 좋은 관계를 형성하며 보다 행복한 삶을 위한 셀프 힐링의 효과적인 방법으로 푸드표현예술치료를 활용할 수 있을 것이다. 일상의 건강하고 아름다운 삶을 위해서 창의융합적인 맛있고 즐거운 테라피인 푸드표현예술치료의 필요성과 요구가 지속적으로 증가할 것이다.

2011년과 2019년 모든 연령층이 좋아하고 즐길 수 있는 푸드표현예술치료와의 만남을 통해 많은 사람들이 건강하고 긍정적인 삶으로 발전지향적인 생활을 하게 됐으면 하는 바램으로 『푸드표현예술치료의 이론과 실제』, 『건강하고 맛있는 창의융합 푸드표현예술치료』를 출판하게 되었고 그 후속연구가 계속 필요하다는 생각을 갖고 있었던 차에 한국푸드표현예술치료협회 전문가 여러분과 공저로 『푸드표현상담을 통한 치유와 성장』을 출간하게 되어 진심으로 감사하고 기쁘게 생각한다.

아무쪼록 이 책이 건강한 개인, 행복한 가족, 나아가 평화롭고 아름다운 국가사회를 만드는 데 조금이라도 도움이 되고 상담영역에서 충분히 활용할 가치가 큰 몸과 마음의 수호천사로 자리잡게 된다면 정말 기쁘겠다.

저자 대표 김민용

초대와 감사의 글

오늘의 한국푸드표현예술치료협회가 있기까지 그리고 이 책이 나오기까지 직간접적인 영향을 주신 모든 분들께 지면을 빌어 감사의 마음을 전하고 싶습니다.

푸드표현예술치료라는 말은 조금은 생소한 분야로 들리는 말이지만 오래전부터 많은 사람들에게 친숙한 분야이기도 합니다. 푸드표현예술치료는 표현예술치료의 한 장르이고 주로 사용하는 매체인 푸드(food) 재료는 일상생활에서 늘 대하는, 우리 주변에서 쉽게 구할 수 있고 흔한 재료입니다. 우리가 음식을 준비하고 함께 나누어 먹는 가족, 친구들과 함께하며 사람들에게 언제나 가까이 있는 재료이지요. 우리는 더욱 친밀하고 깊은 신뢰관계를 맺기 위해, 때로 우리 주변의 사람들과 맛있는 음식을 나누어 먹으며 특히 깊은 관계를 맺고 싶은 사람에게는 자신이 손수 만든 아름답고 근사한 케이크를 선물하여 특별한 만남의 결속을 다지는 기회로 삼기도 합니다.

동서양의 고서에 보면 슬기로운 옛 어른들은 아주 오래전부터 기원의 마음을 담고 염원하는 마음으로 절대자에게 음식을 바치며 후손의 안녕과 평안을 구하는 기도를 나름대로의 방식을 사용했었고 대부분은 음식과 연관된 재료였지요. 정갈하게 준비한 음식을 절대자에게 바치는 의식은 신체적, 정신적, 영적인 행복을 추구하고 평화를 구하는 기도였다고 보여집니다. 이러한 오랜 전통을 담고 생활 속에 지혜로 녹아 있는 음식과 사람 간의 상호작용을 푸드재료를 활용한 표현예술치료 기법을 적용해, 4차산업혁명시대의 창의융합적 감성인으로 거듭나 각박해져 가는 현대인의 삶 속에서 몸도 튼튼, 마음도 튼튼해지는 일상의 힐링 도구로 선택해 보면 어떨까요?

그동안 함께했었던 전문가 선생님들의 수고와 노력, 함께 참여하시며 자기 치유와 성장을 위한 기회를 삼고자했던 학습자분들의 체험을 한자리에 모았습니다. 푸드표현예술치료를 통한 신선한 자극과 활력, 개인의 변화(진화)와 성장, 영적인 건강과 행복을 추구하는 푸드표현예술치료의 상담과 동아리 학습 활동의 다양한 접근으로 함께한 우리의 사랑과 치유, 나눔의 시간을 정리하여 수줍지만 용기 있게 담아 보았습니다.

바쁘신 가운데 함께해 주신 푸드표현예술치료 전문가 선생님들께 머리 숙여 깊은 감사의 인사를 올립니다. 그리고 수업의 과정에 함께 참여하시며 아픔의 경험을 개방해 주셨던 많은 귀한 님들께 감사드립니다. 함께하신 님들께서는 푸드표현예술치료 활동이 자기치유적이라고 말씀하시며 푸드표현예술치료는 새로운 삶, 기쁨, 행복, 힐링, 탄생, 창조의 과정, 신나는 놀이 등등 몸과 마음이 거듭나는 기분좋은 수업이었다며 긍정과 격려의 마음으로 책출판에 대한 응원과 지지를 보내주셨습니다. 푸드로 마음을 표현하는 동안 참가자 분들께서는 푸드표현 활동을 하면서 음식재료를 먹고, 다듬고 자르고 마음을 표현하면서 편안하게 힐링되는 경험을 통해, 다른 참가자와도 편안하게 자기개방을 하며 자신의 이야기를 나눌 수 있었다고 하셨습니다. 그리고 푸드표현활동을 통한 자기성찰의 과정을 통해 자신 안에 존재하는 온전하고 건강한 자신과 만나게 되었으며 몸과 마음이 정화되고 다시 탄생되는 듯한 특별하고 소중한 경험을 할 수 있었다고 경험을 공유해 주셨습니다.

이 책은 그 분들 덕분에 세상 속으로 나올 수 있었습니다. 소중한 분들 한 분 한 분 덕분에 이 책이 세상의 빛을 볼 수 있었음을 거듭 머리 숙여 감사인사 올립니다.

이제 바라옵건데 이 책을 대하시는 많은 독자님들께서 일상생활 속의 너무나 친숙한 소재인 음식 재료를 만지는 순간 마음이 편안해지고 풍족해짐을 느끼고, 음식재료를 활용한 푸드표현예술치료를 통해 사람들이 몸과 마음이 더불어 건강하고 아름답게 성장하는 경험을 함께 해 보시기를 바라옵니다. 그래서 살아오는 동안 해결되지 않는 자신만의 미해결 과제를 스스로 해결하고 셀프 힐링되는 놀라운 체험, 마법같은 치유의 순간을 경험해 보길 권하옵니다. 우리는 우리 안의 타고난 자연치유력과 자기성장적 욕구를 통한 자기치유의 놀라운 힘을 푸드표현을 하며 체험하게 될 것임을 알아차리게 될 것입니다.

푸드표현예술치료를 통한 일상생활 속에서의 삶의 수용, 창의융합적인 문제해결력을 스스로 체험하는 크고 작은 기적의 생활 속으로 여러분을 초대합니다. 푸드표현예술치료를 하시면 자신도 모르는 사이에 삶의 해결사가 되어지는 듯한 자연스런 자연치유의 과정을 거치면서 스스로 성장과 치유의 해답을 터득하는 놀라운 체험을 하게 될 것이라 자부합니다. 태어날 때부터 자신 속에 잠재해 있었던 온전한 자신을 발견해 가는 푸드표현 마음여행 과정은 행복한 삶으로의 초대를 위한 축제의 장처럼 우리의 삶을 풍요롭고 신나고 건강하고 아름다운 맛있는 삶을 만들 것입니다.

축제에 참가하면 누구나 즐겁고 신나고 맛있는 체험을 하듯 그냥 음식재료를 만지고 펼쳐 놓기만 해도 푸드표현예술치료는 치유적이지요.

준비되셨나요? 그 푸드표현예술치료의 기쁨과 축제의 장으로 여러분을 초대합니다.

2005년 태동한 후 지금까지 한국푸드표현예술치료(K-FEAT)협회가 발전하고 좋은 결과물들을 만들어온 과정에 함께 해주시는 협회 전현직 운영위원님들과 전문가로 활동하시는 푸드표현상담사 여러분, 그리고 푸드표현예술치료에 관심을 가지고 사랑과 지지를 보내주시는 모든 분들께 깊은 감사의 마음을 전합니다.

그리고, 이 책이 나오기까지 묵묵히 지켜봐주시고 지지해주신 양성원의 사장님과 부사장님, 최종대상무님, 편집자님께 감사함을 전합니다.

편집자 대표 치유산타 김지유 올림

차 례

Contents

| Chapter 11 | NLP와 푸드표현예술치료의 통합적 접근

| Chapter 12 | 외상 후 성장을 위한 푸드표현상담

LOVE
사랑으로

CHAPTER

01

푸드표현상담자로 홀로서기

1. 플로리시(Flourish)한 삶을 꽃피우기 위한 푸드표현상담
2. 유능한 푸드표현상담자로 홀로서기
3. 푸드표현상담사례(1)
4. 푸드표현상담사례(2)

CHAPTER 01

푸드표현상담자로 홀로서기

1. 플로리시(Flourish)한 삶을 꽃피우기 위한 푸드표현상담

세계보건기구(WHO)의 헌장에는 "건강이란 질병이 없거나 허약하지 않은 것만 말하는 것이 아니라 신체적 · 정신적 · 사회적으로 완전히 안녕한 상태에 놓여 있는 것"이라고 정의하고 있다. 다시 한번 정의하자면 WHO에서 말하는 건강의 정의는 다음과 같다. "건강이란 다만 질병이 없거나 허약하지 않다는 것만을 말하는 것이 아니라 신체적, 정신적, 사회적 및 영적으로 '완전히 안녕한 상태'에 놓여 있는 것이다. 즉, 자신이 처한 위치에서 자신의 능력을 최대한 발휘할 수 있는 상태를 말한다(Health is a state of complete physical, mental and social well-being and not merely the absence of disease or infirmity.)."건강하다는 것은 인체가 스스로 균형을 유지하고 환경에 적절하게 대처하고 적응할 수 있는 상태를 말한다.

21세기 마틴 셀리그만 교수가 미국심리학회의 회장직을 맡으면서 전세계는 긍정심리학의 열풍이 일고 있다. 그러나 긍정심리학은 일반대중에게는 여전히 익숙하지 않은 말이다. 아마 아직도 사람들의 마음속에는 심리라는 말이 우울증, 정신병,

심리치료, 상담과 더불어 정신장애를 연상시키는 단어이기 때문은 아닐까 싶다. 대부분의 사람들이 심리상담은 인간의 부정적인 측면을 다루고 잘못된 부분을 교정하는 쪽이라는 선입견을 갖고 있고 필자 또한 공부를 시작하는 새내기 시절에는 그러한 생각을 했던 것이 사실이다. 그러나 지금은 사람들의 행복한 삶에 더 큰 관심을 갖는 예방의학차원에서 웰빙의 삶, 긍정심리학의 큰 흐름 속에 살고 있다.

모든 사람은 태어나는 순간 행복할 권리를 갖고 태어난다. 지금까지 사람들은 누구나 행복해지길 바라지만 환경과의 상호작용 속에서 어떤 상태가 행복인지 제대로 인지하지 못했으며 행복도를 지속적으로 향상시킬 수 있다는 과학적 증거를 찾아보기 어려웠다. 그러나 소냐 류보머스키라는 심리학자가 『How To Be Happy』라는 책에서 행복을 결정짓는 요소에 대한 이론을 발표하였다(2007). 그녀는 행복은 적극적으로 찾아야 하고, 환경을 변화시켜야 얻을 수 있으며, 행복은 타고났다는 통념은 잘못된 것이라고 주장하였다.

그녀는 17년 동안 행복을 결정짓는 요소에 대한 연구를 하면서, 초기에는 50%가 유전자의 지배를 받으며, 10%가 환경이라고 할 때 유전인자나 환경은 바뀔 수 없는 부분이고, 40%의 우리가 변화시킬 수 있는 부분이라 주장하였으나, 이후 연구에서 40%의 의도적 노력으로 50%의 유전적 요인과 10%의 환경적 요인도 변화시킬 수 있다고 발표하였다. 즉, 우리의 행동과 사고 의도적 활동과 태도에 따라 행복이 결정지어 진다는, 행복은 훈련에 의해 증진될 수 있다고 주장하는 과학적 근거를 제시하였다.

소냐 류보머스키는 행복연습 10가지 방법을 통해 첫번째 목표를 갖는 것 자체가 저절로 행복이나 삶의 만족으로 연결되기도 한다고 주장하였다. 필자 또한 꿈과 목표를 설정하는 것이 인간의 내적 욕구를 움직이고 동기부여하여 사람을 움직이는 힘을 갖게 한다고 생각한다. 내면의 동기가 갖춰져야 사람은 행동하게 되고 스스로 무언가를 찾아 움직이는 것이다. 배가 고픈 사람은 음식냄새를 맡으면 더욱 허기감이 강해질 것이고, 목이 마른 사람은 물을 찾게 마련이다. 그렇다면 인간의 원초적인 욕구를 충족하는 데 있어 긍정적인 생각과 정서를 투사한 음식표현을 하고 맛있게 섭취를 한다면 몸도 튼튼 마음도 튼튼 일석삼조가 아닐까 생각한다.

그리고 일상의 삶에서 자신이 표현했었던 음식 재료를 보는 순간 두뇌에서 사고의 전환이 일어나고 그 순간 사람들은 멈추고 자신을 다르게 생각할 수 있는 힘이 생기게 될 것이다. 이러한 훈련을 하루 두세 번의 음식을 먹는 동안 마음속으로 긍정의 생각, 즉 행복을 위해 선택하고 마음으로 반복하게 된다면 우리 삶의 질은 만족스럽게 변하게 되며 자신이 원하는대로 행복이 만개한 플로리시(Flourish)한 삶을 꽃피우게 될 것이라고 필자는 생각한다.

김민용과 김지유는 2005년부터 푸드재료와 관련된 분야에 관심을 갖고 표현예술치료와 심리치료와 상담, 코칭을 융합한 통합예술치료적 접근으로 내담자들과 만나, 어떻게 하면 짧은 시간 안에 내담자들이 가진 그들 안에 감춰진 자원을 찾고 스스로 건강하고 아름다운 삶을 살 수 있도록 도울 수 있을까 연구하였다. 그러한 과정 중에 푸드표현 스터디집단을 만들어 가르치는 일을 시작하였고 가르치는 동안 교학상장(敎學相長)이라고 정말 많은 것을 배우게 되었고 성장하게 되었다. 덕분에 푸드표현예술치료가 새로운 표현예술분야의 한 분야로 자리를 잡으며 미술치료와는 또 다르게 통합적 예술치료분야로 자리를 잡고 석박사 논문이 다수 탄생하였다. 정말 감개가 무량하고 감사한 일이다. 전문가가 되기 위해 배움을 선택한 성인학습자들과 교수자(촉진자)라는 상호 역동적인 관계 속에서, 가르치고 배우며 많은 창의적인 아이디어들이 솟아났다. 이를통해 푸드표현예술치료(푸드표현상담)가 성장하고 진화하며 상담과 치료분야에 새로운 연결고리를 생성하였으며, 선명하지 않았던 푸드표현예술치료의 치료적 배경은 인간중심표현예술치료와 뇌과학, 긍정심리학을 바탕으로 더욱 명료해졌다.

필자에게 이러한 성장의 기회를 제공해 주신 모든 분들과 푸드표현예술치료에 관심을 갖고 전문가과정 수업에 함께 참여해 주신 모든 선생님들께 머리 숙여 감사의 말씀을 전하고 싶다. 배움의 과정 속에서 보여 준 그 분들의 열정과 환상적이고 기발하고 창의적인 푸드표현 작품이 필자에게 시각적 자극을 통한 힐링의 경험과 함께 더욱 발전할 수 있는 계기를 제공하였다. 이런 모든 전문가들의 경험이 모아져 푸드표현예술치료가 세계로 뻗어 갈 수 있도록 심리보톡스를 제공하고 척박한 땅에 관심과 사랑의 거름을 뿌려 비옥한 토양의 안전지대를 만들어 주었기에 오늘의 푸드표현예술치료가 있는 듯하다.

푸드표현예술치료는 이제 일상생활 속의 테라피로 몸과 마음, 영성의 조화를 위해 집단지성을 발휘하며 진화하고 있는 중이다. 허준의 동의보감에서 말하는 양생(養生), 즉 서양의학의 병이 발생하면 치료하는 개념과는 달리 양생은 몸에 질병이 오기 전 미리 예방하고 건강할 때 건강을 지켜 나가는 제3의학의 관점에서 푸드표현예술치료를 통해 건강한 사람들을 더욱 건강하게 하며, 질병을 예방하고 치료하여 인류의 건강에 기여하게 될 수 있기를 기대한다.

일상생활 속의 테라피 '푸놀치마음여행'
푸드표현 하고 놀면 치유의 기쁨이...
건강한 밥상을 자신에게 선물하며 5대 영양소가 풍부한
음식을 골고루 먹으며 사랑을 바탕으로 사랑을 먹고 크는
"창조의 나무"
치유산타표현

일상에서 마음을 아름답고 예술적으로 표현하고 먹고, 건강한 몸과 마음을 유지하는 셀프테라피

푸드표현상담자는 자신 안에 있는 항상성, 자연치유력과 자기다워지고자 하는 자기실현의 욕구를 성찰하고 매순간 깨어 있으며 특히, 자신을 아끼고 사랑하며 어여삐 여기는 마음, 즉 자비심을 가져야 한다. 진정한 자기자비는 자신을 사랑하고, 자기욕구를 배려하고, 자신의 한계와 능력을 존중하며 어떤 상황 속에서도 자신이 편안하도록 자신을 잘 돌보는 일이다. 때로 상담자는 다른 사람을 돕는 자로서 마음이 내키지 않아도 자신의 욕구를 참으면서 상대를 배려하는 경우가 있다. 그러나 필자는 우선 상담자 자신을 먼저 기쁘게 하고 자신에게 관대해지고 자신을 진정으로 사랑하는 마음을 가지라고 말하고 싶다. 자신의 마음이 활짝 개어 영적으로 밝고 깨끗하다면 내담자의 어떤 마음도 거리낌없이 받아들일 수 있고 중용의

미덕을 발휘하며 든든한 상담자로 내담자의 곁에서 문제해결력을 발휘할 수 있도록 도울 수 있게 될 것이다. 상담자는 내담자와의 관계에서 자비심을 기를 때도 자기 행동의 동기를 잘 듣고 살피고 이해한 다음, 정말로 어떤 행동이 필요한지 물어야 한다.

유능한 푸드표현상담자로 자리하기 위해서는 자기성찰의 과정 속에 임재감을 갖는 것이 중요하다. 즉, 어떤 상황 속에서도 깨어 있는 고요하고 맑은 영혼의 소유자로 존재하며 마음이 자유롭고 평화로워야하며, 그러기 위해서는 지속적으로 일상에서 삶의 치유예술인 푸드표현활동을 통해 일상생활 속의 셀프테라피로 스스로 깨어 있으려는 노력을 해야 한다. 또한 푸드표현상담을 오랫동안 진행한 수퍼바이저나 다른 전문가들과의 연구모임을 통해 서로 피드백을 주고받으며 전문적 조언을 나누는 활동을 통해 함께 성장하는 유능한 상담자로 자리매김하며 집단지성의 지혜를 발휘하는 이상적인 상황을 만들어 가야 한다.

본 서는 전국에서 활동하고 계시는, 그동안 푸드표현상담을 활용해 많은 내담자들과 만나 좋은 성과를 거두며 푸드표현상담의 전문가로 발전하고 계시는 11명의 푸드표현상담자와 함께 마음을 모은 것이다. 공동 저자로 김지유는 1장을 맡아 푸드표현상담을 시작하며 푸드재료를 활용한 푸드표현상담의 사례개념화에 대해 간략히 소개하려고 하며 필자의 시작하는 장이 처음 상담을 시작하는 초보상담자에게도 도움이 된다면 정말 기쁘고 감사하겠다.

2. 유능한 푸드표현상담자로 홀로서기

코로나19로 인해 사회적거리두기가 일상이 되고 있는 요즈음, 우리나라는 상담, 심리코칭, 심리치유에 대한 관심, 자가치유 마음백신을 스스로에게 처방하는 셀프테라피에 대한 관심이 날로 증가하고 있다. 서점가에도 자기치유와 힐링에 대한 책들이 넘쳐 나고 있다. 수많은 상담이론들이 있고 일상생활에 불편함을 호소하는 사람들을 돕기 위한 이론적인 방법과 실천방안을 제시하고 있다. 이러한 불안의 시기에 필자와 11명의 상담전문가가 함께하는 이 책 또한 누군가에게 도움이 되고 일상에서의 삶의 치유예술로 건강한 자신과 기쁜 만남을 하는데 도움을 주고자 마음을 모았다. 이 장은 푸드표현예술치료를 진행함에 있어 내담자를 돕기 위한 사례개념화에 대한 부분과 어떻게 하면 유능한 푸드표현예술치료사로 홀로설 수 있는지에 대해 초점을 두고 있다.

상담을 시작하며 상담사례개념화는 매우 중요한 부분으로 상담의 방향을 제시하는 나침반 역할을 하기에 푸드표현상담자도 좋은 사례개념화에 대한 책을 구입해 별도의 공부를 해야 한다고 필자는 권하고 싶다.

1) 사례개념화의 개념

사례개념화는 상담자가 내담자로부터 얻은 단편적인 정보를 통합하여, 내담자가 현재 처한 일상생활에서의 문제행동을 일으키는 문제의 본질(nature)과 원인에 대해서 이론적 가설과 상담계획을 포함하는 것을 말한다(Persons, 1989). 상담자는 자신의 이론적 배경과 임상적 경험을 바탕으로 내담자에 대한 문제행동을 돕기 위한 전략을 작성하며 문제의 본질과 원인에 대한 가설을 형성하게 된다. 사례개념화는 내담자가 지금 현재 보이는 문제에 대한 단정적인 결론이 아니라 잠정적인 추론, 가설이며, 상담자가 세운 가설은 상담이 진행되는 과정에서 다시 얻어지는 추가적인 정보에 따라 필요한 경우에는 언제든지 수정되고 보완되어질 수 있다.

사례개념화는 초기에 얻어진 정보를 토대로 가설을 세우고 끝까지 그 가설을 바꾸지 않는 단회적인 작업이 아니라, 추가적인 정보에 따라 지속적으로 가설을 수정하고 보완해 나가며 내담자를 돕기 위한 역동적인 작업이다(Persons, 1989).

사례개념화의 목적은 상담자의 가설을 입증하는 것이 아니라 내담자의 문제를 정확하게 이해하여 문제해결을 돕고 내담자를 행복하게 하며 일상생활에서 건강하게 기능하는 사람이 되도록 촉진하는 것에 있다.

이명우는 상담사례개념화는 상담실무자의 상담개입 효율성을 극대화하는 데 도움이 되어야 하며, 상담자는 사례개념화를 통해 상담개입의 방향을 잡고 여러 가지 상황에 지쳐 힘들어하는 내담자의 마음을 깊이 이해할 수 있어야 하고, 사례개념화에 기반한 임상활동을 실행하고, 이에 따른 소정의 목표에 도달할 경우 상담종결에 이르게 된다고 하였다(2017). 상담자는 사례개념화를 통해 내담자의 행동을 예측할 수 있게 되며 까다롭거나 비협조적인 내담자의 태도를 이해하고 수용하며 상담 외적인 문제들(예를 들면, 상담비용, 시간 등)에 대한 결정을 내릴 수 있게 된다(이윤주 역, 2007). 만약 상담이 실패했을 경우에는 상담의 방향을 재설정할 수 있는 것도 상담 사례개념화를 통해서이며 사례개념화는 상담자가 내담자의 문제행동을 일으키는 핵심 감정과 가장 밀접하게 관련되어 있는 문제들에 초점을 맞출 수 있도록 도와주게 된다.

필자가 2000년 처음으로 상담(Verbal counseling)을 시작하면서 초보상담자로 홀로서기를 하며 상담 사례개념화를 하기 위한 노력을 할 때 사례개념화는 상담과정에서 상담의 방향을 잡아 주는 내비게이션처럼 목적지에 성공적으로 도착할 수 있도록 하는 상담의 성과를 성공적으로 돕는 나침반 역할을 하곤 하였다. 필자는 초보상담자로 상담을 하면서 시간이 걸리더라도 내담자에 대한 정보(인적사항(가족사항), 호소문제(문제를 일으킨 상황적 요인, 문제의 지속기간, 과거 문제력, 그 당시 환경 상황), 관련 개인의 역사, 대인관계 스타일(사람들을 대하는 반응양식 및 태도, 상담자와의 만남 시 태도(면접, 행동관찰), 환경적 요인(스트레스 요인, 지지 요소), 성격(인지적 요인, 정서적 요인, 행동적 요인), 객관적 심리검사, 내담자의 증상 등을 면밀하게 분석하고 비슷한 상황의 사례에 대해 연구하며 내담자를 돕기 위한 사례개념화를 작성하는 시간을 갖고는 하였다.

2) 푸드표현 상담의 사례개념화

상담초심자로 사례개념화에 대한 수퍼비전을 받으며 내담자를 정확하게 이해하고 돕기 위한 상담사례개념화의 가설을 세우는 것은 시간이 지나며 필자가 상담전문가로 성장하는데 큰 도움이 되었다. 실제 내담자와의 상담을 진행하다보면 상담심리학의 이론에 근거하여 상담이 그대로 진행되지는 않지만 이론에 근거하여 많은 경험이 누적되는 오랜시간(1만시간의 법칙)의 경험속에 필자 자신만의 노하우가 쌓이며 내담자별 맞춤형 상담을 진행하게 되었다. 시간이 지날수록 필자는 이론을 적용하지만 틀에 매이지 않는 상담자로 편안하게 상담을 진행하게 되었다. 그러나 유능한 상담자로 거듭나기 위해 우리는 늘 초심으로 돌아와 내담자만의 고유한 문제를 내담자의 입장에서 명료하게 이해하며 내담자의 호소문제에 대한 원인을 진단하고, 상담목표와 전략을 설정하여 상담을 진행해야 한다. 필자는 상담은 내담자의 삶을 질을 향상시키고 건강하고 행복하게 살아가도록 돕는 마음치유예술이라는 생각을 한다. 하버드대학이 과학적으로 증명해낸 인간관계의 비밀, 행복은 전염된다(connected)에서 크리스태키스와 파울러(2010)는 사회속에 숨겨진 집단지성의 놀라운 힘을 밝혀내며 집단이 개인에게, 또한 개인이 집단(사회)에게 어떤 영향을 주는지 과학적이고 체계적으로 증명하였다. 우리모두는 초연결사회안에서 살아가고 있다. 따라서 문제를 소유한 사람(내담자)을 상담과 심리치료, 푸드표현상담을 통해 도우며 건강한 사회의 구성원으로 기능하는 한사람으로 변화시키는 것은 지구별의 만인을 위하여 가장 의미있는 일이고 또한 가장 아름다운 일이라는 생각을 필자는 하고 있다.

푸드표현상담에서도 마찬가지로 이것은 적용이 된다. 도움을 필요로 하는 내담자에게 어떻게 푸드표현상담의 목표와 상담전략을 짜서 접근해 가야 하는지 푸드표현상담자 나름의 경험과 전문가다운 지식과 상담의 스킬 등 그동안 쌓은 산지식을 유능하게 활용할 수 있어야 한다. 내담자는 따스하고 전문성이 편안하게 우러나는 진솔한 상담자와 함께 상담실 안에 함께 존재하는 것만으로도 이미 치유적관계는 형성이 되고 그 편안함 속에서 내담자는 꽁꽁 닫아 두었던 마음의 문을 열고 무장을 해제하며 자신을 개방할 수 있게 된다. 상담자와 내담자는 상담장면에서 치료적관계라는 새로운 만남을 갖게 된다. 치료의 성과에 중요한 영향을 미치는 것은 내담자에게 치료자로서 신뢰를 줄 수 있는 치료적 동맹을 맺는 것이다.

푸드표현예술치료(푸드표현상담)을 진행하면서도 다양한 마음의 칼라를 가진 내담자를 만나 상담을 진행할 때는 내담자 맞춤형 상담이 진행되어야 한다. 온전히 내담자를 중심으로 하는 푸드표현상담의 치료 계획을 구성하고 내담자의 여러 가지 문제들이 어떻게 서로 연관을 맺고 있는지 푸드표현상담 사례개념화를 통해 적합한 푸드표현매체, 개입 전략, 접근할 상담의 이론 등을 선택할 수 있어야 한다.

푸드표현상담이 다른 상담기법과 가장 특별한 점이 있다면 상담에서 활용하는 매체인 FooD가 자연 그 자체로서 자연이 지닌 아름답고 고유한 특성과 독창성을 자연스럽게 사람에게 제공해 준다는 것이다. 자연은 말없이 스스로를 성장시키며 묵묵히 아름다운 본질적 특성을 발현하는 신비로운 생명력을 가지고 있는데 푸드표현예술치료는 이러한 본질적인 자기치유의 속성을 가진 자연의 선물인 생명의 힘이 담긴 재료를 활용한다는 것이다. 가을에 꽃이 피고 추운 겨울을 견디며 여름에 열매를 맺는 비파, 냉장고에서도 싹을 틔우는 당근, 깊은 진흙 속에 뿌리를 박고 그윽한 향과 아름다운 걸작품인 자신을 드러내는 연꽃 등 자연에서 탄생되는 생명력을 만지고 먹으며 자연의 일부로 자연으로부터 힘을 얻고 다시 살아갈 수 있도록 행복으로 리부팅을 시켜 줄 수 있는 훌륭한 도구가 된다. 예기치 않은 사건이나 사고 등 큰 시련과 고통 속에서 힘들어하는 사람들이라도 우리가 푸드표현담자로서 온전히 함께하며 따스한 돌봄 공간을 만들어 주고 내담자 스스로 자기 안의 무한한 생각의 힘인 상상력을 발휘한 창조성의 실현인 푸드표현 예술작품을 통해 표현하는 편안하고 즐거운 경험을 반복하게 되면 우리의 뇌속에서는 행복호르몬인 세로토닌과 도파민과 같은 신결전달물질이 분비된다(김지유, 2020). 따라서 그동안 자신을 힘들게 한 마음의 문제를 새롭게 인식하고 창의적으로 해결할 수 있는 마음의 힘 자신감과 자기존중감을 회복하고 마음속의 보석, 즉 가능성의 보물을 찾아 마음의 꽃을 활짝 피우게 될 수 있다.

가을에 꽃이 피고 다음 해 어름에 주렁주렁 달리는 비파

냉장고에서도 씩씩하게 싹튼 영양채소 당근

그윽한 향기가 좋은 아름다운 연(蓮)
뿌리부터 꽃, 잎, 씨앗까지 모두 유용한 식물

얇은 기둥에서 튀어나온 아름다운 선인장꽃

다양한 빛깔의 꽃사과

비타민이 풍부한 고추

7월의 풍요 청포도

몸과 마음의 건강을 회복하고 치유하는 방법은 다양하다. 캐시 A. 말키오디는 건강을 회복하는 다양한 방법들인, 친밀한 인간관계, 영성, 종교, 타인에게 베푸는 봉사 등은 우리가 건강하다는 믿음을 갖게 해준다고 말하며, 이런 경험 중에 창조적 표현, 즉 자기 자신의 상상력을 활용하는 것, 이미지를 만드는 것, 예술작품을 즐기는 것, 시각적 수단을 이용하여 상상하고 소통하는 것은 역사가 기록된 이래로 인류가 해 온 자연스러운 건강실천 방법이라고 말한다. 그녀는 말하길 이미지와 상상은 신체에 긍정적인 변화를 일으키고 정서의 탄력성을 증진시키며 삶의 어려운 고비를 극복하게 하는 보완적 치료의 형태로 인식되어 왔다고 말한다. 영혼의 팔레트에서 말키오디는 전통의학을 보완하는 치료법인 보완의학/대체의학 분야의 개척자인 허버트 벤슨(Herbert Benson)은 이미지는 기억된 건강에 우리가 도달하도록 도와준다고 하였다(2010).

김민용은 우리의 일상생활을 건강하게 하고 생명을 연장시키는 음식, 맛있는 식사를 위해 주변에서 쉽게 구할 수 있는 자연 소재인 푸드재료를 사용해서 창작활동을 하게 되면 우리 몸의 에너지가 선순환되며 긴장이 이완되고 긍정적인 신체 변화가 일어난다고 하였다. 푸드표현을 하면서 창의적인 활동에 집중하고 몰입하는 동안 우리 몸은 긍정의 변화를 일으키며 뇌의 기능과 세포조직을 강화시키고 마음을 이완하고 편안하게 하는 명상상태와 같은 효과를 나타내게 된다. 자연에서 주어지는 다양한 화려한 색감의 푸드재료의 색채는 통증을 수반한 환자들에게 긍정적인 치료효과가 있으며 환자의 고통을 경감하는 치료에 활용하고 있다. 그것은 필자의 교통사고 후 경험에서도 많은 부분을 체험한 바이다(2019).

좋은 벗과 함께 연꽃 구경을 하고 온 오후 행복한 마음을 담아 표현해 본 파프리카 꽃
화려한 색체의 아름다운 예술표현 꽃을 먹으며 하루를 건강하고 행복하게 보내기 위한 푸드표현 셀프테라피

자신의 기분을 행복하게 변화시켜 주는 자연의 색채를 활용해 그 화려함을 담아 작품을 표현한 셀프테라피를 곁에서 보시고 8학년5반 어르신이 기뻐하심

우리 인간은 자연환경에 둘러싸여 살아가고 있다. 자연은 우리를 돌보고 자정작용을 할 수 있는 힘을 준다. 자연과 인간은 공생의 관계로 자연을 떠난 인간은 생존할 수 없다. 최근 환경오염이 심각해지며 발생한 코로나19는 지구촌 전가족을 위협하며 사람들의 생명을 앗아 가고 있다. 우리는 서로 지구촌 어딘가에 보이지 않는 곳에서 살아가지만 따로 또 함께 보이지 않는 인연의 끈으로 연결되어 있다는 것이 이 상황을 보면 알게 된다. 내가 무심코 버린 작은 비닐 하나가 바다의 생명들을 위협하고 죽음으로 몰아간다. 생태계가 파괴되면 인간은 생존하기 어려워진다. 신비로운 자연의 힘, 자정작용을 하며 스스로 그러하듯, 살아 움직이는 자연의 생명을 담은 그 신비로운 힘을 활용한 푸드표현예술치료는 마법처럼 기적의 치유효과를 발휘한다. 오랜 시간 음식을 먹지 않으면 인간은 생존할 수 없다. 사람

의 목숨을 연장하는 데 필수요소인 음식, 그 음식 재료(FooD)를 활용하여 먹고 표현하며 스스로를 자정해 가는 것이 푸드표현예술치료이다. 혹자는 묻는다. 그럼 요리치료와 무엇이 다르냐고? 참여하고 스스로 일상생활 속의 셀프테라피를 해 보면 안다. 푸드표현예술치료는 푸드아트에서 파생했지만 푸드아트와도 별개의 생명력을 가지고 스스로 진화해 가고 있다. 이제 필자는 4번째의 푸드표현예술치료 책을 푸드표현상담전문가분들과 함께 출판하며 자신감 있게 푸드표현예술치료는 마법의 테라피라고 말할 수 있어 진심으로 기쁘게 생각한다.

일상생활 속의 테라피 푸드표현활동을 통해 건강하고 아름다운 상담자로 깨어 있기

2019년에 발생해 짧은 기간에 전 세계적으로 감염유행병이 된 코로나19상황으로 사회적 거리두기를 하며 사람들은 불안한 심리 속에 생활을 하며 자신도 바이러스에 노출될 수 있다는 불안감으로 사회적 거리가 사람들 간의 심리적 거리두기가 되어가는 듯하다. 건강한 몸과 마음으로 자신을 긍정으로 무장하고 매일 우리 안의 자연치유력인 항상성을 발휘하며 매순간순간 깨어있는 푸드표현상담자로 행복을 클릭하고 건강하게 기능하는 내가 먼저 되어야 한다. 그리고 누군가를 돕는 사람(상담자, 촉진자, 코치, 리더)으로 깨어 있어야 한다. 온전하게 깨어 있지 않으며 맑고 편안하게 평정심을 갖지 않은 상태로 돈을 벌기 위해 아픈 사람들의 마음을 이용하는 상담자로 내담자를 만난게 된다면 상담자로서의 윤리를 어기는 것을 떠나 비도덕적이고 비윤리적인 사람으로 자신의 양심을 어기는 것이니 오래가지 못할 것이다. 필자는 3년 전 심한 교통사고를 당하며 유료 상담자로서의 일을 그만두었다.

심신이 편치 않은 상태에서 누군가를 돕는다는 것은 억지이고 이기적인 행동이라는 생각이 들었다. 푸드표현상담 수퍼바이저로서 필자는 도움을 필요로 하는 내담자를 돕기 위해 준비하시는 모든 푸드표현상담 전문가들에게 당부 말씀을 드리고 싶다. 우선 내가 먼저 건강하고 아름다운 선한 마음을 가져야 한다는 것을 말이다. 미술치료전문가로 15년을, 푸드표현상담자로 15년을 생활하며 참 다양한 상황의 아픔을 소유한 내담자를 만날 수 있었고 그들의 아픔 덕분에 함께 울고 웃으며 그들 덕분에 필자는 좀 더 성숙한 어른다운 사람으로 성장하는 체험을 할 수 있어 늘 감사한 마음이다.

이 장에 소개하는 청소년의 사례는 아주 건강한 청소년과 반대로 너무 아프기에 늘 잠만 자고자 했던 청소년의 사례를 실었다. 필자는 푸드표현상담자로 두 아이와 함께하며 내담자 안의 타고난 자기치유적인 본능적인 예술적 실천과 창조성을 통한 행위가 내담자 스스로를 건강한 사람으로 바로 설 수 있게 할 것이라는 강한 믿음으로 함께하였다. 그리고 필자의 믿음 그대로, 그 믿음대로 되었다. 우리 인간의 내면에 숨어 있는 자기치유의 힘, 내면의 보석을 발견하여 스스로 치유하게 하는 푸드표현상담을 통한 신비로운 체험을 할 수 있도록 함께한 수많은 내담자분들께 머리 숙여 감사하는 바이다.

3. 푸드표현상담 사례(1)

1) 푸드표현상담를 위한 만남

(1) 내담자 인적사항

- **내 담 자** : 똘이(가명)
- **나 이** : 15세
- **교육배경** : 중학교 2학년 남, 남중에 다님
  예전 상담경험 없음

(2) 성장배경 및 가족관계

- **가계도**

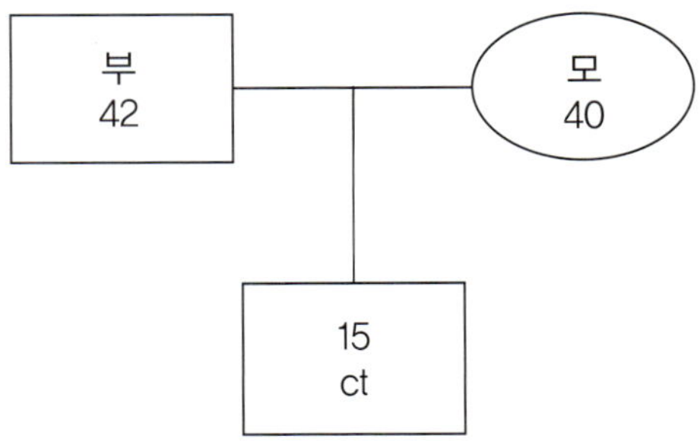

- **가족관계 및 성장배경**

아버지 : 42세, 회사원, 온화하고 따스한 성격.

어머니 : 40세, 가정주부, 자주 웃으며 밝은 성격이나 최근 친정의 문제로 스트레스를 많이 받으며 예민해져 작은 일에도 민감하게 반응하고 짜증이 많아진 편이고 아들에 대한 걱정이 많아져 자신도 걱정이라고 말함.

똘　이 : 외아들로 자기주장이 분명하고 초등학교 때부터 자신의 할 일을 스스로 알아서 한는 착한 아들이라고 함. 기계를 분해하고 조립하는 일을 좋아함.

(3) 의뢰 사유(내담자 호소 문제)

- **모친의 호소** : 학원에 간다고 말하고 피시방에 가는 행동이 반복되어 모친이 의뢰함.
- **내담자의 호소** : 자신은 할 수 있는데 엄마가 자신을 너무 감시하며 믿어 주지 않고 의심하며 감옥에 갇힌 듯 답답하고 학원에 앉아 있으면 더 짜증이 나서 피시방에 가게 되었다고 함.

(4) 내담자와 초기 면담

다음은 초기면담에서 내담자가 자신의 가족을 표현한 푸드표현 작품이다. 내담자는 학업성적은 우수하고 스스로 자기관리를 잘하던 남학생으로 중학교에 입학한 뒤 학원에 간다고 하고 피시방에 가는 행동을 반복하여 모친으로부터 상담이 의뢰된 학생으로, 푸드표현상담을 통해 엄마와 화해하고 건강한 모습으로 학교생활을 즐겁게 하는 본래 자신의 모습을 회복하였다. 첫만남에서 상담자(필자)의 제안으로 자신이 생각하는 가족의 모습을 표현하였던, 내담자는 엄마를 빨강색 젤리로 표현하며 자신과 아빠는 가까이에 마주 보고 엄마는 멀리 떨어뜨려 놓은 표현을 하였으며 제목을 붙여 보라고 하자 '행복한 우리가족'이라고 정하였다.

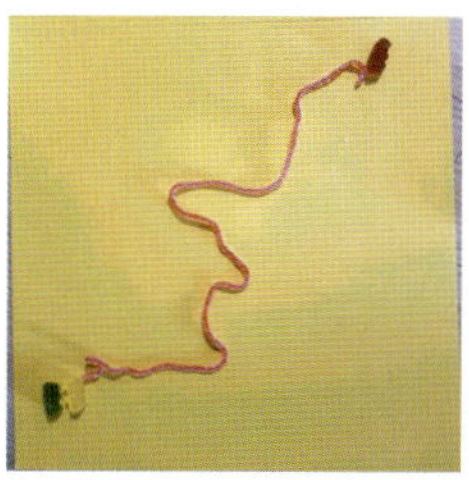

똘이 가족화
제목 : 행복한 우리가족

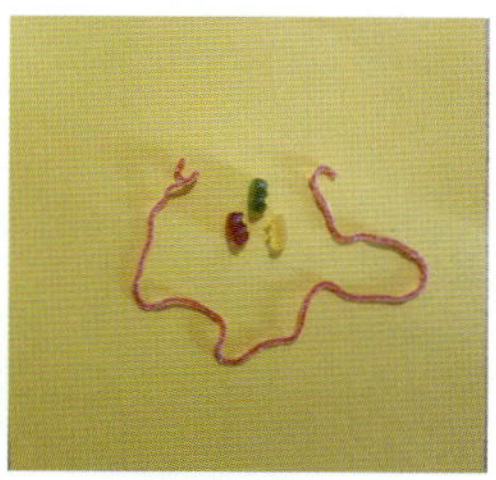

똘이 가족화 상담후 변형
제목 : 함께 모여 대화하는 우리가족

상담자 : 안녕? 반가워. 선생님은 치유산타라고 하는데 네 이름은 무엇이니?

(상담자는 정중하게 인사를 하고 명함을 건네 준다)

내담자 : (명함을 앞뒤로 살펴보며) 박사에요? 저는 똘이라고 해요.

상담자 : 응, 박사야. 반가워요. 선생님이 똘이를 만난 첫 느낌은 예의 바르고 인사성도 바른데 오늘 선생님과 어떤 이유로 만나게 되었는지 알고 있니?

내담자 : 네, 제가 학원에 간다고 거짓말하고 피시방에 가서 그래요.

상담자 : 그렇구나. 음… 똘이는 왜 거짓말을 하고 피시방에 가게 되었을까?

내담자 : 중학교에 오니 엄마가 저를 감시하고 숨 막히게 해요. 제가 알아서 공부를 하는데 엄마의 잔소리가 너무 심해지고 저를 답답하게 해서 숨이 막히는 것 같아요. 그래서 피시방에 가면 게임을 통해 답답함이 해소되어서 피시방에 갔어요.

상담자 : 많이 답답했나 보구나. 그런데 엄마에게 거짓말을 하고 피시방에 가면 학원에서 전화가 오고 엄마가 알면 걱정하고 또 야단도 맞게 될 텐데…

내담자 : 네 당근 알죠. 금방 엄마가 알게 되고 피시방에 있을 때 전화가 왔는데 전화 안 받았어요. 학원에 다니는 것도 다 아는 것을 하니 시간 낭비로 저는 저만의 시간이 필요해요. 엄마에게 계속 얘기해도 엄마는 제 얘기를 전혀 들으려고 하지 않아요. 정말 엄마는 벽처럼 많이 답답해요. 자기 생각만 말해요. 에이~전에는 안 그랬어요.

상담자 : 아들… 많이 답답하구나. 엄마 말씀으로는 지금까지 엄마랑 소통도 잘되고 스스로 자기관리도 잘하는 사람이었다고 칭찬도 많이 하시던데…

내담자 : 엄마가 저를 칭찬했어요? 헐~~

상담자 : 그래. 엄마가 엄청 칭찬하셨어. 그동안 걱정 한번 안하게 하고 너무 훌륭한 아들이라 엄마, 아빠의 자긍심이라고 하시던데…

내담자 : (침묵)

상담자 : 선생님이 잠시 후에 엄마랑 이야기를 나눌 건데 지금은 너와 먼저 얘기를 나누고 싶은데 여기 준비된 푸드재료로 네 마음을 푸드로 한번 표현해 보겠니? 너희 가족에 대해서 표현하면 된단다.

내담자 : 푸드로요? 어떻게 해야 해요?

상담자 : 네가 하고 싶은 대로 하면 된단다. 선생님은 말로도 상담을 하지만 때로는 말보다 손으로 표현하는 것이 더 많은 의미를 내포하고 있기에 푸드재료 또는 미술재료를 사용해서 만나는 학생들에게 표현을 하게 하는데 오늘 선생님이 준비한 재료는 여기에 준비한 것들이 있는데... 여기에서 마음에 드는 재료를 골라서 네 마음대로 하고 싶은 대로 표현하면 된단다.

내담자 : 먹어도 되요?

상담자 : 그럼. 얼마든지 먹어도 되고 네가 하고 싶은 대로 하면 된단다. 만약 먹고만 싶으면 다 먹어도 되고요. 표현하고 안하고는 네 마음이란다.

내담자 : (젤리 재료를 골라 침묵 속에서 젤리를 먹으며 혼잣말) 음~맛있다. 울 엄마는 이런 거 불량식품이라고 못 사 먹게 해서 저는 못 사 먹어요.

상담자 : 그랬구나.

(지켜보며 침묵허용하기, 조용히 내담자의 행동을 바라만 보고 있음)

(10분 정도 내담자는 젤리를 먹고 만지로 혼자 노는 시간을 가졌다. 여러 가지 표현을 하며 젤리를 먹으며 활동하는 모습을 보였으나 상담자는 계속 지켜만 보고 있음)

내담자 : 다했어요.

상담자 : 와~어디보자. 와우~창의적인 표현인데 가족에 대해 설명해 주겠니?

내담자 : 음~ 이것은 저랑 아빠는 주말이라 함께 놀고 있고 엄마는 시장에 가셨어요.

상담자 : 그렇구나. 만약 제목을 붙인다면 무엇이라고 할 수 있을까?

내담자 : 음~ 음~ 행복한 우리가족이에요.

상담자 : 행복한 우리가족 멋지다. 선생님이 사진 좀 찍어도 될까? 엄마에게 너의 창의적인 근사한 표현을 보여 드리고 싶은데 네 생각은 어떠니?

내담자 : 네. 상관없어요.

상담자 : 그래, 고맙다. 똘이야~ 선생님과 네가 지금 표현한 이 작품에 대해서 잠깐 이야기를 해 볼까 하는데 어떠니?

내담자 : 별로 할 말 없어요. 그냥 한 건데…

상담자 : 그렇구나. 선생님이 잠시 지켜보니까 똘이의 손이 마법사의 손처럼 참으로 다양한 여러 가지 표현을 해내던데 창의적인 손재주를 타고난 것 같아. 엄마 말씀처럼 창의적이라는 똘이 칭찬도 하셨는데 그런가 봐.

내담자 : 손으로 만지는 것을 좋아하긴 해요. 라디오도 해부했다가 조립해 보고 재밌어요.

상담자 : 와~정말 재주가 다양한 멋진 아들이네…제목이 행복한 우리가족인데 네가 관찰자 입장에서 볼 때 이 푸드표현 작품이 어떻게 보이니?

내담자 : 음~음~글쎄요. 좀 안 행복한 모습? 실은 엄마가 요즘 들어 너무 잔소리를 하고 계속 똑같은 말을 반복하니까 엄마가 싫어졌어요.

상담자 : 그래 선생님도 이해가 가. 나도 너 만할 때 엄마의 잔소리가 듣기 싫어서 엄마가 말하면 귀를 막고는 했었단다. 그런데 똘이는 엄마의 마음은 이해가 가니?

내담자 : 이해는 가요. 근데 저를 전처럼 믿어 주고 계속 지켜봐 주면 좋겠어요. 지금은 감옥 같아요. 공부하기도 싫어요.

상담자 : 감옥 같다는 생각은 언제부터 하게 된 거니?

내담자 : 중간고사 끝나고 기말고사 성적이 조금 떨어졌는데 제가 답안지를 밀려 쓰는 실수를 했는데 엄마는 믿어 주지 않았어요. 저는 믿어 달라고 했고 다음 시험은 진짜 잘 볼 거라고 말했는데 엄마는 안 된다고 앞으로 점점 어려워질거니 학원에 가라고 했어요. 한 달 다녔는데 배울 것이 없다는 생각이 들어서 그만 다니겠다고 계속 말해도 엄마는 안 된다고 말이 통하지 않아요.

상담자 : 그렇구나. 내 생각을 아빠랑도 이야기해 보았니?

내담자 : 아빠는 제 얘기를 잘 들어주시지만 엄마 말을 들어요. 좀 더 다녀보라고 저를 설득하셨어요.

상담자 : 그러니? 그러면 학원을 다른 곳으로 옮겨 보면 어떨까? 엄마 아빠는 네가 계속 학원에 다니길 바라시는 것 같은데

내담자 : 여기가 우리 동네에서 제일 잘하는 유명한 곳이에요. 근데 저랑은 잘 안 맞아요. 저는 혼자서 공부 하는 게 좋아요.

상담자 : 그렇구나. 그러면 선생님이 엄마랑 이야기를 할 때 어떻게 너의 의견을 전해 주면 좋겠니? 너도 좋고 엄마도 좋으려면 어떻게 해야 할까?

내담자 : 일단 저를 감시하지 말고 믿어 주는 거요. 지금 학원도 그만두고 제가 혼자서 해낼 수 있도록 지켜봐 주는 것이요. 요즘은 엄마를 쳐다보기도 싫고 말하기도 싫어요. 옛날의 맛있는 거 챙겨 주고 늘 웃어주는 엄마가 그리워요.

상담자 : 음 늘 웃어 주고 맛있는 거 챙겨 주는 엄마가 옆에 계셔 주길 바라는구나.

그래. 똘이야~ 그런데 지금 엄마도 할머니 댁 일로 마음이 힘드신데 만약 똘이가 표현한 작품을 다르게 변형해서 엄마의 마음에 조금이라도 위로가 되는 마음을 표현해 본다면 어떻게 변형이 가능할까?

내담자 : (푸드작품을 한참 들여다보고 있다가 빨간 젤리 선을 움직여 변형함) 다했어요.

상담자 : 와우~가족이 함께 모여 있네.

내담자 : 네~생각해 보니 엄마가 할머니로 인해 많이 힘들어하시는 것을 알고 있었는데 제가 거짓말하고 학원도 안가고 해서 더 속상하셨을 거 같아요. 지금 생각해 보니 죄송한 맘도 들어요. 선생님과 헤어지면 엄마에게 죄송하다고 말씀드릴게요.

상담자 : 와~~~우리 아들 넘 멋쟁이다. 진짜 엄마가 자랑스러워하시는 이유를 선생님도 알겠다. 똘이야 이렇게 멋진 대한민국의 미래 청소년과 함께 만나게 되어 선생님도 너무 기분이 좋구나. 똘이야, 앞으

로 네가 원하는 것을 성취하고자 할 때는 가족이니까 잠깐 멈추어 3분 정도 생각을, 똘이에게도 좋고 또 엄마에게도 서로 기분 좋은 관계가 되는 방법은 무엇일까 생각해 볼 수 있겠니?

내담자 : 네~전에는 엄마랑 친구처럼 서로 의논하고 대화도 많이 하고 그랬는데 학년이 높아지면서 잘 못한 거 같아요. 학원만 안 다녀도 시간이 많이 있고 저는 혼자서도 공부 잘할 수 있어요. 할머니 댁 일이 해결되어 엄마 마음이 빨리 편안해지면 좋겠어요.

상담자 : 그래, 너의 마음이 전해져서 그렇게 되실 거야. 이렇게 멋진 아들과 이야기를 나눌 수 있어 선생님도 기쁘고 고맙다.

중략

2) 푸드표현상담 진행을 위한 사례개념화

상담자가 파악한 내담자의 문제를 해결하기 위해 분석한 것이다. 똘이와 똘이의 모친을 만난 이후 똘이의 상담사례개념화를 작성하며 똘이를 돕기 위한 전략을 구성한 것이다.

(1) 상담자가 파악한 내담자에 대한 이해

똘이의 경우는 아주 명석한 두뇌를 가진 자기관리를 잘하는 친구이다. 상담자와 눈맞춤이 잘되고 상담자가 묻는 말에 예의 바르게 자신의 생각을 이야기하였다. 엄마와의 최근 갈등에 대해 묻자 자신은 혼자서 공부하며 중간고사 때는 성적이 상위권(전교 8등)이었으나 기말고사 때 성적(전교 48등)이 조금 떨어졌다. 똘이의 엄마는 아들이 중학교에 진학을 하면서 초등학교 때와는 달리 학업에 대한 걱정을 많이 하게 되었다. 똘이는 학업성적이 떨어질 것을 미리 걱정한 엄마의 염려로 인해 다니고 싶지 않은 학원을 매일 가는 것에 불만을 가지고 있었다. 똘이는 학원에 다니는 것은 시간낭비이고 돈낭비라고 집에서 혼자 공부하겠다고 엄마에게 말했으나 똘이의 엄마는 1학기 기말고사 성적이 떨어졌으니 믿을 수 없다며 학원에 가야 한다고 주장하여 똘이는 엄마와 의견충돌이 자주 있었다. 그러던 중 엄마가 깜작 놀라는 행동(학원을 안 가고 피시방에 가는 거짓말을 반복함)을 했으며, 이는 자신의 원하는 것(스스로 시간을 갖고 혼자 공부하기)을 엄마에게 주장하기 위한 행동으로 보여졌다. 거짓말을 한 똘이의 행동이 나쁜 것임을 인식하게 하고 모자관계 회복을 통해 신뢰구축을 할 필요가 있다.

(2) 똘이와의 상담과 푸드표현 가족화에 대한 평가(Assesment)

상담자는 엄마에게 똘이의 원트를 얘기해 주고 가족을 표현한 똘이의 푸드표현 작품사진을 보여 주었는데 똘이의 엄마는 똘이의 표현을 보고 마음이 아프다고 하셨다. 시장을 가면 언제나 주말에 가족이 함께 가는 화목한 가족이었는데 똘이가 자신을 마음 밖으로 밀어내는 것 같다며 눈시울이 붉어졌다.

상담자가 파악하는 똘이의 문제보다는 모친이 똘이에 대해 가지고 있는 미래에 대한 불안감이 소거되어야 똘이와는 편안한 관계를 유지할 수 있다는 생각을 하였으며, 똘이가 자기관리를 잘할 수 있는 지혜로운 아들임을 똘이의 모친에게 인식시키는 것에 초기상담의 초점을 맞추기로 하였다. 또한 모자 간의 불신감을 해소하고 사이좋은 모자 관계를 회복하는 것에 상담의 방향을 맞추기로 하였다.

똘이는 자신에 대한 분명한 생각을 가진 학생이므로 똘이와 엄마의 관계가 회복되어 모자상담을 2회기 정도 진행하도록 하였다.

(3) 푸드표현상담의 진행방향 및 목표

① 푸드표현상담 목표 : 모자 간의 갈등해소, 신뢰감 구축

② 상담의 구조화

A. 푸드 매체류 : 똘이가 좋아하는 새콤달콤 젤리와 쿠키류

B. 상담시간 주 1회 주말에 진행함 : 똘이와 20분, 모친과 30분

C. 상담전략 :

a) 푸드표현매체를 활용한 인간중심적인 상담과 현실치료를 병행한 상담 방식으로 진행하여 똘이의 엄마에 대한 불신감을 해소함.
b) 자신이 원하는 것을 이루기 위해 엄마에게 거짓말을 한 것이 정당화되어서는 안된다는 인식을 하게 함.
c) 엄마와의 갈등을 해소하고 좋은 관계를 만들기 위한 실천 방법을 찾게함.
d) 스스로 실천할 수 있는 것을 하루에 한 가지씩 행동해 보게 함.
e) 모친과의 관계가 어느 정도 회복되면 함께 모자를 함께 상담을 하기로 함.

회기	똘이와 엄마의 푸드표현 활동		
2회기	 최근의 엄마를 생각하면–엄마가 쳐다보면 짜증부터 확	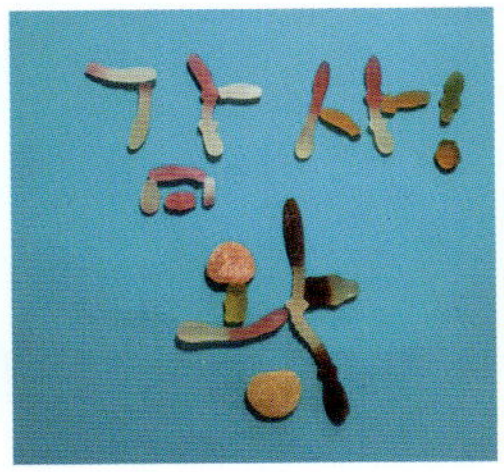 나의 기분이 좋을때 엄마를 생각하면–감사한 엄마	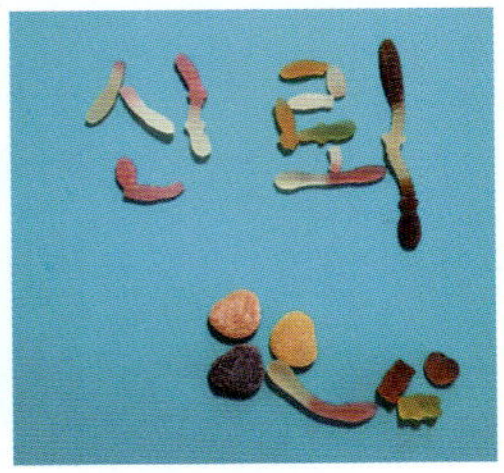 서로 좋은 관계를 위한 푸드표현–믿어 주는 엄마
3회기	 미소로 바라보는 엄마	 열공하는 아들	 서로 좋은 관계를 위한 선택

(4) 결과

똘이와 엄마는 서로 신뢰 관계를 형성하였고 전과 같이 사이좋은 모자관계를 회복함. 똘이는 준비된 내담자로 자신감이 있고 자아존중감이 높은 학생으로 자신의 잘못한 점을 잘 인식하고 있었음. 똘이의 모친은 최근 친정의 일로 인해 심한 스트레스를 받았는데 똘이의 성적하락이 걱정되어 평소보다 자신이 예민해졌다는 것을 인식하고 똘이가 원하는 지켜보고 지지하는 엄마가 되어 주기로 약속함. 만약 2학기 성적이 엄마가 원하는 목표에 도달하지 않으면 똘이가 원하는 가정방문 과외를 몇 번 받기로 합의함.

4. 푸드표현상담 사례(2)

모든게 다 귀찮아요. 잠만 자고 싶어요

1) 내담자 인적사항

- **대 상 자** : 김별(ct)
- **나 이** : 14세
- **교육배경** : 중학교 1학년 여,
  예전 상담경험 있음(초등 5학년 때 미술치료 1년)

2) 성장배경 및 가족관계

- **가계도**

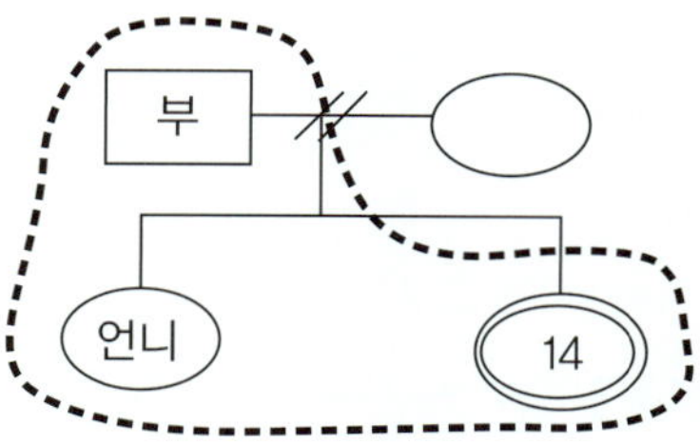

✲ **가족관계 및 성장배경**

아버지 : 알콜중독병원에 입원 중(상담종료 후 퇴원함). 가끔 허락을 받아 집에 오면 술을 마시고 ct와 ct언니를 새벽에 깨워 귀찮게 군다고 함.

어머니 : 내담자가 10살에 이혼, 부친의 입원으로 ct와 ct언니 둘만이 집에 있게 되자 사회복지사가 이혼한 모를 수소문해 집에 오게 하였으나 모는 도박중독으로 ct와 ct언니를 전혀 돌보지 않고 오후 4시에 도박장에 출근해 아침에 들어와 낮에는 잠만 잔다고 함.

언　니 : 내담자와는 자주 다투는 편.

- ct와 ct언니는 지역아동센터에 다니고 있는데, ct는 평소 잠이 많고, 만사를 귀찮아하는 등 무기력한 생활에 빠져 있으나 극복하려고 하거나 문제를 느끼지 못한다고 함. 또한, 학습에 대한 동기가 전혀 없는 상태임. 상담에 대한 욕구가 있음(진로 상담)
- ct의 꿈은 댄스가수(발라드는 답답해서 싫다고 함), 사육사(물개를 좋아함)이고, 노래나 요리(떡볶이, 볶은 밥)를 할 때 가장 신난다고 함.
- ct와 ct언니는 반대되는 성격(ct 언니는 다혈질이라고 함)을 가지고 있어, 잘 맞지 않아 자주 다투지만, 지역아동센터에서는 집에서보다 대화를 많이 하게 된다고 함.
- ct와 ct부 사이의 관계는 ct언니와 ct부 사이의 관계보다 좋다고 하였음.

3) 의뢰 사유

- 지역아동센터장의 호소문제
  - 무기력해서 잠만 자려고 함.
  - 센터에 결석도 잦음.
  - 자신의 기분을 표현하는 것도 서툴다고 함.
  - 하고 싶어 하는 것도 없으며 공부를 왜 해야 하는지 모르겠다고 함.
  - 미래 꿈이 없으며 성인이 되어 편의점 알바나 하면서 살 거라고 함.

– 방학이면 오후 늦게까지 자느라 센터에 나오지를 않아 센터장님이나 센터의 언니들이 집에 가서 데려 오기도 여러 번 했는데 데리러 가지 않으면 오지 않음.

• **내담자의 호소문제** : 상담의 필요성을 느끼지 않으며 지역아동센터장의 권유에 의해 할 수 없이 오게 됨.

4) 상담진행 시 전략

• 인간중심적인 푸드표현상담으로 내담자 스스로 내재된 동기를 찾고 무언가 하고 싶은 의욕을 솟아나게 하는 접근 방식으로, 내담자가 좋아하는 푸드재료를 함께 장보기하며 자기결정성을 발휘하게 하는 자유로운 상담진행방식으로 마트에서 만나 상담을 진행하기로 함.

• 의사의 소견상 내담자는 우울이 심하고 영양실조에 걸려 있는 상태이므로 상담 시 음식을 먹으며 무엇인가 하고 싶은 욕구를 불러일으키는 것에 초점을 맞추기로 함.

5) 푸드표현 상담의 개입을 위한 사례개념화

별이는 부모의 이혼으로 인한 가족 내의 불화와 갈등으로 상처를 받고 위축되며 무기력함과 우울한 증상을 보였을 것으로 보여진다. 장기화된 부모의 부재와 가족 내 갈등과 불화가 별이에게 열등감을 느끼게 하고 자신감이 부족하며 학교에서는 1교시부터 끝날 때까지 수업시간에 잠만 자고 점심시간 또한 밥을 먹지 않으며 영양 불균형상태를 초래한 것으로 보여진다. 또한 돌보아 주는 사람이 없기에 스스로 식사를 준비하며 학교를 다니는 어려운 현실이 장기간 계속되면서 왜 살아야 하는지 미래에 대한 꿈도 없으며 고등학교에 진학해서 뭐하냐며 편의점 알바를 하다 대충 살다 죽겠다는 말을 서슴없이 할 정도로 내재된 우울과 분노감이 오랜시간 방임된 부모의 부재 속에서 무기력한 행동으로 나타나 학교에서나 지역아동센터에서 잠자는 행동으로 표출된 것으로 생각된다.

✲ 상담목표

1. 집에서도 스스로 잘 먹고 학교 급식 때 입맛이 없어도 조금 먹는다.
2. 학교에서는 졸렸을 때 책상에 엎드려 자지 않고 앉아서 졸도록 한다.
3. 자신의 소중함을 인식하고 학교생활에 의욕을 갖고 생활하도록 한다.

✲ 상담전략

1. 인간중심상담의 접근으로 별이 어떤 행동을 하든 온전히 지지하고 믿어 주며 수용하는 상담자로 함께하며 별에게 자신의 소중함을 인식하게 한다.
2. 장보는 장소에서 만나 상담자가 주는 재료비 1만원의 범위 내에서 별이 원하는 푸드 재료를 선택하며 자기결정성을 기르는 훈련을 한다.
3. 창의적인 표현활동 속에서 자신감과 성취의 기쁨을 느끼게 하며 일상의 문제해결력을 향상하고 자신의 인생을 책임질 수 있는 자기주도적인 마음을 향상한다.

   숙제 : 푸드재료로 표현을 하고 남은 재료는 집으로 가져가 먹으며 먹는 사진을 찍어 보내 주기로 함.

✲ 단계별 활동모습 및 진행과정의 변화 요약

■ 상담초기(1–3회기) 내담자의 모습 요약

전에 받았던 미술치료보다 훨씬 재미있고 푸드로 어떻게 표현하나 궁금했는데 표현하고 나서 자신의 마음을 알게 되니 신기하고, 자신은 미술을 잘 못해서 잘 못할 줄 알았는데 의외로 잘해서 기분이 좋고 지금까지 작품 만든 것 중에 최고라 기분이 좋다고 말함. 장을 보며 좋아하는 푸드재료를 선택하는 데는 시간이 걸렸으나 표현하는 데 집중하고 재미있어 함.

회기	활동모습과 푸드표현 작품 사진		
1회기	 장을 보며 선택에 시간이 많이 걸림	 장 본 재료 활동 모습	 웃는 모습1 웃는 모습 변형
2회기	 진지하게 표현에 집중함	 과거의 웃는 나	 지금의 웃는 나
3회기	 별이 선택한 재료 장 보는 시간이 빨라짐	 풍성함	 우리 가족

■ 상담중기(4-7회기)

4회기 이후 가장 큰 변화는 지역아동센터에서 센터장에게 영어공부를 잘하고 싶다고 스스로 말하며 영어책을 가지고가 선생님에게 도와달라고 말하는 변화가 생김. 7회기 이후 자신에게서 타인에게로 관심이 옮겨지며 상담자에게 〈아낌없이 주는 나무〉를 만들어 주고 성장한 사람이 나무에게 고맙다고 보답하는 장면을 표현함.

- 학교에서 엎드려 잠을 자지 않으려 노력하나 졸려함.
- 센터에 결석 시 미리 연락함.
- 자신의 기분을 표현하는 것이 자연스러워짐.
- 미래에 하고 싶어 하는 것을 찾았으며 아직은 정확하지 않으나 공부할 필요성은 느낌.
- 미래 꿈을 찾음.
- 오후 늦게까지 자는 습관이 적어짐.

회기	활동 모습 및 작품사진		
4회기	 적극적이 장 보기		
5회기	 적극적 장 보기, 선택 빨라짐	 활동모습	 새끄
6회기	 선택한 재료	 졸린 떡볶이	
7회기	 아낌없이 주는 나무		

■ **상담후기(8-11회기)**

8회기에 브로콜리로 작은 나무가 성장하여 큰 나무가 되고 사랑을 나눠 주는 모습을 표현하였으며 미래에 대한 모습을 표현하는 부분에 있어서는 아직 미래에 정말 하고 싶은 일이 확실치는 않지만 무엇을 하든 웃으며 즐겁게 일할 것 같다고 웃는 곱슬머리의 얼굴을 표현함.

푸드표현상담을 하면서 처음과 지금이 달라진 것이 있다면 구체적으로 무엇이냐는 질문에 전에는 겉으로는 웃어도 마음속은 아니었는데 이제는 마음속으로도 웃을 수 있다고 말함.

회기	활동 모습 및 작품사진		
8회기	 사랑을 주는 나무	 무얼하는 웃는 얼굴	 표현 후 활동
		 사랑 담은 스파케티	
11회기	 진지하고 빠른 결정	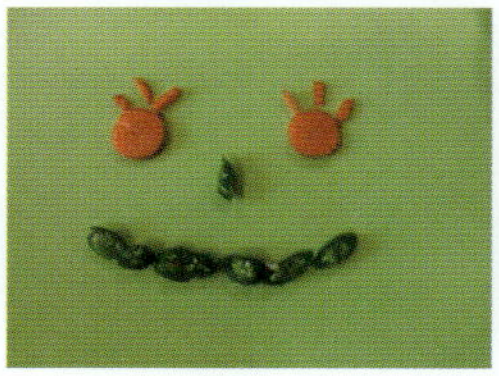 진심으로 웃는 내 모습	 표현 후 떡복이 만들기
		 완성작-뿌듯함	

<table>
<tr><td>상담
종료 후</td><td></td><td>별이는 밝은 본래의 천성적인 명랑함과 적극적인 강점을 찾아 학교생활을 잘하는 학생으로 멋지게 자신의 삶을 개척해 나가고 있다.</td></tr>
</table>

- 학교에서 잠을 자지 않으며 졸지 않음.
- 센터에 결석하지 않음.
- 자신의 기분을 표현하는 것이 좀 더 자연스러워짐.
- 미래에 하고 싶어 하는 것을 1, 2, 3순위로 찾았으며 아직은 정확하지 않으나 공부를 열심히 해야겠다고 센터장 님께 도움을 요청함.
- 미래 꿈을 찾고 고등학교에 진학하고 대학에도 가고 싶은 희망을 얘기함.
- 2학기 중간고사 기간에 전에는 전혀 하지 않았던 휴일 보충수업에 센터에 나가 공부함.

한국아동인성평정척도(KPRC) 사전, 사후 변화분석

<table>
<tr><th colspan="3">한국아동인성평정척도(KPRC)</th></tr>
<tr><th>구분</th><th>사전</th><th>사후</th></tr>
<tr><td>프로파일</td><td>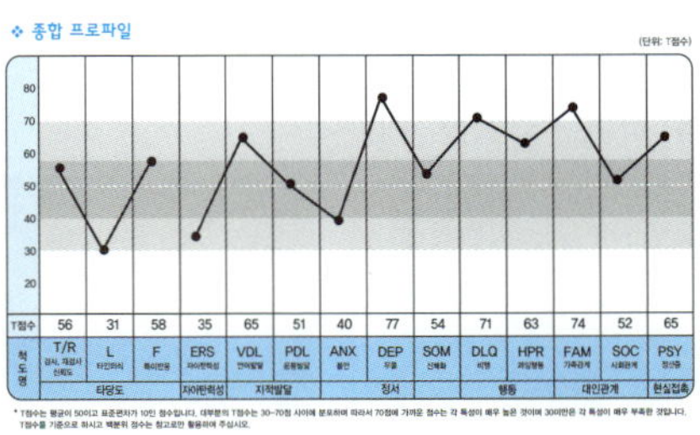
</td><td>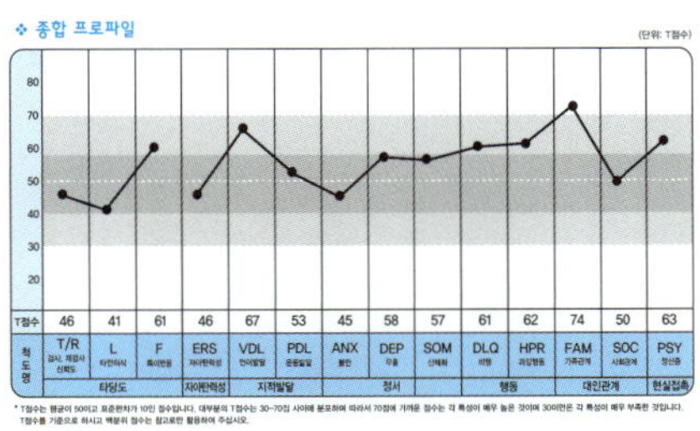
</td></tr>
<tr><td>검사소견</td><td>소심하고 자신감이 부족하며 사소한 문제에 대해서도 걱정이 많은 편이다. 이 때문에 긴장되고 불안수준이 증가하게 된다. 사람들 앞에서 위축되기 쉬우며 특히 낯선 사람들 앞에서 어색하거나 불편하게 느낀다.</td><td>자아탄력성 척도가 평균이하 범주인 35에서 46으로 11점 상승하였다. 내적 외적 스트레스에 대처하는 능력이 조금씩 생기기 시작한 걸로 보여진다.</td></tr>
</table>

	행동적인 특징으로 좌절을 견디는 힘이 부족하고 뒷일을 생각해 보지 않고 성급하게 행동하는 경향이 있다. 때로 어른들의 걱정을 끼치는 바람직하지 못한 행동이나 엉뚱한 행동을 보일 수 있으나 반성이나 책임의식은 부족한 편이다. 친구들과 원만한 관계를 맺기 어려울 것으로 보이며 생활적응기능이 효율적으로 발휘되지 못하고 있는 것으로 보이며 전문가의 자문을 받는 것을 검토해 볼 필요가 있다.	우울척도가 77에서 58로 19점 낮아졌다. 내담자는 무기력한 태도로 학교와 센터에서 잠자는 모습을 주로 보였으나 잠을 자지 않으려 노력하고 자신을 관리하는 태도로 우울감이 많이 감소되었다.
분석	부모의 이혼으로 인한 가족 내의 불화와 갈등이 내담자의 스트레스를 유발하고 무기력함과 우울한 증상을 보였을 것으로 보여진다. 장기화된 가족 내 갈등과 불화가 내담자에게 열등감을 느끼게 하고 자신감이 부족하며 또래관계도 활발하지 못했을 것으로 보여진다.	

6) 상담 결과 요약 및 제언

(1) 결과 요약

- 늘 졸려하고 피곤하여 학교에서도 잠자는 아이였던 내담자는 학교에서 잠을 자지 않으며 졸지 않는 학생으로 바뀌었음.
- 지역아동센터에 무단결석을 자주 하였으나 센터에 결석하지 않음.
- 푸드표현상담을 하며 처음에는 자신의 기분을 표현하는 것도 서툴렀으나 자신의 기분을 표현하는 것이 좀 더 자연스러워지며 적극적으로 생각과 감정 표현을 하게 됨.
- 미래에 하고 싶어 하는 것도 없으며 공부를 왜 해야하는지 모르겠다고 하였으나 미래에 하고 싶은 일을 1, 2, 3순위로 찾았으며 공부를 열심히 해야겠다고 센터장 님께 도움을 요청함.
- 미래 꿈이 없으며 성인이 되어 편의점 알바나 하면서 살 거라고 하였으나 미래 꿈을 찾고 꿈을 이루기 위한 시도를 해 보기로 함.
- 방학이면 오후 늦게까지 자느라 센터에 나오지를 않아 센터장 님이나 센터의

참고문헌

김민용, 김지유(2019). 건강하고 맛있는 창의융합 푸드표현예술치료. 서울: 창지사.

김유미(2003). 두뇌를 알고 가르치자. 서울: 학지사.

김지유(2020). 우리아이 자존감을 키워주는 푸드표현공부법. 경기: 이담북스.

니컬러스 크리스태키스, 제임스 파울러, 이충호역(2010). CONNECTED행복은 전염된다. 경기: 김영사.

이명우(2017). 효과적인 상담을 위한 사례 개념화의 실제. 서울: 학지사.

Cathy A. Malchiodi(2010). 영혼의 팔레트: 자기치유를 위한 미술 수련. [Soul's palette : drawing on art's transformative powers] (김마리아, 김상희, 신은하, 심재순, 오희정, 이혜자 역). 서울: 미진사(원저출판: 2002년).

David A. Sousa(2014). 마음 · 뇌 · 교육 : 21세기 교수 · 학습과학의 새 패러다임. [Mind, Brain and education : neuroscience implications for the classroom] (이찬승, 김미선 역). 서울: 한국 뇌기반교육 연구소(원저출판: 2011년).

Sonja Lyubomirsky(2008). How to be happy: 행복도 연습이 필요하다. [How of happiness : a scientific approach to getting the life you want] (오혜경 역). 서울: 지식노마드(원저출판: 2007년).

Pearl S. Berman(2007). 사례개념화 원리와 실제. [Case conceptualization and treatment planning: exercises for integrating theory with clinical practice] (이윤주 역). 서울: 학지사(원저출판: 1997년).

Persons, J. B. (1989). *Cognitive therapy in practice: A case formulation approach.* New York: W. W. Norton & Company.

MEMO

MY

CHAPTER

02

대상별 푸드표현상담 적용 프로그램

1. 스마트기기 중독 아동청소년의 자기통제력 향상을 위한 푸드표현집단상담
2. 학교폭력 예방을 위한 공감능력 향상 푸드표현집단상담
3. 청소년 자살 예방을 위한 푸드표현집단상담
4. 푸·놀·치 : 푸드와 놀면 치매가 예방되요
5. 웰다잉(Well-Dying)을 위한 푸드표현집단상담

CHAPTER 02

대상별 푸드표현상담 적용 프로그램

1. 스마트기기 중독 아동청소년의 자기통제력 향상을 위한 푸드표현집단상담

1) 개요

현대는 제4차 산업혁명의 시대로, 고도화된 정보기술의 발달 및 새로운 미디어의 보급은 우리의 삶을 혁명적으로 바꾸고 있으며 그에 따른 부작용이 다방면에서 발생하고 있다. 특히 인간의 편이를 위해 개발된 스마트 기기들의 보급으로 아동청소년들의 인터넷 중독의 문제가 심각한 사회적 문제로 대두되고 있는 것이 현실이다. 아동청소년의 경우 가정이나 학교생활에서의 갈등이나 학업관련 스트레스를 해소하는 놀이로 스마트 기기를 활용하고 있다는 긍정적인 기능이 있기는 하나 그 사용 정도가 심해지면서 오히려 또래관계나 학업에 막대한 지장을 주는 문제점이 발생하고 있다. 스마트 기기의 과다 사용으로 인해 중독에 빠지게 되면 강박적 사용의 문제와 함께 심리 정서적으로 우울과 불안을 야기하게 되며 스스로 통제하지 못하는 상황에 빠지게 된다.

자기통제력을 잃게 되는 경우 자신의 행동이나 감정을 조절할 수 없게 되는 충동 조절장애를 겪게 되어 가정이나 학교에서 문제행동에 노출되는 위험이 높아진다.

본 프로그램은 집단의 역동을 활용한 푸드표현집단상담으로 푸드표현을 통한 자유롭고 창조적인 표현과 감정의 표출과 함께 현재 스마트 기기 사용에 대한 변화의 필요성을 인식시키고, 학생으로서의 자기인식과 변화를 위한 동기를 유발하고, 실제 생활 속에서의 대처방안으로 실천계획을 수립함으로써 자기통제력을 향상하도록 구성하였다.

2) 목표

- 자유롭고 안전하며 촉진적인 푸드표현예술치료 집단상담 환경에서 충분히 자신을 표현하고 감정을 해소함으로써 명확하게 자기인식을 한다.
- 솔직한 자기표현을 통한 현실 인식과 자기관찰을 통해 자신의 문제점을 객관화함으로써 변화의 필요성을 증대시킨다.
- 푸드표현 작품활동을 통해 자신의 내면의 소리를 들으며 이를 통해 자기통제력 향상과 문제 행동을 완화시킨다.
- 구체적인 실천 계획을 수립하고 미래의 긍정적인 자신의 모습을 상상함으로써 긍정적인 자아상을 확립한다.

3) 대상 및 촉진 인력

- **대상** : 스마트 기기 중독 아동청소년 10명
- **진행 인력** : 주 푸드표현상담전문가, 보조 푸드표현상담사

4) 스마트 기기 중독 아동청소년의 자기통제력 향상을 위한 푸드표현집단상담 프로그램

1.5시간/회기 * 12회기

회차	프로그램 주제		활동내용	교보재
매 회기 진행 내용			1. 가벼운 인사와 한 주간 소식 나누기 2. 지난 시간 활동 내용 및 작품 기억하기 3. 회기별 활동 내용 소개 및 구조화 4. 강의와 푸드표현예술작품활동 및 나눔 5. 과제, 정리 및 활동 소감 나누기	
1	초기 신뢰쌓기 감정해소	오리엔테이션 친밀감 형성하기	• 별칭 짓기, 스마트기기 중독검사, 자기통제력 검사 • 시리얼 자유화 • 집단 규칙 정하기	집단 서약서, 링시리얼, 8절색지, 요플레
2		커피딱풀 난화 집단 관계 형성하기	• 딱풀 그림에 커피가루를 뿌린 난화로 대화하기 • 딱풀로 마음 이어 그리기 • <창의성>동영상 시청 1	8절도화지, 커피가루, 딱풀, 흰색전지,
3		감정탐색 감정해소	• 즐겁게 놀아요. 푸드표현 게임. 과자 탑 쌓기 등 • 나를 힘들게 하는 것들 : 뻥과자 표현하고 부수기 • 나의 감정은... : 후련한 내 마음 표현하고 나누기	양파링, 뻥과자, 색8절지, 과일류
4	중기 1 현실인식 자기관찰	자신의 욕구 만나기	• 바나나 칼싸움 : 내면의 욕구와 에너지 • 시너지트리 만들기 : 나의 진정한 소망은... • 소망이 현실이 되는 기적	바나나, A4지, 전지, 포스트잇, 과자류
5		불일치감 인식하기	• 스마트기기 사용이 나에게 미친 영향 알아보기 • 소금자유화 : 지금의 나, 미래의 나 • 멋진 미래를 만들어 가기 위해 지금 바뀌어야 할 것은?	색8절지, 소금, 초코볼
6		변화의 필요성 인식하기	• 푸드표현 게임 : 고깔콘 게임, 성공을 위한 전략 • 변화에 성공한 나의 모습, 행복 김밥 만들기	고깔콘, 김밥재료

7	중기 2 문제행동 완화 자기통제력 향상	자기 긍정성 확립	• 강점 찾기 / 친구의 강점 찾아 선물하기 • 강점 나무 만들기. 돌아가며 칭찬하기 • 나의 강점을 활용할 수 있는 방법을 찾아본다면...	색8절지, 과자 (원형, 사각형), 초코시럽
8		잘 가라! 스트레스!	• 스마트 기기 사용의 이득과 손실 따져보기 • 라면 벽화 : 스마트기기 사용의 위험성 표현하기 • 부셔부셔.	라면, 비닐 팩 색8절지
9		내 안의 보물상자	• 나에게 중요한 것과 버려야 할 것 • 밀가루 반죽 색깔 입히기	밀가루, 색가루, 접시,
10		행복 항아리	• 행복을 위해 필요한 요소들에 대한 토의 • 색소금 입히고 행복 항아리 만들기	소금, 파스텔, 투명 빈병, 꾸미기 재료
11	종결 계획수립 긍정적 자아상	나의 재탄생	• 나의 결심 공약 세우기 • 나의 소명은... • 실천 트리 만들기	삶은 달걀 트리, 사탕, 초콜릿, 빵끈
12		꿈을 향해	• 대견한 나에게 주는 상장 및 사탕 바구니 • 소감쓰기, 스마트기기 중독검사, 자기통제력 검사	두꺼운 도화지, 견과류, 글루건, 바구니, 사탕류

2. 학교폭력 예방을 위한 공감능력 향상 푸드표현집단상담

1) 개요

초, 중, 고등학교에 재학 중인 아동 청소년의 경우 심리정서적으로 매우 예민한 시기이며 이때 학교생활에서의 경험으로 형성된 성격적 특성은 인생 전반에 걸쳐

한 사람의 삶이 질에 지대한 영향을 미치게 된다.

2019년 교육부 학교폭력실태 결과에 따르면 초, 중, 고 전체 학생의 1.6%에 해당하는 6만 명의 학생이 학교 폭력을 경험하였다고 조사되었다. 현재 학교 폭력은 계속적으로 증가하는 추세를 보이고 있어 이에 대한 적극적이고 효율적인 대처가 필요하며 이를 방치하였을 경우 사회 전체가 감당해야 하는 비용은 막대할 것으로 추정된다

학교 폭력 예방을 위해 가장 중요한 요소가 또래 관계에서의 상호 공감능력이라는 연구결과들을 바탕으로 본 프로그램은 개발되었다.

Rogers(1959)에 따른 공감은 인지적 요소로 '타인의 감정을 알아채는 능력', 정서적 요소로 '타인의 감정을 이해하는 능력', 의사소통적 요소로 '타인에게 감성적으로 반응하는 능력'으로 볼 수 있으며, 이런 요소들을 기준으로 아동 청소년의 공감능력 향상을 돕고 긍정적인 또래관계를 형성해 갈 수 있도록 프로그램이 구성되었다.

2) 목표

- 자유로운 푸드표현 작품활동을 통해 명확한 자기인식과 타인의 정서에 대한 이해로 또래 관계에서 효과적으로 반응하도록 한다.
- 자신의 감정에 대한 이해와 감정을 표출을 통한 해소를 통해 또래 관계 친구들과의 감정의 중요성과 조절할 수 있는 능력을 키운다.
- 또래 관계에서의 타인에 대한 공감능력을 키우고 또래가 표현하는 정서에 적절히 반응하도록 한다.
- 자신에 대한 긍정적 자아상을 확장하고 또래 관계에서의 원활한 소통에 필요한 역량을 키워 간다.
- 긍정적인 또래 관계를 통해 즐거운 학교생활을 하며, 집단에서의 효과적인 상호작용에 대한 경험을 통해 성장 후 사회적 관계 형성에 대한 자신감을 갖게 한다.

3) 대상 및 촉진 인력

- 대상 : 초, 중, 고 아동청소년 12명 이내
- 진행 인력 : 주 푸드표현상담전문가, 보조 푸드표현상담사

4) 학교폭력 예방을 위한 공감능력 향상 푸드표현집단상담 프로그램

1.5시간/회기 * 10회기

회차	프로그램 주제		활동내용	교보재
매 회기 진행 내용			1. 가벼운 인사와 한 주간 소식 나누기 2. 지난 시간 활동 내용 및 작품 기억하기 3. 회기별 활동 내용 소개 및 구조화 4. 강의와 푸드표현예술작품활동 및 나눔 5. 과제, 정리 및 활동 소감 나누기	
1	초기 신뢰쌓기	오리엔테이션 친밀감 형성하기	• 사과 나누기 • 별칭 짓기 : 과자 자유화 • 집단 규칙 정하기 • 푸드표현예술 경험 : 커피난화 스퀴글, 이어그리기	사과, 서약서, 다양한 과자, 8절 색지, 커피가루, A3, 전지
2		커피딱풀 난화 집단 관계 형성하기	• 딱풀 그림에 커피가루를 뿌린 난화로 대화하기 • 딱풀로 마음 이어 그리기 • 〈창의성〉동영상 시청 1	8절도화지, 커피가루, 딱풀, 흰색 전지,
3	중기 1 감정이해 타인이해	자기지각하기	• 내 안의 다양한 감정들 찾기 • 감정 건빵 벽화 • 아름다운 우리들의 감정 나무	건빵, 초코시럽, 스파게티국수, 전지, 색종이, 풀
4		다름에 대한 이해	• 나의 또래 관계는... 가루로 표현해요 • 상대방 마음 긍정적으로 이해해 보기 • 과일 자유화 '친구 마음'	다양한 가루들 과일류
5		너와 나의 마음 이해하기	• 친구들과 생기는 갈등들은? • 핫바 인형극 • 서로의 좋은 점 찾아 칭찬 사탕 팔찌 만들어 선물하기	핫바, 새싹채소, 깻잎, 당근 등 사탕, 빵끈

6	중기 2 공감하기 의사소통 능력 향상	자기표현하기	• 하고 싶은 말, 듣고 싶은 말 • 찰떡치기 • 솔직한 나의 마음은... 초코파이 조각	찹쌀떡, 콩고물, 대형 주걱, 초코파이,
7		공감과 경청	• 공감의 의미, 경청의 의미 알아보기 • 무언으로 만드는 사랑의 조각보 만들기 • 마음을 열고 얘기하며 과자 탑쌓기	밀가루, 색가루, 색8절지, 다양한 모양의 과자류
8		마음 나누기	• 감사한 사람 떠올려 보고 감사의 글 쓰기 • 감사와 사랑의 이모티콘 만들고 보내기 • 사랑의 약방문	다양한 과일, 색종이, 테이프, 사탕, 초콜릿
9	종결 함께하기	우정 키우기	• 진정한 친구란... • 우정의 샌드위치 • 긍정의 에너지 팍! 팍!	빵, 잼, 치즈, 햄, 채소, 바나나 등 뻥과자, 집게 초코시럽
10		한마음 공동체	• 우리가 만들어 갈 아름다운 미래 • 과자 만다라 • 소감 나누기	다양한 색깔과 모양의 과자류, 색8절지, 우드락,

3. 청소년 자살 예방을 위한 푸드표현집단상담

1) 개요

우리나라 9세에서 24세까지의 청소년 사망원인 중 1위는 '자살'이다(통계청, 2018). 2016년 기준 10만 명당 7.8명이다. 2013년부터 2017년까지 자살한 초, 중, 고 학생은 총 556명으로 한 해 평균 111.2명이며 한 달에 9.3명이 자살하고 있다(동아일보, 2018).

청소년기는 발달단계의 특성상 스트레스를 많이 경험하며 신체변화와 함께 정서적 격변기로 충동적으로 자살을 생각하거나 시도하게 된다. 청소년기에 자살을 생각하는 것만으로도 정신적, 사회적 기능이 손상될 수 있으며, 청소년기 자살을 생각해 본 경우 성인이 되었을 때 자살 시도를 할 확률이 11배 높아진다(Reinherz et al., 2006). 또한 청소년의 자살 시도는 주변 가까운 가족과 사회에 정신적 충격을 주기도 한다.

청소년기 자살의 특징은 많은 발달적 과업에 따른 스트레스로 인해 충동적이며, 실제적 죽음을 염두에 두기보다는 자신이 힘들고 괴롭다는 것을 주변에 알리고 회피하기 위한 방편으로 사용하며, 정서적 특성상 작은 일에도 쉽게 우울하고 좌절을 경험하고 쉽게 상처를 받는다. 또한 유명한 사람들에 대한 동경으로 모방하는 경향이 있으며, 죽음에 대한 환상을 가지고 있기도 하다.

본 프로그램은 청소년들의 생명존중 의식을 높이고, 자아존중감을 높이며, 문제해결력을 향상시킴으로써 자살 시도를 예방하고자 하는 의도로 구성되었다.

2) 목표

- 청소년들의 스스로에 대한 긍정적 인식과 자아존중감을 향상한다.
- 푸드표현이라는 자유롭고 즐거운 활동을 통해 자기 내면의 긍정적인 소리를 들으며 자신의 소중함에 대해 인식한다.
- 자신의 감정에 대한 올바른 인식과 갈등을 효과적으로 처리할 수 있는 대처 방안을 습득한다.
- 푸드표현 집단활동을 통해 상호 관계를 경험하고 자신이 혼자가 아니며 언제든 서로 협력하고 함께할 수 있는 친구가 있다는 것을 인식하도록 한다.

3) 대상 및 촉진 인력

- **대상** : 자살 위험군 청소년 10명
- **진행 인력** : 주 푸드표현상담전문가, 보조 푸드표현상담사

4) 청소년의 자살 예방을 위한 푸드표현집단상담 프로그램

1.5시간/회기 * 10회기

회차	프로그램 주제		활동내용	교보재
매 회기 진행 내용			1. 가벼운 인사와 지난 주간 이슈 나누기 2. 강의와 푸드표현예술작품활동 및 나눔 3. 과제, 정리 및 활동 소감 나누기	
1	초기 친해지기	오리엔테이션 친밀감 형성하기	• 조각 케익 나누기 • 별칭 짓기 : 자신에 대한 상징 표현하기 • 팀 편성 및 팀장 선출 • 집단 규칙 정하기	조각케익, 포크 뻥과자, 링시리얼, 8절 색지, 요플레
2		푸드와 놀기	• 바나나 칼싸움, Here & Now • 내 탄생의 신화, 자연물 자유화 • 나의 소명은	바나나, 자연물, 삶은 달걀
3	중기 1 자아존중감 향상하기	소중한 나	• 아름답고 소중한 나 : 오이로 표현해요 • 안전하고 촉진적 환경 만들어 주기	오이, 다양한 채소, 샐러드 소스, 포크
4		나의 선호도	• 내가 좋아하는 것, 나에게 소중한 것 • 과일 자유화 • 나에게 어떤 의미인지 생각하기	다양한 과일류
5		나의 단점과 장점	• 과자 탑쌓기 • 나의 단점은? • 생각의 전환을 통한 내 단점의 장점적 요소 찾기	동그란 뻥과자, 스파게티 국수, 다양한 과자류
6	중기 2 감정처리 대처방식	감정 처리하기	• 나의 부정적 감정들... • 뻥과자 부수고 후련한 마음 표현하기 • 나의 감정을 처리하고 소화시키기	뻥과자, 색8절지, 또띠아 재료
7		나의 긍정적 자원들	• 좋은 친구란? 좋은 친구 되어 주기 • 나의 매력 자본은?	채소류, 과일류
8		나에게 기적이 일어난다면	• 미래의 내 모습 그리고 • 꿈꾸는 샌드위치	다양한 과자류, 샌드위치 재료

9	종결 밝은 미래 만들기	감사와 사랑 나누기	• 포트락 파티 : 각자 한 가지씩 미리 준비해 오기 • 감사와 사랑의 편지 나누기	각자 한 가지씩, 사탕, 초콜릿, 색종이, 테이프
10		내 안의 우주 만나기	• 만다라 • 자랑스런 나에게 주는 상장	과자, 8절지, 우드락, 견과류, 곡류, 글루건

4. 푸 · 놀 · 치 : 푸드와 놀면 치매가 예방되요

치매예방 푸드표현집단상담 프로그램

1) 개요

인간은 누구나 나이가 들어감에 따라 노화로 인해 신체적 · 심리적 · 사회적 변화가 생기게 되는데 가장 먼저 찾아오는 것이 신체적 특성의 변화다. 노화과정에서 신체 각 기관의 조절능력이 쇠퇴하고 외부자극에 민첩하게 대응하지 못하며 면역기능이 떨어짐으로 인한 변화들은 노인의 일상생활에 많은 불편함을 초래할 수 있다. 이러한 신체적인 노화로 인한 불편함과 심리적인 위축감, 노인성 우울, 노인성 스트레스 등을 인지자극, 인지훈련으로 극복하도록 하며 일상의 삶으로 자연스럽게 연결될 수 있는 푸드표현 인지재활훈련을 통해 노화로 인한 삶의 질을 향상할 수 있다. 100세 초고령화시대의 대표적 노인성 질환인 치매(치매는 생활습관 병)를 예방하기 위해 일상에서 매우 친근하고 쉽게 만날 수 있는 푸드(음식)라는 매체를 활용한 창의적이고 감성적인 푸드표현예술활동을 함으로써 자연스럽게 노인들의 인지정서신체활동능력을 발달시키고 좀 더 건강하고 행복한 삶을 영위할 수 있도록 한다.

본 프로그램은 치매가 생활습관병이라는 전제에 따라 설계되어 있으며, 프로그램 구성의 가장 중요한 3요소는 뇌과학(펜필드의 호문쿨루스)을 기반으로 한 푸드표현활동, 건강한 먹거리인 파이토케미칼이 풍부한 푸드매체 활용, 행복한 삶을 추구하는 긍정심리 집단활동이다.

2) 목표

- 노인들의 푸드표현 작품 활동을 통해 오감을 깨우고 표현력을 자극하여 자기 자신에 대한 긍정적인 인식을 갖도록 한다.
- 율동과 푸드표현예술 집단활동을 통한 인지기능개선을 위한 인지자극, 기억력증진을 위한 기억훈련, 실제 생활에 도움이 되는 인지재활능력을 개발한다.
- 푸드표현예술작품에 대한 스토리텔링으로 언어 표현과 사고능력을 향상한다.
- 다감각자극, 회상요법 등으로 지남력을 키우고 전두엽 기능을 자극하며, 신체의 감각을 깨우고 몸에 대한 민감성을 향상한다.
- 푸드표현 예술활동으로 자신 안의 다양한 감정을 자각하며 새로운 내면의 의욕을 일깨워 노화로 인한 우울과 스트레스를 해소하고 긍정 정서를 확장한다.
- 푸드표현활동과 함께 기억력증진을 위한 심상훈련, 행복버튼, 벤슨헨리 프로토콜의 뇌인지강화훈련 등을 실시하여 자기효능감과 삶의 만족도를 높인다.

3) 대상 및 추진 인력

- 대상 : 60세 이상 및 경도인지장애 노인 10명
- 진행 인력 : 주 푸드표현상담전문가, 보조 푸드표현상담사

4) 푸 · 놀 · 치 프로그램 세부 내용

2시간/회기 * 20회기

회차	프로그램 주제		활동내용	준비물
매 회기 진행 내용			1. 상호 인사 & 과정 소개, 율동 & 푸놀치 노래 2. 지난 시간 활동 내용 및 작품 기억하기 3. 1교시 & 2교시 강의와 푸드표현예술작품활동 4. 과제, 이번 시간 활동 기억하기 & 푸놀치 노래 5. 행복버튼, 벤슨핸리 프로토콜 행복명상	기본준비물 칼,, 도마, 접시
1	오리엔테이션 치매예방 푸드표현 예술활동의 이해 신뢰쌓기 알아가기	포토 테라피 지금 현재 나의 마음 만나 보기	1. 오리엔테이션 2. 푸드 그림카드 선택하고 설명하기 3. 내 마음을 푸드로 그려요. 씨리얼 그림그리기-과일 자유화(샐러드)	푸드표현카드 색8절지, 우유, 씨리얼, 공기, 스푼, 과일류,
2		행복회상 최근 가장 행복했던 기억	1. 어린시절 즐거웠던 놀이들 기억하고 얘기 나누기 2. 어린시절 추억 속으로 : 과자 자유화 3. 푸드표현예술치료는... 4. 과거 자랑스러웠던 일 : 채소 탑쌓기(피클)	색8절지, 과자류, 열매채소류 등
3		행복회상 즐거운 푸드 놀이	1. 치매예방은요.... 2. 즐겁게 놀아요. 푸드표현 게임: 과자 탑쌓기 3. 즐겁고 행복한 지금 내 기분 : 행복 샌드위치	양파링, 샌드위치 재료
4		어제 감사했던 일 기억하기	1. 치매 전문가의 조언 듣기 2. 어제의 하루를 생각나는 대로 짝꿍과 얘기하기 3. 어제 일 중 감사했던 일 한 가지 표현하기 4. 살아오면서 가장 고마웠던 사람	견과류 또띠아 재료

5		부정적 기억을 행복한 기억으로	1. 나의 행복을 방해하는 생각을 회상하고 대화한다. 2. 아픈 기억을 끄집어 내어 표현 : 계란 그림 3. 아픔을 행복으로 전환하기 위해 필요한 것은? 4. 행복한 나의 현재를 푸드로 표현한다.	삶은 달걀 주먹밥 재료
6	치매 직전단계인 경도인지 장애예방법	창의적 문제해결력 향상 1	1. 비슷한 두 개의 푸드표현 사진 다른 점 찾기 2. 고깔콘 게임 3. 우리 가족 행복했던 시간들	고깔콘, 김밥재료
7		푸드표현 창의적 문제해결력 향상 2	1. 다르게 표현된 푸드표현 카드 사진 느낌 나누기 2. 느낌이 비슷한 이유를 옆 짝과 얘기를 나눈다. 3. 내가 다시 태어난다면 : 소금자유화 4. 내가 바다에서 태어났다면 : 건어물 자유화	소금, 꿈틀이, 마이구미, 건어물
8		푸드표현 창의적 뇌발달 1	1. 하버드 의대 벤슨-헨리 프로토콜 생활화 훈련 2. 나에게 힘을 주는 것들 : 에너지바 3. 우리의 마음을 모아 화합하고 조화롭게 : 화채 5. 행복한 기분을 눈을 감고 충분히 누린다.(15분)	벤슨-헨리 프로토콜CD 견과류, 조청, 화채 재료
9	인지자극 인지훈련 인지재활을 위한 두뇌학습 1	푸드표현 창의적 뇌발달 2 뇌에 알통만들기	1. 벤슨-헨리 프로토콜을 생활화하는 훈련하기 2. 자신이 건강해진 이미지를 떠올린 뒤 푸드 표현 3. 바나나 칼싸움 4. 나에게 기적이 일어난다면...	벤슨-헨리 프로토콜CD 바나나, 말린 과일류
10		창의적뇌발달 3. 뇌 다양한 능력 피우기	1. 벤슨-헨리 프로토콜을 생활화하는 훈련하기 2. 해피 버튼 실천 생활화(몸, 마음, 생각의 버튼) 3. 내가 새가 된다면... 4. 해피버튼 만들기 : 과일 자유화	자유매체 다양한 과일

<table>
<tr><td>11</td><td rowspan="3">인지재활을 위한
두뇌학습
2
봄,여름,가을,
겨울 계절별
음식</td><td>창의적 두뇌개발
1
두뇌 꽃 피우기</td><td>1. 치매박사 박주홍의 3R 뇌 건강법 배우고 실천
2. 치매예방에 좋은 음식, 미정제 곡물
3. 소중하고 아름다운 나 : 과자 꽃꽃이
4. 행복한 상상 : 곡물 자유화</td><td>투명컵, 과자류
곡물, 색8절지</td></tr>
<tr><td>12</td><td>창의적 두뇌개발
2
행복 봄 음식</td><td>1. 건강을 위한 걷기, 치매를 예방 쉬운 일상생활
2. 나에게 주는 선물 : 사탕 팔찌
3. 나에게 힘을 주는 것 : 봄 채소 과일</td><td>사탕, 빵끈,
색종이
봄채소과일</td></tr>
<tr><td>13</td><td>두뇌개발 3
마음꽃
여름 음식</td><td>1. 치매예방에 좋은 음식으로 이번 달 달력 표현
2. 나는 꽃이다 : 귤 자유화
3. 나의 내면에 숨겨진 열정 : 여름 채소</td><td>귤, 여름채소
과일</td></tr>
<tr><td>14</td><td rowspan="2">인지재활을 위한
두뇌학습
3</td><td>신바람 나는
가을 음식</td><td>1. 치매예방에 좋은 음식
2. 가루로 표현해요 : 나의 신바람
3. 가벼운 명상 : 푸른 초원 산책 : 가을채소과일</td><td>다양한 가루,
요거트
가을채소과일</td></tr>
<tr><td>15</td><td>마음 따스한
겨울 음식</td><td>1. 치매예방에 좋은 음식
2. 나만의 파티 : 다양한 젤리류
3. 내가 왕(황제)라면... : 겨울채소 과일</td><td>다양한 젤리,
겨울채소과일</td></tr>
<tr><td>16</td><td>인지재활을 위한
두뇌 학습
4</td><td>자연치유력
(항상성)을 높이는
4계절 음식</td><td>1. 치매박사 박주홍의 3R 뇌 건강법
2. 파이토케미칼 5가지 채소 과일 활용한 푸드표현
3. 커피가루 난화
4. 감사 : 과일채소 자유화</td><td>커피가루
4계절채소과일</td></tr>
</table>

17		긍정마인드 1 긍정회상 긍정경영	1. 도파민, 세로토닌, 엔돌핀을 분비하는 마음 경영 2. 내 안의 건강 에너지 : 건어물/견과류 만다라 3. 미래에 다가올 행복한 순간 : 다양한 채소과일	파이토케미칼 채소 과일 건어물, 견과, 쌈장, 과일채소
18		긍정마인드 2 긍정회상 긍정경영	1. 긍정적인 생각을 세뇌하고 면역호르몬이 분비될 수 있도록 연습한다. 2. 내 안의 균형과 조화 : 과자 만다라 3. 행복한 동행 : 월날쌈	다양한 과자 파이토케미탈이 풍부한 5가지 이상의 채소
19	치매예방 optimal memory	맛있는 브레인 푸드 뇌를 경영하자	1. 두뇌에 좋은 음식을 생활화하고 자신의 일상생활에서 실천할 수 있는 방법을 익히고 한 주간 실천하고 서로 토의한다. 2. 푸드게임: 나무젓가락으로 아몬드 옮기기 3. 칭찬릴레이 : 다양한 과일 채소 4. 사랑하는 우리 가족/친구 : 열대과일	파이토케미칼이 풍부한 5가지 이상의 채소 과일
20		건강한 몸과 마음 신체 경영	1. 머릿속으로 자신이 질병으로부터 자유로워진 건강하고 평온한 심신의 상태를 떠올리며 상상 2. 상상한 기분 좋은 평온한 상태를 푸드로 표현하고 이야기를 나눈 후 함께 샐러드를 만들어 먹는다. 3. 따로 또 같이 : 포트락 파티 4. 건강한 우리 함께 축하해요 : 축하케익	파이토케미탈이 풍부한 5가지 이상의 채소 과일 간단한 음식 케이크 재료

5. 웰다잉(Well-Dying)을 위한 푸드표현집단상담

1) 개요

모든 인간의 가장 중요한 실존적 문제인 죽음을 다룬다는 것은 쉬운 문제가 아니다. 한편 누구나 맞이해야 하고 피할 수 없는 문제이기에 가장 중요하게 다루어야 할 문제이기도 하다. 죽음은 나이가 들어 마지막 노년기에 맞이하는 것이기도 하지만 각종 질병이나 사고 등 다양한 원인으로 언제든 당할 수 있는 것이기도 하다. 따라서 죽음을 생각하고 죽음을 준비한다는 것은 노인들만의 문제가 아니라 누구나 깊이 있게 생각하고 고민해야 하는 문제이다.

많은 사람들의 죽음 인식에는 모순성을 가지고 있다. 즉, 죽음이라는 문제의 보편성에 대해서는 대부분 인정하지만 자기 자신의 죽음에 대해서는 받아들이지 않으려는 경향이 있다. 이성적으로는 죽음을 수용하지만 심리정서적으로는 죽음을 거부하는 모습을 보인다.

우리가 살아가며 죽음을 미리 생각하고 수용하며 준비함으로써 살아 있는 동안 주어진 삶의 시간에 감사하고 매일매일을 소중하게 살아가야 할 필요가 있다. 웰다잉은 죽음을 단지 끝으로 보는 관점이 아닌 삶의 한 과정으로 보고, 자신의 지나간 삶을 깊이 있게 성찰하고 아름다운 죽음을 준비함으로써 의미 있고 가치 있는 삶과 행복한 죽음을 맞이하도록 하는 것이다.

2016년 웰다잉법이 제정되면서 임종을 앞둔 환자에게 단순한 연명치료를 거부할 수 있는 권리를 부여하는 자기결정권을 존중하고 삶의 질을 높이고 품위 있는 죽음을 맞이할 수 있도록 하고 있다.

[모리와 함께 하는 화요일]에서 모리 스워츠(Mori Schwartz) 교수는 루게릭 병으로 죽어 가면서 "살아가는 법을 배우십시오. 그러면 죽는 방법을 알게 됩니다. 죽는 법을 배우십시오. 그러면 살아가는 법을 알게 될 겁니다."라고 말하였다.

본 프로그램을 통해 자신의 삶을 돌아보고, 죽음 불안을 감소시키며, 주어진 삶에 의미와 가치를 부여하고 자신의 삶을 아름답게 마무리할 수 있도록 한다.

2) 목표

- 푸드표현이라는 간접적이고 은유적 기법을 사용하여 죽음에 대한 불안과 두려움을 완화시킨다.
- 죽음에 대한 부정적인 인식에서 벗어나 긍정적 인식을 갖도록 한다.
- 다양한 푸드표현활동과 스스로를 보게 하는 과정을 통해 자신의 강점이나 긍정적인 잠재 능력을 깨워 자기효능감을 높인다.
- 과거, 현재, 미래의 자신에 대해 통합적 사고를 하게 하며 자아 완성으로 나아가게 한다.
- 건설적이고 아름다운 미래를 계획하고, 편안한 죽음을 준비하며, 지금 이 순간의 삶에 충실하도록 한다.

3) 대상 및 촉진 인력

- **대상** : 중, 장, 노년 10명 내외
- **진행 인력** : 주 푸드표현상담전문가, 보조 푸드표현상담사

4) 웰다잉(Well-Dying)을 위한 푸드표현집단상담 프로그램 세부 내용

2시간/회기 * 12회기

회차	프로그램 주제		활동내용	교보재
매 회기 진행 내용			1. 가벼운 인사와 한 주간 소식 나누기 2. 지난 시간 후 나의 변화 알아 채기 3. 주제별 푸드표현 활동 4. 푸드표현작품 나누기 5. 정리 및 활동 소감 나누기	
1	초기 신뢰쌓기 자기인식	오리엔테이션 신뢰 현성	• 사과 나누기 • 나는 누구인가? : 과자 자유화, 자기소개하기 • 소중하고 아름다운 나 : 귤 자유화	사과, 다양한 과자, 8절색지, 귤
2		나의 가장 기쁜 날!	• 내 인생의 화려했던 순간 : 소금 자유화 • 내가 거둔 결실들 : 곡물 난화	소금, 색8절지, 꿈틀이, 초코볼, 곡물, 부직포
3		내가 걸어 온 길	• 내가 걸어온 길 : 견과류 자유화 • 소중한 경험들은 나의 힘 : 에너지바 만들기	8절도화지, 견과류, 조청
4		내 아픔 어루만지기	• 나의 아픔들 : 과일 자유화 • 위로의 힘을 모아서 : 치유의 칵테일	다양한 과일, 볼, 탄산음료, 요거트
5	중기 죽음과 친구되기	감사의 마음	• 나에게 감사한 사람들 : 영향력의 수레바퀴 • 감사 샌드위치	샌드위치 재료
6		용서와 화해의 시간	• 용서에 이르는 길 REACH • 나를 힘들게 한 사람들 • 용서의 힘 : 주먹밥 만들기	주먹밥 재료
7		대견한 나에게 칭찬하기	• 잘 살아온 나에게 칭찬하기 : '나는 꽃이다' • 과자 꽃꽂이 • 칭찬 사탕 선물하기	투명컵, 소금, 팝콘, 스파게티, 뻥과자, 시리얼, 사탕,
8		메멘토 모리! Memento Mori! 죽음을 기억하라!	• 나에게 죽음의 의미는 • 내가 쓰는 유언장 • 요단강을 넘어서... : 귤 배 띄우기	편지지, 비닐, 테이프, 신문지, 귤, 꽃, 색종이

9		나의 버킷리스트	• 앞으로 내가 하고 싶은 것들 : 소금 염색하기 • 색소금 자유화 • 푸드표현게임 땅따먹기	소금 파스텔, 가위, 전지
10	종결 아름다운 마무리	카르페 디엠! Carpe Diem! 매 순간을 소중히!	• 지금 이 순간의 행복한 나 : 과일 자유화 • Everyday Christmas!	다양한 과일 트리, 사탕, 초콜릿, 빵끈, 장식용품
11		치유와 힐링	• 사랑과 존경의 메시지 • 치유와 힐링의 선물 월남쌈	초코/딸기시럽, 스파게티, 월남쌈 재료
12		우주 합일 우리는 하나	• 내 아름다운 영혼 케익 만들기 • 공동 만다라 • 나에게 쓰는 격려와 응원의 편지	소형 케이크 재료, 우드락, 과자류

CHAPTER

03

청소년 학업증진을 위한 푸드표현 공놀학습코칭

1. 푸드표현 학습코칭의 이해
2. 푸드표현 학습코칭의 전개
3. 푸드표현 학습코칭 프로그램
4. 푸드표현 공놀학습코칭 프로그램 후기

CHAPTER 03

청소년 학업증진을 위한 푸드표현 공놀학습코칭

오늘날 우리의 현실은 창의적이며 기발한 아이디어가 자산인 시대이다. 과거에는 지식과 정보를 더 많이 알고 있는 것만으로 충족되었지만 오늘날은 알고 있는 지식을 바탕으로 새로운 것을 창조해 내고 만들어야 자신의 가치를 내세울 수 있는 시대가 되었다. 우리나라 교육도 점점 변화를 하며 제7차 교육과정부터는 학교교육을 통한 자기 주도적인 학습 능력을 갖춘 인간 양성(1997, 교육과학기술부)을 핵심과제로 삼고 있다. 그동안 부모와 교사가 모든 과정을 알려 주는 학습, 결정의 주체가 타인 중심으로 이루어진 학습이 진행되었으나 점점 자기 주도인 학습형태로 바꾸려 노력하고 있는 것이다. 그러나 현재 우리의 현실은 초등학교 저학년 때부터 학교 성적만을 위한 주입식 교육으로 개념과 목표에 관점을 두는 것이 아닌 문제 푸는 방법에 대해서만 반복하는 교육을 하고 있는 것이 우리의 현실이다. 따라서 학습자가 모르는 문제가 나올 경우 타인에 의하여 문제를 해결하고 답을 쉽게 구할 수 있는 방식의 주입식 교육에 의지하는 학습에 익숙해져 있어 어려운 문제에 부딪치면 자기 스스로 해결하려는 자세를 갖기보다는 타인의 도움에 의지하여 해결하려 하며 스스로 타고난 창의적인 문제해결력을 발휘할 생각을 하지 못한다.

이러한 부분을 쉽고 재미있으며 호기심을 자극하는 푸드표현예술치료의 기법 활용은 아동청소년들이 어려운 문제를 풀어 나가는 데 도움이 되고 푸드표현을 통한 성취감의 반복은 무기력하고 내적 동기가 저하된 학습자의 의욕을 고취시키며 결국 학업성취도를 향상하는 결과를 가져온다고 한다(김지유, 2015). 짧은 시간 내 참여자의 내적 동기와 창의적 문제해결력을 향상할 수 있으며 자기 효능감을 성장시킬 수 있는 푸드표현예술치료기법은 놀며 공부 방법을 배워 가는 공놀푸드표현 자기주도 학습코칭으로 학습 의욕이 저하된 아동청소년의 학습 무기력을 탈출시키는 데 의미가 있다고 본다.

자기주도학습은 그 누구의 도움도 받지 않고 혼자 학습한다는 의미가 아닌 자신을 스스로 관리하며 자신에게 학습의 어떤 부분에 도움이 필요한지 어떤 교사에게 도움을 받으면 자신의 성적이 향상할지 자신에 대해 잘 알고 관리하고 조절할 줄 아는 능력을 키워 가며 하는 셀프코칭이다. 김판수 박사에 의하면 학습에 대한 중요성이 커지는 초등학교 3학년부터 중학교 3학년까지를 공부의 절대 시기라고 한다. 이 시기의 학생들에게는 스스로 공부하는 셀프 러닝(selp learning)이 중요하다. 하지만 타인에 의한 학습이 습관화되어 버린 현실에서 자기주도적학습은 형식적으로 흉내만 내고 있는 것이 지금 우리의 현실이라고 할 수 있다.

학습 코칭은 코칭에 학습을 접목한 방법으로, 코칭은 한 개인이나 그룹을 현재 있는 시점에서 그들이 원하는 더 유능하고 만족스러운 지점까지 나아가도록 인도하는 기술이며 개인의 변화와 발전을 지원하여 잠재력을 극대화시키고, 이를 통하여 자기의 삶을 주도적으로 이끄는 리더로 성장시키는 파트너십 과정이다. 1880년경 최초로 스포츠 분야에서 선수의 역량 향상을 위하여 지도하는 행위로 사용되었으며, 코칭은 조직 구성원의 발전과 성장을 돕고 개인의 역량과 성과를 높이기 위해 현재의 기술을 향상하고 새로운 기술을 습득할 수 있도록 개인과 조직을 도와주는 과정으로, 일대일 관계를 바탕으로 코치가 다양한 전문적인 방법을 이용하여 개인이 가지고 있는 잠재력을 보다 효과적으로 발휘할 수 있도록 도와주는 과정이다. 따라서 코칭이란 다른 사람을 성공하도록 돕고 발전하게 하는 것으로 긍정이든 부정이든 사람들에게 영향을 주며 사람들로 하여금 자신의 잠재력을 찾아 극대화할 수 있도록 돕는 작업이며, 코치의 대상자인 코치이와 함께 공동의 목표를 가지고 코치는 코치이로 하여금 목표를 단기간에 성취하도록 조력하며 긍정적, 개방적인 질문을 통해 직접적으로 개입하는 기술이 코칭 관계라고 할 수 있다. 푸드표현예술치료는 음식이라는 친숙한 소재 활용으로 학습장애가 있고 자아존중감이 낮은 아동과 청소년을 아주 쉽고 빠르게 마음의 기능을 회복시킬 수 있는 좋은 심리치료 기법의 하나이다(강민주, 2012). 따라서 필자는 푸드표현예술치료를 활용한 자기주도학습법인 공부하고자 하는 마음이 들도록 동기부여하는 '공하마'에 접목하여 '푸드표현 공부야~놀자!' 공놀코칭에 초점을 맞춰 학업성취도가 낮은 학생들을 위한 학습코칭에 대해 기술하고자 한다.

1. 푸드표현 학습코칭의 이해

1) 푸드표현 학습코칭이란

Collins(2001)는 한 개인이나 그룹을 현재 있는 지점에서 그들이 바라는 더 유능하고 만족스러운 지점까지 나아가도록 인도하는 기술이자 행위를 코칭이라 하였으며, 사람들의 관심사나 재능, 환경 그리고 잠재력에 관련해 더 효율적으로 스스로를 주도하고 관리하는 방법을 배우도록 지원하는 상호적이면서도 집중적인 훈련방식을 코칭이라고 하였다. 영국의 코치인 Whitmore는 코칭을 받는 사람 자신의 성과를 극대화하도록 그의 잠재능력을 발현시키는 것으로, 가르치는 것이 아니라 스스로 학습하도록 도와주는 것을 코칭이라 하였다.

스스로 학습하도록 도와주는 학습코칭에 푸드 재료의 자연치유적인 색감을 활용하여 참여자 스스로 잠재능력을 발휘할 수 있도록 돕는 기술이 푸드표현 코칭이다.

색채 치료사인 하워즈와 도로시는 색은 사람을 흥분시키고 자극할 수도 있고 사람을 평온하게 차분하게 할 수 있다(2003)고 하였다. 푸드표현 학습코칭에서는 행복한 자기 경영자로 자신을 건강하고 행복하게 만들어 주는 일상에서의 건강한 색, 컬러 푸드를 먹고 내면화시켜 몸과 마음을 건강하게 할 수 있다. 삶 속의 색을 이해하며 자신에 대한 깊이 있는 성찰로 개인적인 성장과 자아 개발을 위한 도구로 활용할 수도 있다(2020, 김지유).

생각이 반짝, 반짝 자라는 나무

중심에서 생각을 확산하라

코칭과 가장 유사한 인적 서비스인 카운슬링은 상담자와 내담자 사이에 커뮤니케이션 과정을 통해 문제를 이해하도록 촉진하고, 정서적으로 직면하도록 하며, 내담자의 과거의 행동을 변화시키기 위해 다양한 기법들을 사용한다는 점에서 코칭과 매우 유사하다 볼 수 있다. Collins(2001)는 "상담가는 문제를 해결하는 데 초점을 두지만, 코칭은 가능성에 중점을 두며, 상담은 내담자가 과거에 받았던 정서적, 영적 고통을 회복시켜 주도록 돕지만 코치는 사람들의 목표를 설정하고 더 나은 미래로 나아갈 수 있도록 돕는 것"이라 하였다. 상담가는 내담자의 정서나 심리적 상태, 전반적인 부분을 돕거나 진단한다. 이와 반대로 코치는 내담자의 목표를 세우고 문제 해결을 위한 행동을 취하도록 지원한다.

푸드표현 공놀코칭은 과거로부터 치유되지 않은 문제들을 해결하기보다 지금 여기에서의 현재에 충실하게 자신을 성찰하도록 돕고 보다 나은 미래를 창조하는 데 초점을 둠으로 양질의 삶을 추구하도록 돕는다(김지유, 2015). 푸드표현 코칭은 푸드 재료를 사용하여 피코치(코치이)의 미래 지향적인 목표를 달성할 수 있도록 직접적으로 개입하며 긍정적인 성장과 변화에 초점을 맞춰 피코치(코치이) 스스로 목표를 성취할 수 있도록 열린 질문을 통하여 적극적으로 돕는 기술이다. 코칭 영역이 다양한 분야에 적용되는 것처럼 푸드표현 코칭 또한 음식재료를 사용하여 먹으며 편안하게 심리치료와 상담 영역도 내담자의 문제 해결, 치유, 심리적 안정을 넘어 미래의 비전을 제시하고 성장과 변화에 초점을 맞추는 코칭 영역까지 확대되어 임상현장에 사용되고 있다(김지유, 2020). 따라서 표현예술치료와 상담, 코칭의 결합은 내담자에게 선택의 기회를 확대하는 것뿐만 아니라 일반인의 참여를 적극적으로 유도할 수 있기에 관심 있는 전문가들의 다양한 연구가 필요하다.

푸드표현 예술치료에서 주로 다루는 푸드표현 매체들이 자연물에서의 완전한 결과물인 과일, 채소 등을 주로 다루며 조금만 표현해도 아름다움을 느끼며 만족감이 커지며 빠르게 자기 통찰을 하는 만큼, 푸드표현 코칭에서도 인간은 완전한 존재이며 성장하려고 하는 무한 가능성이 있는 존재로 본다.

이러한 완전성과 가능성을 가지고 있지만 환경, 교육 등의 여러 이유로 완전성과 가능성이 제한되어 자신의 가능성을 인식하지 못하는 사람들에게 내재된 자원을 찾고, 자기실현 가능성을 최대로 끌어내 주고 스스로 목표를 향한 답을 찾을 수 있도록 도와주는 과정이 푸드표현 코칭이며 과정 속에서 열린 질문으로 피코치(코치이)의 목표 달성을 위해 조력하는 사람이 푸드표현 코치(Coach)의 역할이다.

경찰이 되고 싶은 중3학생 작품

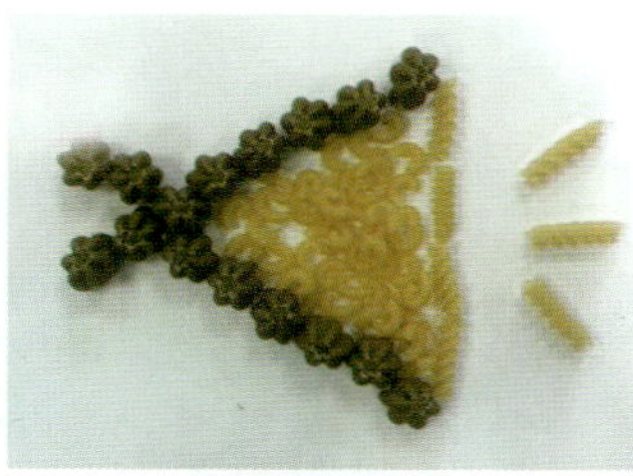
PD가 되고 싶은 고2학생 작품

2) 푸드표현 학습코칭에 필요한 요소

푸드표현 학습코칭은 공부를 잘하고 싶은 마음이 있는지 내가 내 인생의 주인공으로 행복한 삶을 살아가고 싶은지 스스로의 미래를 생각해 보고 선택하는 것이 중요하다. 즉, 공하마(공부하고자 하는 마음), 새로운 것에 대한 지적 호기심, 푸드 재료를 먹고 행복해지고 싶은 긍정적 마음 등이 공놀 코칭 참여자의 준비 요소이다.

요즘 대부분 부모님들의 가장 많이 하는 대화 내용 주제는 아이들의 무기력증에 대하여 호소를 한다. 대부분이 휴대폰을 하루 종일 만진다던지, 아니면 컴퓨터 앞에 앉아 하루 종일 게임을 하거나 인터넷 서핑으로 시간을 보내는 것이 자신의 일이라 생각하는 것 같다고 한다. 그러므로 자신이 무엇을 해야 되는지 공부를 해야 하는 이유가 무엇인지 방향성을 모르고 있는 것이 현실이다. 이구동성으로 부모님들이 하시는 말씀은 자녀들이 "공부를 안 해도 목표가 있으면 좋겠다." 대부분의 부모님들이 제일 원하는 것은 아이 스스로 무엇인가 할 수 있다면 좋겠다는 생각을 하는 것이다. 하지만 현실은 그렇지 못하기 때문에 여러 가지 대안들이 제시되고 있는 것이다.

아이가 스스로 인생의 목표와 해야 할 일의 필요성을 느끼고, 동기가 확실하다면 학습은 저절로 이루어질 것으로 생각한다.

친구들과 씩씩하게 놀 수 있는 자신

여러 가지 경험을 통한 창의성 개발

학습동기에는 외적 요인과 내적 요인이 있지만 외적 요인보다 내적 요인이 더 강력한 힘을 발휘하며 아이의 내면에서부터 학습을 하고자 하는 동기가 있게 하려면 학습에 초점을 맞추기보다 아이가 어떤 존재인지 스스로 인식하고 확인하여 자신의 미래를 스스로 찾아갈 수 있도록 도와주어야 한다. 아이들의 무한한 잠재력을 어른들의 관점으로 보지 말고, 아이의 관점으로 바라볼 수 있도록 도와주는 것이다.

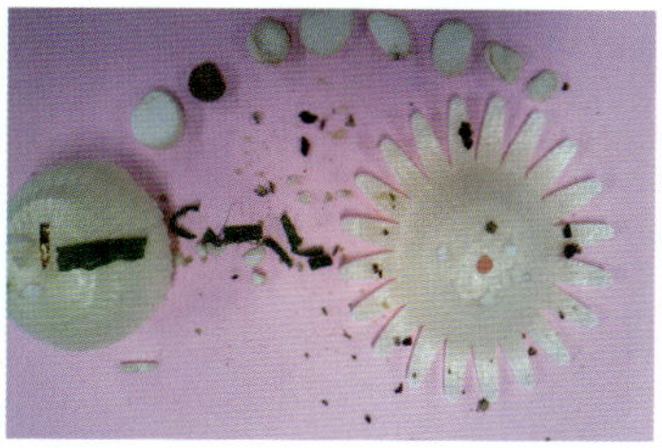

꿈을 준비하는 자신의 현재 모습은 작은 봉우리지만 작은 용기를 내어 밖으로 나오고 있다. 힘들어도 활짝 필 수 있다.

꿈을 위해 가는 길에는 친구들의 놀자는 유혹, 게임도 하고 싶은 마음들이 자꾸만 손짓하겠지만, 저 끝까지 가고 싶다.

실행능력이란 인간이 외부 환경에 맞서 생각과 행동을 내적으로 설정한 목표나 계획과 일치시키는 능력을 말하는데 아이의 실행능력은 IQ보다는 습관과 노력에 의하여 향상된다는 것이다. 그러므로 자신을 긍정적으로 평가하여 자존감이 향상되면 자신도 모르게 잠재능력을 발휘할 수 있게 되는 것이다.

아이들은 어릴 때부터 책과 친해지는 습관을 길러야 한다. 공부는 습관이다. 일반적으로 초등학교 4학년을 학습을 시작하는 최상의 시기로 본다. 대체로 학습의 시작 시기가 빠르면 빠를수록 좋은 성적을 유지한다.

주변의 방해에도 열심히 집중하는 자신

현재 변화가 필요한 행동은 숙제하기

일반적으로 대부분에 사람들이 생각하기에 아이들이 머리가 좋아 공부를 잘하는 것으로 생각을 많이 한다. 하지만 머리가 좋아서 공부를 잘하는 것이 아니라 열심히 공부를 하기 때문에 머리가 좋아지는 것이다. 어릴 때부터 좋은 학습습관을 형성하면 학습에 흥미가 높아지게 된다. 이렇듯 습관이란 어떤 행위가 오랫동안 되풀이되면서 저절로 익혀지는 행동 방식을 말하는 것이며 학습하는 과정을 끊임없이 참고 견디어 내야 하는 인고의 시간일 수밖에 없는 것이다. 그 인고의 시간을 얼마나 잘 이겨 내느냐에 따라 결과는 달라질 수밖에 없는 것이다.

인내심, 즉 참을성은 아이가 학습하다 어려운 문제와 마주쳤을 때 그 문제를 끝까지 풀어 내는 문제 해결 능력과 동반해 상승한다고 할 수 있다. 예를 들어, 푸드표현으로 양파링 탑 쌓기를 하는 것은 즐겁고 재미있는 활동으로 학생들의 몰입에 좋은 게임 활동이다. 학생들은 양파링을 먹으며 즐겁게 탑 쌓기 활동에 몰입하게 된다. 1~2분이라는 한정된 시간 안에 빨리 높게 쌓는 것이 중요한데 이 활동은 하다 보면 양파링 탑이 자주 무너지게 되는데 이때마다 학생들은 다시 시도하며 즐거워한다. 이 순간 학생들은 자신들의 타고난 내재된 심리 자원인 집중력과 회복탄력성을 증진시키게 할 수 있는 즐거운 푸드표현 활동이다. 이 단순한 활동으로 탑이 높이 쌓이는 것을 통해 스스로 만족하고 작은 성취감에 자기 존중감이 향상되고 자기 효능감도 증진될 수 있다.

양파링을 활용한 개인 탑 쌓기

양파링을 활용한 집단 탑 쌓기

3) 학습에 가장 중요한 요소

아이가 학습하기 위하여 필요한 부분은 다양하지만 그중에서도 가장 중요한 것은 하고자 하는 의욕을 불러일으킬 수 있는 학습동기와 자신에게 필요한 학습에 대하여 잘할 수 있다고 믿는 학업적 자기 효능감이 아닐까 한다. 무엇인가를 하고자 하는 동기가 없는 상황에서는 의욕이 저하되어 있음으로 스스로 동기를 찾아 의욕을 고취시키고 행동으로 옮길 수 있도록 학습동기와 학업적 효능감이 필요할 것이라고 생각한다.

발표력 향상을 위해 말하기 베틀 참여

역사에 관심이 많은 다양한 문화 활동 참여

(1) 학업적 자기 효능감의 구성요인

학업적 자기 효능감의 이론적 구성요인은 자신감, 자기조절 효능감, 과제 난이도 선호이다.

자신감이란 자신의 가치와 능력에 대한 개인의 확신 또는 신념의 정도라고 할 수 있으며, 학업적 자기 효능감 구성요인으로서의 자신감은 학습자가 자신의 학습능력에 대해 보이는 확신 또는 신념의 정도로 축소된 의미를 적용한다(Sherer et al. 1982). Bandura(1986)는 자신감을 어떤 결과를 이루기 위해 필요한 행동을 조직하고 수행할 수 있는 개인의 능력에 대한 판단이라는 상황이라고 특수적인 개념으로 정의하였지만, 이를 전반적인 학업적 상황에 적응시켜 보면 자신의 전반적인 학문적 수행능력에 대한 학습자의 확신 또는 신념으로 정의할 수 있다. 이와 같은 자신감은 자신의 능력에 대한 인지적 판단 과정을 통해 성립되고, 정서반응으로 표출된다.

자기 조절 효능감은 학습자가 자기 조절적 기제인 자기 관찰, 자기 판단, 자기 반응을 생각하거나 계획한대로 잘할 수 있는지에 대하여 가질 수 있는 효능기대로 볼 수 있다(Bandura, 1986). 자기 조절 효능감은 자기 관찰, 자기 판단인 인지적 과정과 자기 반응인 동기적 과정을 통해 나타난다고 하였다(Bandura, 1993).

김아영, 박인영(2001)은 과제 난이도 선호는 목표와 관련하여 과제에 나타내는 학습자의 선호 정도를 말하며 자신이 통제하고 다룰 수 있다고 생각하는 도전적인 과제를 선택하는 과정을 통하여 표출되며, 학업적 자기 효능감이 높은 학습자는 도전적인 과제를 선호하고, 주어진 과제를 성공적으로 수행하기 위해 더 많은 노력을 기울이며, 어려운 일이 닥쳐도 끈기 있게 과제를 지속한다고 한다. 반면에 학업 효능감이 낮은 개인은 자신의 기술을 뛰어넘는 위협적인 상황을 무서워하고 피하려 하며, 그들이 조절할 수 있다고 생각하는 상황만을 선택하고 행동한다(Bandura, 1977).

(2) 학업적 동기

동기(motive)는 행동을 유발하고, 행동의 방향성을 제시하며, 행동을 유지시켜 주는 내적 상태를 의미한다. 그러므로 동기란 인간의 모든 의도적이며 목표지향적인 행동의 근원이라 할 수 있다. 이러한 의도적이며 목표지향적인 행동의 대표적인 것 중 하나로 학습활동을 이해하는 데 동기는 필수적이다. 또한 동기는 학생들의 지능과는 별도로 학업 성취에 직접적인 영향을 미치는 요인이기도 하다.

동기는 어떻게 유발되었느냐에 따라서 내적 동기와 외적 동기로 구별할 수 있다. 외적 동기는 수행 자체와는 관련 없이 어떤 결과를 얻기 위하여 행동을 유발하는 것으로 외부적으로 유도된 만족이나 이익을 말하며, 내적 동기는 어떤 행동이 그 자체로 흥미롭고 즐길만하여 행동을 유발하는 것으로 내적 욕구인 자기 성취감, 자기 만족감, 자아존중감의 고양 및 자기 보상을 위해 활동하도록 유도된 동기를 말한다(조원성, 1996). 동기는 개인의 행동 수준이나 정도를 결정하는 요인으로 행동목표를 분명하게 하고, 유발된 행동을 일정한 방향으로 계속해서 이끌어 가는 과정으로 학습과 관련하여 학습자의 학습활동을 촉진시켜 주는 동시에 학습의욕을 환기시켜 주기 때문에 학습동기라고 부른다 하였다(김용래, 1987).

Keller(1983)는 인간의 동기를 결정짓는 여러 가지 변인들과 그에 관련된 구체적인 개념을 정립한 ARCS(Attention, Relevance, Confidence, Satisfaction) 이론을 설명하였다. ARCS 이론은 주의 집중력, 관련성, 자신감, 만족감의 4요소로 구성되어 있으며, 학습자에게 장 · 단기간의 흥미와 학습할 내용의 관련성을 확인시키고, 학습자들에게 새로운 능력을 획득할 수 있다는 자신감을 고취시켜 주며, 학습과제를 성공적으로 수행한 결과에 따라서 만족감을 갖도록 하는 것을 주목적으로 한다.

2. 푸드표현 학습코칭의 전개

학습코칭을 위해서는 학생이 스스로 학습을 잘할 수 있도록 도와주어야 한다. 그런데 학습을 잘하도록 하기 위해서는 공부하는 방법을 제대로 아는 것이 중요하다. 그래서 심리학이나 상담학에 기반을 둔 학습지도법에서는 다양한 공부 방법에 대한 지침이 마련되어 있다. 하지만 그것보다 더 중요한 것이 있다. 그것은 바로 공부를 하고자 하는 마음을 갖게 하는 것이다. 공부를 하고자 하는 마음 이것은 학습코칭에 있어서 유용하게 사용될 수 있는 개념이라고 생각한다. 공하마라는 것은 공부에 대한 마음이다. 좀 더 정확하게 말하면 공부하고 싶은 마음을 의미한다. 아무리 학습방법에 대해서 잘 알고 있어도 공부하고 싶은 마음이 없으면 무용지물이다.

우리가 배가 고플 때 음식을 보면 식욕을 느낀다. 특히 좋아하는 음식 앞에서는 더욱 강한 식욕을 느끼고 먹고 싶어 진다. 만약 공부에 대해서도 식욕과 같은 강한 의욕이나 동기를 느낄 수 있다면 재미있고 즐겁게 할 수 있을 것이라 생각한다. 즉, 공부하고 싶고 공부에 대해 재미를 느낄 수 있다면 스스로 자기가 할 수 있는 방법을 선택하고 행동으로 옮길 수 있을 것이라 생각한다. 과연 그것은 불가능한 일일까? 공부란 원래 재미없고 억지로 할 수밖에 없는 그런 것일까?

푸드표현을 통해 나도 모르는 사이에 무언가 무의식적 표현을 해내고 저절로 손이 움직여 멋진 작품을 표현해 내는 참여자의 타고난 창조성과 문제해결력이 창의적으로 풀려 가는 공놀학습 코칭이다. 인간의 마음과 행동을 지배하고 이끄는 것은 의식보다는 무의식이다. 학습코칭에서 그러한 무의식을 잘 조절한다면 공부 마음을 새롭게 인식시켜 주는 것이 가능하다. 그냥 학습코칭이 아니라 푸드표현예술치료를 통하여 일상생활에서 친숙하게 접근할 수 있는 음식을 매개로 놀며 무의식에 접속하고 무의식을 활용할 수 있게 도와줌으로 특별히 의도하지 않아도 만족감과 성취감을 경험하며 심리적인 안정을 찾아 스스로 자신의 꿈을 찾고 학습에 대한 동기를 부여시켜 스스로 공부하고 싶은 마음을 가질 수 있도록 돕는 것이다.

초기 동기를 유발하고 자신감을 일으키는 부분

친구들과 자유롭게 놀고 싶어 공부해야 된다는 것은 잘 알고 있지만 유혹을 이겨 내는 것이 쉽지 않은 것 같다. 그렇지만 아주 조금은 친구들과 놀고 싶은 마음을 줄 일 수 있을 것 같다. 앞으로 노력해 보고 싶다.(초등학교 5학년 남학생)
재료(비스켓 류)

중기 공부의 방해물을 점검하고 스스로를 조절하는 부분

친구들과의 놀고 싶은 마음이 처음에는 아주 힘들 것이라 생각해 행동으로 옮기는 것이 힘이 들었지만 그 크기가 조금씩 줄어들어 지금은 처음보다 많이 작아져 있는 것을 알 수 있다.
재료(사과)

후기 지속적으로 동기를 이끌어 가는 성취력과 실패를 딛고 일어서는 회복탄력성을 발휘하는 부분

게임하고 싶은 마음, 친구들과 놀고 싶은 마음의 크기가 처음에는 5점으로 작은 유혹에도 스스로를 조절하는 것이 힘들어 스스로를 비난하였지만, 현재는 2점 정도로 감소된 것 같아 그런 마음이 들더라도 스스로를 조절할 수 있는 힘이 커진 것 같다.
재료(오이)

3. 푸드표현 학습코칭 프로그램

실제 프로그램은 건강하고 맛있는 창의융합 푸드표현예술치료(김민용, 김지유, 2019)의 다양한 표현기법을 활용하여 참가자들이 자신의 숨겨진 내면의 자원을 발견하고 자신감을 향상하고 내적 동기를 활성화하여 학습에 적용할 수 있는 프로그램으로 접근하였다. 본 서에 기술된 프로그램은 필자가 아동, 청소년을 대상으로 다년간 적용하였던 프로그램을 전문가와 상의 후 보완하여 필자의 경험을 바탕으로 기술한 것이다.

단계	회기	주제	활동방법	재료
탐색 단계		사전검사	학습동기 검사, 학업적 자기효능감 검사	필기도구, 검사지
	1	푸드표현 코칭과 만남/ 마음열기	프로그램의 목적, 일정, 방법 등 소개하기	필기도구, 뻥튀기
	2	나의 개성 파악하기	자신의 다양한 모습을 생각해 보고 이미지를 표현해 보기	색깔 과일, 접시, 칼
실행 단계	3	내가 공부하는 이유	공부하는 이유를 알아보고, 스트레스 해소방법을 찾아본다.	뻥튀기, 필기도구
	4	나의 소중한 꿈/소망병	자신의 꿈을 생각하고 표현해 본다.	병, 소금, 파스텔, 칼
	5	미리 써 보는 나의 성공기사	꿈을 성취한 것처럼 기사를 작성해 보고, 샌드위치로 표현해 본다.	식빵, 과일, 채소류
	6	나의 자원 찾기/강점열매	자신의 자원을 다양한 부분에서 찾아본다.	다양한 비스켓, 시럽, 스파게티, 색지
	7	나의 자원 활용하기	자원을 활용하여 할 수 있는 것을 알아보고 표현해 본다.	다양한 과일, 칼, 도마
종결 단계	8	장한 나에게 주는 메달	현재 자신에게 주고 싶은 메달을 생각해 보고 메달 전달식을 한다.	다양한 사탕, 초콜릿, 빵끈
	9	꿈을 이룬 모습 표현하기	눈을 감고 15년 후 변한 모습을 상상하고 표현해 본다	제철과일, 칼, 도마
	10	쿠키로 표현하는 실천나무	목표를 담은 실천나무를 표현해 본다.	건빵, 비스켓류, 8절지, 포스트잇, 시럽
		사후검사	학습동기 검사, 학업적 자기효능감 검사	필기구, 검사지
4주 후 추수검사		추수 검사	학습동기 검사, 학업적 자기효능감 검사	필기구, 검사지

1회기 푸드표현 코칭과 만남/ 마음열기

✲ 회기 목표

- 프로그램 목적을 이해하고 자기소개를 통한 집단원 간 신뢰감 형성
- 집단을 구조화하고 개인 목표를 확인한다.

✲ 준비물

프로그램 서약서, 이름표, 필기도구, 집단원용 활동지, 건빵(또는 뻥 과자)

✲ 활동 방법

① 신체 활동하기 : '당신은 당신의 이웃을 사랑하세요?' 게임을 한다.

② 집단원 소개하기

- 이름표 앞면에는 자신의 이름, 뒷면에는 불리고 싶은 별칭을 적는다.
- 별칭과 연관된 상징적 자신상을 푸드 재료로 표현한다.
- 워크북에 있는 자기 소개서를 작성하고 자기를 집단원에게 소개한다.

③ 집단원 규칙 정하기

- 비밀 유지를 위한 서약서 작성 및 적극적으로 각자의 생각과 느낌 표현

④ 목표 확인하기

- 집단원 모두 돌아가며 자신의 목표에 대해 이야기한다.

✲ 마무리

① 전체 정리 후 느낌을 나누고 다음 차시 예고한다.

② 문제 상황과 바람에 대해 탐색해 온다.

2회기 나의 개성 파악하기

✲ 회기 목표

– 자기존중감 향상 및 자신의 긍정적인 모습 보기

✲ 준비물

색깔과일, 접시, 과도, 필기도구, A4용지

✲ 활동 방법

① 명상음악 듣고 현재 몸 상태, 마음 상태 이야기해 보기

② 나는 이런 사람이야

– 나는 어떤 사람인지 생각해 보고 자신을 색깔, 동물, 식물로 표현

③ 나를 소개합니다.

– 자신을 집단원에게 소개하고, 집단원 이야기를 듣고 궁금한 점 질문하기

④ 나에 모습 상징표현

– 자신을 표현하고 집단원들과 표현한 작품 발표하고 느낌 공유하기

✲ 마무리

① 전체 정리 후 느낌을 나누고 다음 차시 예고한다.

② 자신을 표현해 본 느낌 이야기해 보기

A 부끄러워요

B 여우

3회기 내가 공부하는 이유

✲ 회기 목표

– 공부하는 이유와 스트레스해소 방법을 찾아볼 수 있다.

✲ 준비물

4절 종이, 뻥튀기, 필기도구, 색연필

✲ 활동 방법

① 명상음악 듣고 현재 몸 상태, 마음상태 이야기해 보기

② 내가 공부하는 이유

– 공부하면 떠오르는 이미지와 공부하면 얻어지는 장, 단점 나누기

③ 집단 활동

– 내용 공유하고 팀에서 나온 내용 정리 후 발표

④ 스트레스를 풀자

– 공부할 때 받은 스트레스 해소방법을 공유하고 스트레스 해소 방법을 실천하기 약속

– 스트레스 해소할 수 있는 뻥튀기 부수고 먹으며 스트레스 해소 후 재작업해 보기

✲ 마무리

① 전체 정리 후 느낌을 나누고 다음 차시 예고한다.

② 뻥튀기로 스트레스 해소한 소감 나누기

A 스트레스의 이동

B 스트레스의 크기변화

4회기 소중한 나의 꿈/ 소망병

회기 목표

- 긍정적 자아상확립 및 미래에 대한 계획을 세울 수 있다.

준비물

파스텔, 칼, 4절지, 꽃소금, 8절 흰 도화지, 투명유리병, 다양한 꾸미기 재료

활동 방법

① '존고다드의 꿈의 목록', '김수영의 꿈의 목록' 동영상 시청 및 소감 나누기

② 꿈의 목록 정하기

- 자신의 꿈을 세분화하고 목록을 작성해 보고(가 보고 싶은 곳, 배우고 싶은 것 등 표현) 집단원들과 소금에 색을 정하기

③ 소금 색깔 입히기

- 하고 싶은 색 선택 후 파스텔로 소금에 색깔 입히고, 더 소중하고 꼭 이루고 싶은 꿈에 크기만큼 소금을 병에 담아 보기

④ 꿈의 목록 소개하기

- 꿈의 목록을 소개하면 "꼭 이룰 수 있어!" 말해 주며 박수치기

마무리

① 전체 정리 후 느낌을 나누고 다음 차시 예고한다.

② 꿈을 이룰 수 있도록 집단원들 각자 약속하고 격려하기

5회기 미리 써 보는 나의 성공기사 / 성공샌드위치

✻ 회기 목표

– 미래에 대한 긍정적인 자아상 확립 및 학습동기 부여

✻ 준비물

샌드위치 재료(식빵, 과일, 야채, 치즈, 햄), 플라스틱 칼, 종이접시 2장, 필기도구

✻ 활동 방법

① 지난 시간 수업 후 한 주간의 느낌을 발표

② 미래여행

– 눈을 감고 자신의 성공적인 미래를 상상할 수 있도록 해 주기

– 생각하고 느낀 미래모습을 샌드위치 재료로 표현하기

③ 성공기사 쓰기

– 성공기사를 보여 주고 기사를 쓸 수 있도록 작은 것도 기사가 될 수 있다고 설명한다.

– 기사는 현재형으로 쓰고, 발표기사에 격려글 적어 주고 집단원에게 받은 글 발표하기

✻ 마무리

① 전체 정리 후 느낌을 나누고 다음 차시 예고한다.

② 새롭게 알게 된 것 나누고 기사처럼 되기 위하여 집단원들 각자 격려하기

6회기 나의 자원 찾기 / 강점열매

✻ 회기 목표

1. 본 프로그램의 목적과 진행 방식을 이해한다.
2. 긍정적인 자아상 확립 및 자신감 향상 및 학습동기부여

✻ 준비물

색상지, 8절지, 풀, 다양한 모양의 과자, 시럽, 스파게티 면

✻ 활동 방법

① 동영상 시청(박지성의 성공기) 및 동영상 시청 소감 나누기

② 나의 자원은 (심리적, 환경적, 신체적)

- 자원을 찾아보고, 자신의 소중함 일깨워 주어 스스로가 소중한 존재라는 것 인식

③ 나의 자원 소개하기

- 자신의 자원 소개하고, 집단원의 자원을 칭찬하고 자원을 찾을 수 있도록 격려한다.

④ 자원 표현하기

- 자원 표현하고 자원이 소중한 이유 소개하기

✻ 마무리

① 전체 정리 후 느낌을 나누고 다음 차시 예고한다.

② 새롭게 알게 된 것 나누기, 시럽을 이용해 글씨를 써 본 경험 나누기

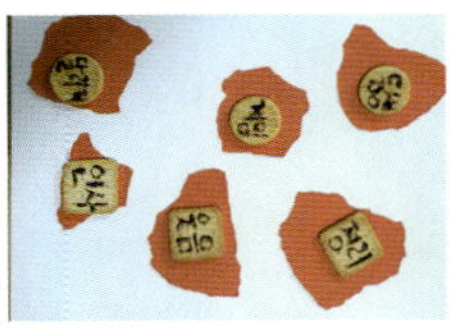 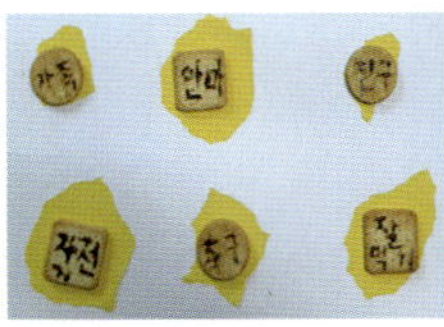 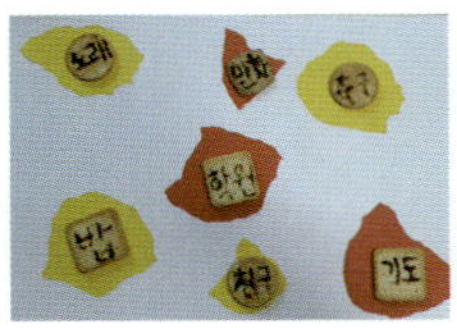 

7회기 나의 자원 활용하기

✲ 회기 목표

1. 본 프로그램의 목적과 진행 방식을 이해한다.
2. 긍정적인 강점 찾기 및 자신의 자원 재인식

✲ 준비물

다양한 과자, 색지

✲ 활동 방법

① 얼굴에 여러 모양의 포스트잇을 붙이고 얼굴 근육을 이용하여 떨어뜨리기 게임하기

② 성공한 사람의 자원 활용법 알아보기
- 박지성의 자원을 알아보고 활용 방법을 찾아보고, 자신의 자원을 소개하고 활용방법 생각

③ 나의 자원 활용 이렇게 했어요.
- 자신이 활용하고 싶은 자원을 선택하고 자원 활용 방법 발표하기
- 서로의 자원을 잘 활용할 수 있도록 지지해 주기

✲ 마무리

① 전체 정리 후 느낌을 나누고 다음 차시 예고한다.

② 활용할 수 있는 자원에 대한 감사 표현해 보고 집단원 간 격려해 주기

A 디자인 작품 대박

B 창의적인 생각과 번뜩이는 눈

8회기 장한 나에게 주는 메달

✻ 회기목표

1. 본 프로그램의 목적과 진행 방식을 이해한다.
2. 긍정적 자아상 확립 및 학습동기, 학업적 자기 효능감 부여

✻ 준비물

다양한 사탕, 초콜릿, 빵끈, 스카치테이프,

✻ 활동 방법

① 다양한 상에 대해 이야기하고 시상식 장면 상상해 보기

② 자신의 기억을 떠올려 보기

– 자랑하고 싶은 , 칭찬받을 만한, 기억에 남아 기념하고 싶은 경험 나누기

③ 나에게 주고 싶은 메달은?

– 자신에게 주고 싶은 메달 생각하고, 꼭 받고 싶은, 받을 만한 메달 상상해 보기

④ 자신만의 메달을 만들어요.

– 받고 싶은 메달을 생각하고 자신이 정한 메달을 만들어 자신의 메달 설명하기

✻ 마무리

① 전체 정리 후 느낌을 나누고 다음 차시 예고한다.

② 메달 수여식, 메달을 받은 소감 나누기

9회기 꿈을 이룬 모습 표현하기

✲ 회기목표

1. 구체적인 목표 확립
2. 긍정적인 희망표현 및 긍정적인 자원 확보하기

✲ 준비물

다양한 계절과일, 도마, 칼,

✲ 활동 방법

① 허밍으로 동요를 불러 맞추기 게임 후 어린 시절 즐거웠던 기억 떠올려 보기

② 상상하기

- 명상음악 들으며 15년 후에 자신이 무슨 일을 하고 있는지 생생하게 느껴 보고 나누기

③ 15년 후의 자신의 모습

- 자신이 특정행동을 하고 있는 모습 표현하고 자신의 작품 소개하기

✲ 마무리

① 전체 정리 후 느낌을 나누고 다음 차시 예고한다.

② 꿈에 대하여 다시 한 번 생각해 보기

A 건강한 내 모습

B 여행은 즐거워

10회기 쿠키로 표현하는 실천나무

✻ 목표

1. 목표의식 갖기
2. 자기효능감 증진

✻ 준비물

8절 색지, 납작 둥근 비스켓, 초코, 딸기, 키위 시럽, 필기도구,

✻ 활동 방법

① 자신을 나무로 표현하면 어떤 나무인지 생각해 보고 나누기

② 즉각 실천나무

- 즉각적으로 실천할 수 있는 행동 생각해 보고 나무 모양을 전지에 그리기
- 건빵을 이용하여 줄기, 가지 표현하기, 실천할 수 있는 행동 표현하기
- 지금 바로 실천할 수 있는 행동 집단원 앞에서 발표하고 실천할 수 있도록 약속하기

✻ 마무리

① 전체 정리 후 느낌 나누기

② 느낀 점 서로 공유하고 프로그램 종료에 대하여 소감 나누기

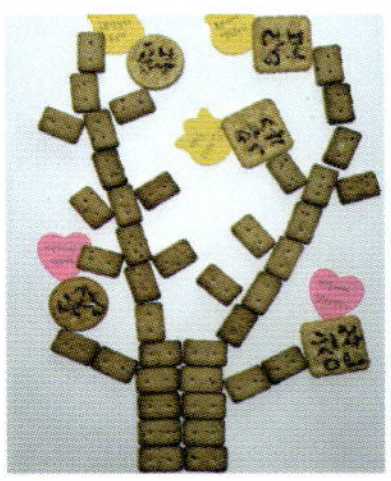

A 튼튼한 나무

B 씩씩한 나무

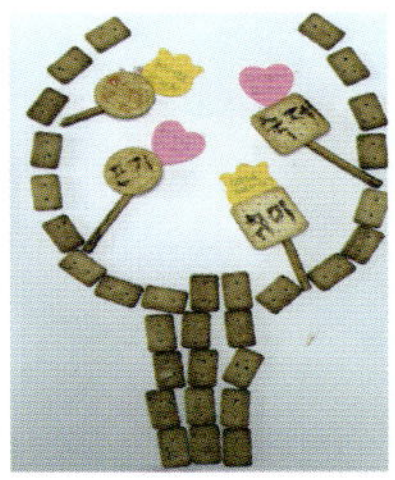

C 행복한 나무

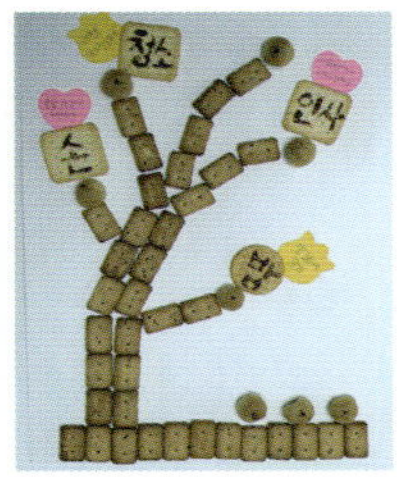

D 즐거운 나무

4. 푸드표현 공놀 학습코칭 프로그램 후기

본 공놀학습코칭에 참가한 학생들은 공부에 대한 흥미를 잃어 자신감이 저하되어 있으며, 공부할 의지가 부족하여 학습 분위기 조성이 힘들고, 집단원 대부분이 공부의 필요성을 자각하지 못하고 있다는 선생님의 요청으로 프로그램이 진행되었다. 집단원들 대부분은 자발적으로 선생님의 권유에 참가하였으나 스스로 변화되고 싶어 하는 의지를 가진 학생들로 신청서에 변화하고 싶은 모습들은 자아성장, 문제해결 능력 향상, 집중력, 발표력, 표현력 향상 등에 체크를 하여 자신의 바람을 드러내었다.

집단원들이 원하는 행동상의 변화를 위하여 다양한 매체를 활용하고 자신이 직접 매체를 선택하여 자기 결정성을 높이고 표현할 수 있도록 하는 자율적이고 개방적인 분위기에서 프로그램이 진행이 되었기에 학생들의 참여도가 높았다고 볼 수 있다. 프로그램 과정 속에서 성취에 따른 보상으로 자발적인 참여와 다른 친구들을 격려하며 함께 리더십을 발휘하는 학생의 경우 프로그램을 종료할 때 선물을 주는 강화물을 사용하여 학생들의 자발적인 참여를 유도하였으며 학생들은 회기가 진행될수록 적극적인 성향을 보이기도 하였다.

하브루타식으로 진행되는 자연스럽게 자신의 생각과 느낌을 이야기하는 푸드표현 공놀코칭 진행으로 집단원 간의 칭찬과 격려들이 학습 동기를 높이는 데 기여하였고 자신에 대해 잘하는 것과 강점을 찾는 긍정적인 표현 활동 속에 충족감과 자신감이 향상되어 자기 성취감을 표현하는 활동 과정 속에서 미래에 대한 꿈을 구체화시키는 동기가 높아진 것으로 보인다.

또한 푸드 재료를 먹으며 진행되는 만족스럽고 충족된 기분은 자신감과 성취감으로 연결되며 참여자 모두는 긍정적인 자아상을 확장하며 학습에 대한 필요성을 인식하고 학교 수업시간에 집중하고 참여도가 높아져 긍정적인 학습활동으로 연결되는 결과를 가져왔다고 보인다. 마무리하며 집단원의 변화를 간단히 소개하고자 한다.

집단원 A는 자신감이 없어 친구들에게 자신의 생각을 표현하는 것이 힘들었는데 자원을 찾는 과정에서 친구들의 격려가 도움이 되어 친구에게 감정을 표현해 보았다며 앞으로는 좀 더 해 볼 수 있겠다고 하였다.

집단원 B는 주의가 산만하다는 이야기를 많이 들었는데 작품을 표현하는 과정에서 집중하는 경험이 수업에 집중하는 데 도움이 되었다고 한다.

집단원 C는 발표하는 것에 대한 부담감으로 주저하는 부분이 많았지만 프로그램에 참여하며 매 회기마다 작품에 대한 이야기를 나누는 경험이 발표에 대한 부담감을 줄일 수 있었다고 한다.

집단원 D는 자신의 생각을 표현하는 것보다는 친구의 말에 수긍하는 상황이 많으며, 표현력이 부족하였는데 프로그램을 참여하며 생각을 나누는 경험에서 자신의 생각을 표현하는 것이 처음에는 부담스러워 힘들었지만 친구들과 진행하는 선생님의 격려가 힘이 되어 조금씩 개선이 되었다고 한다.

프로그램을 의뢰한 선생님의 관찰평가도 집단원들이 전반적으로 과제를 수행하는 모습이 적극적으로 변화되고, 자신의 생각을 표현하려는 모습을 보이고 수업에 집중하는 시간이 길어지고 있으며, 시험성적도 향상되었다고 평가하였다.

앞으로 학습에 대한 자신감이 부족한 많은 학생들에게 푸드표현 공놀코칭이 소개되어 자기 인생의 주인공으로 멋지게 학교생활을 리드하는 자기 주도적인 사람으로 성장하기를 기대해 본다.

참고문헌

강민주(2012). 집단예술치료가 초등학생의 학습동기와 학업적 자기효능감에 미치는 영향. 강남대학교 석사학위논문.

김민용, 김지유(2011). **푸드표현예술치료의 이해와 실제.** 경기: 양서원.

김민용, 김지유(2019). **건강하고 맛있는 창의융합 푸드표현예술치료.** 서울: 창지사.

김아영, 박인영(2001). 학업적 자기효능감 척도 개발 및 타당화 연구. **교육학 연구, 39**(1), 95-123.

김용래(1987). 학업성취도에 대한 자아개념과 불안의 효과에 관한 이론적 분석. **교육연구논총, 3**, 33-79.

김지유(2015). 학업 저성취 학생을 위한 푸드표현 학습코칭 프로그램 개발과 효과 연구. 선문대학교 일반대학원 박사학위논문. 32-34.

김지유(2020). **우리아이 자존감을 키워주는 푸드표현 공부법.** 경기: 한국학술정보출판.

조원성(1996). 자아존중감증진 프로그램이 아동의 자아존중감과 학습동기에 미치는 효과. 한국교원대학교 석사학위논문.

Bandura, A. (1977). self-efficacy: Toward a unifying theory of behavioral change. *psychological Review, 84,* 191-215

Bandurs, A. (1986). *Social foundations of thought and action: A social cognitive theory.* Englewood Cliffs, NJ: Prentice- Hall.

Baneura, A. (1993). Perceived self- efficacy in cognitive development and functioning. *Educational Psychologist, 28*, 117-148.

Collins, G. R. (2001). *Christian Coaching.* Colorado Springs: Nav Press. 261-274.

Sherer, M., Maddux, J. E., Mercadante, B., Prentice-Dunn, S., Jacobs, B., & Rogers, R. W. (1982). The Self-Efficacy Scale Construction and Validation. *Psychological Reports, 51,* 663-671.

Sun, Howard & Sun, Dorothy(2003). **내 삶에 색을 입히자.** [Colour your life] (나선숙 역). 서울: 예경(원저출판: 1992년).

Whitmore, J. (2010). Coaching for performance: growing human potential and purpose: the principies and practice of coaching and leadership. *Nicholas Brealey Publishing.*

교육과학 기술부 http://www.mest.go.kr/main.do

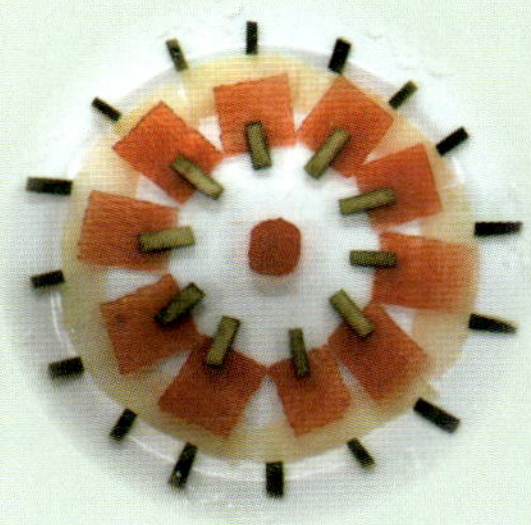

CHAPTER

04

융의 분석심리를 적용한 푸드표현만다라

1. 분석심리학적 푸드표현만다라의 이해
2. 분석심리학에 근거한 푸드표현만다라 적용방법
3. 푸드표현만다라 개인상담 사례

CHAPTER

04 융의 분석심리를 적용한 푸드표현만다라

현대인들은 빠르게 변화하고 많은 것을 요구하는 사회 속에서 더 많은 것을 배우고자 노력한다. 그 과정에서 많은 사람들을 만나고 새로운 것들을 경험하기 위해 바쁘게 움직이지만 정작 자기 자신에 대한 경험과 탐구는 부족해 내적으로 공허해지고 삶의 의미와 가치를 모른 채 살아가는 이들이 늘어가고 있다. 그들은 전체로서의 삶을 실현하고 통합을 추구하는 인간의 기본 본성을 깨닫지 못한 채, 일부에만 치우쳐 사는 반쪽짜리 삶을 살게 된다.

하지만 2020년 전 세계를 강타한 코로나19로 인류는 큰 혼란에 빠졌고, 눈에 보이지도 않는 바이러스로 인해 사람들의 삶은 통째로 흔들렸다. 우리는 만남을 피하고, 홀로 있게 되는 시간이 늘었으며, 늘 새로운 것을 탐닉하며 바쁘게 돌아다니기보다, 멈추어 자신만의 공간에서 스스로를 돌아보게 되는 시간이 많아졌다. 그 시간은 바빴던 삶 속에서 감히 도전하지 못했던, '조용히 자신을 마주하며 좋아하는 일을 해 보니 기존과는 또 다른 기쁨을 느끼게 되었노라.' 등의 경험담으로 전해진다. 코로나19로 인해 인류는 말할 수 없을 만큼의 큰 아픔과 어려움을 겪고 있지만, 멈추어 자신을 바라보니 새로운 기쁨을 느끼게 되었다는 누군가의 이야기는 어둠 속에 존재하는 작은 불씨처럼, 아픔 속에서도 또 다른 희망을 찾는 인간의 힘을 느끼게 해 준다.

C. G. Jung에 의하면 인간은 태어나면서부터 누구나 자기전체를 실현하고자 하는 욕구를 갖는다. 따라서 우리 내면의 욕구를 이해하고 자신의 전체를 통합해 나가는 '자기실현(Selbstverwirklichung)'은 진정한 나로 살게 되는 방법이자 삶에서 달성해야 할 최종 목표라 하였다. 그러나 전체성을 지향하는 인간 정신내면의 균형이 깨지게 되면 통합적인 자기상을 복원하기 위한 무의식적 욕구가 자연스럽게 생기게 되는데 Jung은 이러한 욕구가 '만다라' 안에 여러 모습으로 상징화되어 나타나게 된다고 했다(이부영, 2011).

이에 필자는 현대인들의 균형 있는 삶과 코로나시대 조용히 자신을 마주하고자 하는 사람들을 위해 치유적 만다라와 푸드표현예술치료를 접목한 '푸드표현만다라' 활동을 소개하고자 한다. 분열의 시대, 통합된 삶을 위한 용기 있는 여행에 도전하는 분들에게 푸드표현만다라 활동이 특별한 여행의 안내자로, 좋은 친구로 함께할 수 있기를 바란다.

1. 분석심리학적 푸드표현만다라의 이해

푸드표현만다라는 푸드표현예술치료를 바탕으로 융의 분석심리학과 수잔 핀처의 미술치료 만다라를 접목시킨 융합적 개념이다. 즉, 우리 일상 속의 친근한 소재인 푸드재료를 사용하여 둥근 접시 위에 푸드표현을 한 후 표현 속에 담겨 있는 무의식의 상징이 주는 의미를 파악함으로써 그 에너지를 읽고, 의식과 무의식을 통합해 스스로 자신의 전체성을 찾아가도록 돕는 푸드표현상담법이다(김지유, 2015).

푸드표현만다라에서 주로 사용하는 둥근 접시에 표현된 작품은 이미 그 자체가 만다라 형태로 본질적으로 중심화의 상징이다. 이는 기본적으로 통일과 조화를 이루어 이를 통해 전체를 보는 시각을 갖게 하는데(김민용, 김지유, 2011), 바로 자기 삶의 균형이 바로 잡혀 있는지 비춰 주는 거울이 되는 것이다. 이 거울은 거칠고 삐죽한 마음을 상징이라는 그릇에 담아 우리 내면의 갈등을 투사시켜 줌으로써 객관화된 시각을 갖게 해 줌과 동시에 둥근 원의 부드러움을 통해 긴장을 내려놓고 보다 편안하게 자신을 바라볼 수 있도록 돕는다.

융은 그의 삶 어두운 시기에 만다라를 통해 자기성찰과 성장의 경험을 했음을 고백했다. 필자도 푸드표현만다라의 힘을 느끼게 되면서 정신이 분산되거나 무언가 일이 풀리지 않을 때 푸드표현만다라 셀프테라피를 하고는 하는데, 이 과정에서 분산되었던 정신이 맑아지고 나도 모르게 좋은 아이디어들이 떠오를 때가 많았다. 이것은 음식을 먹는 행위가 주는 다양한 자극이 신체와 사고를 이완시킴으로써 필자를 내면의 세계로 이끌고, 작품을 만드는 동안의 몰입이 사고와 정신, 신체 간의 균형을 이루게 해 주었으며, 만다라 상징에 대한 통찰로 엇갈렸던 삶의 조각을 맞추게 되었던 것은 아니었을까? 이것이 바로 푸드표현만다라의 자기치유 기능이리라.

2. 분석심리학에 근거한 푸드표현만다라 적용방법

1) 상담목표

융의 관점에서 삶의 목표는 자기실현이며, 다른 말로 개성화(Individuation)이다(이부영, 2011). 개인은 자신에 대한 깊은 탐구를 통해 자신의 강점과 한계를 알게 되고, 나아가 자신의 무의식을 조금씩 의식으로 가져오게 되면서 통합을 향해 가는 진정한 개성화를 이룰 수 있다.

푸드표현예술치료 또한 개인의 개성화, 의식의 전체통합을 목표로 한다. 푸드표현예술치료 활동에서는 음식재료를 활용해 조금 더 편안하게 자신을 탐구할 수 있고 특히 이미 존재했으나 미처 깨닫지 못했던 내면의 긍정심리를 발견해 자신의 더 깊은 내면을 바라볼 수 있는 힘을 키워 준다. 그 과정에서 스스로 자기 안의 또 다른 자기를 만나게 되며, 궁극적으로는 개인의 통합적 성장과 인격적 성숙을 돕는 것을 목적으로 한다. 분석심리와 푸드표현예술치료를 융합한 푸드표현만다라 활동은 이를 기본으로 하면서 작품의 만다라 상징요소를 찾아보고 의미를 부여하는 과정을 더해 내담자 스스로 인지, 정서, 행동을 통합할 수 있도록 안내하는 인간의 개성화 실현 활동이다.

2) 상담적용

(1) 상담환경 만들기

참여자가 푸드표현만다라 활동을 할 때 내담자의 기초적인 기술, 훈련 같은 것은 필요하지 않다. 그러나 무엇인가 마음속에 떠오르는 것을 밖으로 표현해 내는 행위가 중요하기 때문에 일차적으로 편안하고 자유롭게 마음속 심상을 떠올릴 수 있도록 분위기를 조성해 주는 것은 무엇보다 중요하다. 필자가 푸드표현예술치료 집단프로그램을 진행하다 보면 초기에 "이렇게 하는 것이 맞나요? 괜찮나요?" 라는 질문을 많이 받는다. 그때마다 나는 "나와 집단원이 다치는 일이 아니라면 표현의 내용과 방법은 어떤 것이라도 괜찮습니다." 라고 말해 준다. 어떤 것도 괜찮다는 말에는 만다라가 갖는 모양이 꼭 원상일 필요가 없다는 의미도 포함된다. 어린아이와 같은 자유로운 마음이 될 때 우리 안의 무의식이 편안하고 안전함 속에 자신을 드러낼 수 있다.

(2) 푸드표현만다라 제작, 상담 진행과정

푸드표현예술치료(푸드표현만다라 포함)의 작품제작, 상담과정은 음식재료를 장 보는 것에서부터 먹고 만지는 등 오감을 자극하고, 자신에 대한 깊은 성찰을 통해 내면의 생각과 느낌을 하나의 완성된 작품으로 표현해 내는 경험적인 활동이다. 일반적인 푸드표현예술치료의 특성을 전제해 푸드표현만다라 제작, 상담과정을 소개하면 다음과 같다.

① 주제, 재료에 대한 소개
② 재료를 오감으로 충분히 느끼며 몸과 마음을 이완(이미지 떠올리기)
③ 작품표현 할 배경 선택(접시, 종이, 도마 무관)
④ 푸드표현만다라 제작
⑤ 작품 완성 후 만다라 방위를 정하고 제목 정하기
⑥ 작품에서 연상되는 상징(형태, 색상, 수) 찾아보고 통찰되는 내용을 글로 적기
⑦ 작품과 글의 내용을 참조로 함께 대화 나누기
⑧ 작품해체와 함께 음식으로 나누어 먹기(필요한 경우 조리 포함)

미술 만다라 전문가인 수잔핀처는 만다라 제작 방법을 제시하지만 이 또한 만다라를 만든 사람이 자신의 마음을 더 정확히 알 수 있는 방법을 제시한 것일 뿐 만다라를 제작하는 데 있어 옳고 그른 것은 없다고 분명히 말한다. 이처럼 푸드표현만다라 작품을 만드는 데도 옳고 그름은 없다. 자신이 끌리는 음식재료를 준비해 주제가 있으면 주제를 생각하면서, 주제가 없다면 오감을 통해 재료를 충분히 느끼면서 마음에 떠오르는 대로, 내 손이 이끄는 대로 접시나 배경재료를 선택해 그 안에 표현을 하면 된다.

이때 배경이 되는 접시나 종이, 도마도 주제별로, 그날그날 작품을 제작하는 이의 마음을 잘 표현할 수 있도록 여러 색, 여러 모양과 재질, 여러 크기로 다양하게 준비해 두는 것이 좋다. 이는 나로 대표되는 작품을 담는 환경을 스스로 조성하고 조절한다는 면에서 그 의미가 크며, 무엇보다 작품의 배경 재료 또한 만드는 이의 무의식을 풀어 나가는 데 큰 영향을 줄 수 있기 때문에 중요하다.

by 바람

by 바람

같은 작품이지만 배경이 되는 접시의 색깔에 따라 작품 분위기가 아주 다른데 이 작품을 만든 이도 접시에 따라 올라오는 감정에 상당한 차이를 느꼈다고 말했다.

푸드표현만다라를 제작한 후에는 만다라의 방위를 정하고 제목을 붙인 뒤 작품에서 나타나는 상징(형태, 색상, 수)을 찾아보고 통찰되는 내용을 글로 적어 본다. 푸드표현만다라 상담을 할 때 가장 중요한 것은 무엇보다 자신 안의 무의식을 경험하고 이해하도록 돕는 것이다. 융은 무의식을 경험하기 위해서는 누구라도 그 속에 직접 뛰어들어야만 한다고 말하며 이를 위해 '적극적 상상 기법'을 제시했다. 적극적 상상은 무의식과의 깊이 있는 대화다. 꿈이나 환상 또는 내 안의 불편함 등에 집중해 떠오르는 대로 자유롭게 표현하다 보면 능동적 존재인 무의식이 자율적인 기능을 발휘하여 깊이 숨어 있던 자신을 나타내기 위해 움직이기 시작한다. 이때 형상 속에 여러 이미지가 나타나며, 이를 통해 자신의 작품으로부터 내면의 깊은 이야기를 만들어 내도록 돕는다(캐시 A. 말키오디, 2008; 이부영, 2011 재인용). 푸드표현만다라 활동은 적극적으로 내 안의 무의식을 탐험하고 작품으로 표현함으로써 내 안의 나를 외현화해서 관찰할 수 있도록 하는 좋은 방법이다.

위의 순서대로 푸드표현만다라를 제작하다 보면 우리가 평소 알고 있는 둥근 모양에 상하좌우 대칭을 이루는 만다라가 나오기도 하지만 원의 모양이 아닌 접시에 완전히 자유로운 형태의 만다라가 나오기도 한다. 그 때문에 푸드표현만다라 작품이 일반 푸드표현예술치료 작품과 전혀 다르지 않게 보일 수 있다. 하지만 작품을 만든 이가 진정한 자기를 찾아 균형을 이루어 가는 데 도움이 될 수 있도록 그가 찾은 상징요소(형태, 색상, 수)들의 의미를 함께 찾아나가는 것이 푸드표현만다라 활동의 핵심이라고 할 수 있다. 때문에 푸드표현만다라 제작 시 원상 배경을 통해 내담자에게 편안함을 제공할 수는 있지만 반드시 원의 형태로 만들 것을 강요할 이유는 없다.

옆의 작품은 우리가 아는 일반적 만다라의 형태가 아니지만 만다라 원의 형태보다 중요한 것은 작품을 만들며 자신 안에 집중하도록 돕고, 작품안의 상징 요소들을 통해 만든 이의 정신적 불균형을 찾아 균형을 이루도록 안내할 수 있다는 것이다. 또 사각의 배경은 원의 변형으로 볼 수 있다. (본문 4회기 작품)

(3) 푸드표현만다라 작품 분석

기본적으로 푸드표현예술치료에서는 함부로 내담자의 작품을 분석하거나 지적하지 않는 태도를 강조하고 있고 이는 푸드표현만다라 활동에서도 동일하다. 융학파에서도 분석방법보다도 분석가의 자세를 더 중시하며, 체계적인 방법을 따르기보다는 분석받는 사람 개개인에 맞추어 융통성 있는 태도가 필요하다는 것을 강조한다. 지적인 해석이 자유로운 창작 과정에 방해가 될 우려가 있고, 무엇보다 작품을 만드는 그 자체, 즉 무의식을 실제로 체험해 가는 과정 자체가 중요하기 때문이다(이부영, 2011).

필자는 이와 더불어 내담자가 작품을 표현한 후 그것의 의미를 찾아가지 못하거나 하나의 방향으로 치우쳐 있을 때, 작품 속 상징의 의미를 함께 찾아보는 것이 상당한 도움이 됨을 말하고 싶다. 특히 내담자의 사고가 부정적인 방향으로 고착되어 있을 때, 내담자의 무의식을 살피고 마음의 반대편을 볼 수 있도록 안내하는 데 결정적인 도움이 될 수 있다. 만다라 해석을 통해 그 대상의 성장이 더 깊어지고 에너지가 확충, 강화되었다면 치료자의 만다라 해석개입이 적절했고 성공적이라고 말 할 수 있을 것이다. 다만, 이 상징요소들은 어디까지나 오랜 세월 동안 관찰한 바에 미루어 공통된 부분을 정리한 경험적 결과일 뿐 모두 옳은 것은 아니고 가능성을 가진 하나의 의미일 뿐이다. 그러므로 상담자는 상징에 대한 절대적인 척도는 결코 없다는 것을 가슴 깊이 새기고 항상 겸손한 태도로 작품을 만든 이와 함께 그의 마음과 상황에 가장 잘 적용될 수 있는 상징 요소의 내용이 무엇인가를 찾아내야 할 것이다.

3. 푸드표현만다라 개인상담 사례

본 사례는 푸드표현만다라 활동이 내담자에게 어떻게 도움을 줄 수 있는지 알아보기 위하여 전 회기를 푸드표현만다라 활동으로 구성한 개인상담 사례이다. 회기 시작 전, 작품이 갖는 의미와 작품에서 보이는 만다라 상징요소에 대해 함께 이야기 하게 될 것이라는 설명을 하였는데 상담 중 상징요소에 대한 분석이 필요한 때에는 내담자와 함께 상징이 갖는 의미와 작품을 연결하여 이야기 나누었고, 굳이 분석이 필요치 않을 때에는 상징을 찾아본 상태에서 그 느낌을 충분히 나누는 방법으로 진행하였다. 또한 초기 면접 때 내담자의 주 호소문제 파악과 함께 내담자가 좋아하는 음식에 대해 질문하여 알아 두었고 대부분의 재료는 고정해서 계획하기보다 상담을 진행하면서 주제와 내담자의 요구에 맞추어 준비했음을 알린다.

〈통합된 삶을 위한 용기 있는 푸드만다라여행〉

1) 내담자와의 만남

내가 주변인의 소개로 노랑 씨(가명, 30대. 자세한 인적사항은 각색)를 처음 만났을 때 노랑 씨는 두 아이의 엄마이면서도 열심히 자기 분야에서 꿈을 키우고 있었다. 눈빛은 반짝였으며 환한 미소를 가지고 있었고 말할 때 부드러우면서도 열정이 있어 보였다. 그러나 간혹 감정이 올라와 목소리가 떨리고 순간순간 울컥하기도 했다. 그런 노랑 씨가 1년 반 만에 나를 찾아와 상담을 받고자 한 것은 더 나은 삶을 위한 그녀의 커다란 용기였다고 생각한다. 어려웠던 과정을 잘 해내고 푸드표현만다라 상담 사례로 공개할 수 있도록 허락해 준 노랑 씨에게 감사의 인사를 전하며 이제부터 그녀의 용기 있는 마음여행 이야기를 해 볼까 한다.

2) 회기별 프로그램 내용

다음의 프로그램은 노랑 씨의 자아분화검사결과(45점– 타인의 정서체계에 융합되어 있고 타인의 감정에 좌우되는 상태)와, SCT 결과(대인관계 안에서의 문제, 불안 보고됨), 그리고 대인관계 안에서 더 당당해지고 싶다는 노랑 씨 의 요구, 상담자의 의견을 반영하여 1차 목표를 '관계 안에서의 내 모습 탐색을 통한 대인관계 개선'으로 두고 '나, 너, 우리(자기이해, 타인이해, 관계이해)' 안의 노랑 씨 모습을 살펴보도록 초기 · 중기 · 후기로 구성했다. 또한 2차 목표로는 분화된 내면의 전체통합을 통해 개성화실현으로 나아갈 수 있도록 노랑 씨의 인지, 정서, 행동 통합에 초점을 맞추고자 내용을 구성하였다.

회기	구분	주제	회기별 활동 목표	재료
	초기면접	• 활동설명, 사전검사	• 푸드표현만다라 활동에 대한 이해 • 심리진단, 호소문제파악	Bowen 자아분화검사, SCT 검사
1	초기 자기이해	• 감정, 사고탐색	• 갈등의 원인 알기 • 객관적 사고의 힘 기르기	내담자가 좋아하는 과일
2		• 행동탐색	• 강화된 행동을 통한 불편함의 근원보기	색소금(내담자 선택)
3		• 장점탐색	• 자신의 장점 알기 • 자신의 장점 확장	수제비 재료(밀가루, 호박, 당근, 양파 등)
4	중기 타인이해	• 나의 원가족 소개	• 원가족과의 관계 보기 • 그 안의 나	여러가지 가루(내담자가 준비– 커피, 녹차가루, 쌍화차, 라면스프, 복숭아 홍차), 젤리
5		• 나의 현 가족 소개	• 현 가족과의 관계 보기, • 그 안의 나	현장 재료: 밥과 반찬(계란후라이, 볶은김치, 오이지, 김자반, 멸치)
6	후기 관계이해	• 용서와 사랑	• 용서와 사랑의 마음을 표현함으로써 내 안의 평안 찾기	라면
7		• 나 전달 • 요청(주장)하기, 바른 의사소통	• 통합을 위한 시작 • 인지, 정서 행동 통합을 위한 실천방안	월남쌈 재료(라이스페이퍼, 여러 야채, 햄, 맛살, 소스 등)

3) 사례

(1) 1회기(감정, 사고 탐색)

처음 상담을 시작하던 날 노랑 씨(가명)는 웃는 얼굴로 들어오며 상담시작에 대한 호기심과 약간의 두려움을 이야기했다. 겉으로 보기에는 참 밝고 당당해 보이는 그녀가 들려주는 자기 문제의 핵심은 주로 대인관계 안에서의 어려움이었다. 노랑 씨는 늘 자기 의사를 밝히기가 어렵고, 주변 사람들의 눈치를 보며 그들의 눈빛에 흔들린다고 했다. 또한 타인의 감정에 맞추기 위해 습관적으로 노력하는 자신을 알게 될 때 자신이 너무 바보 같은 생각이 든다며 눈물을 글썽였다. 하지만 상담사의 눈에 노랑 씨는 작년 봄 우리가 처음 만났을 때보다 내면의 힘도 더 생겼고 순간 알아차림이 더 커진 모습이었다. 노랑 씨의 끊임없는 노력과 변화된 모습을 격려하며 물었다.

"관계 속에서 자신이 흔들리고 어렵다고 했는데 자신이 흔들리고 있다는 것은 어떻게 알 수 있을까요?" "내 속에서 순간 목소리가 들려요. '저거 봐. 저 사람 화가 났나 봐. 나 때문인가? 내가 잘못했나? 어떻게 해야 하나?' 그러면 그때부터 심장이 뛰면서 모든 문제가 나로 초점이 맞춰져요." 노랑 씨는 그 순간 상대에게 확 사로잡히는 느낌이 든다고 했다.

"그럼 그 사람이 나에게 기분 나빠 한다는 것은 어떻게 알게 되지요?"하고 묻자 노랑 씨는 "그냥 내 느낌이에요. 내가 어떤 행동을 하고 어떤 말을 했을 때 그 사람이 그렇게 했으니 나 때문이라고 생각하게 되는 것 같아요."

상황에 대해 예민하게 느끼면서도 그 화살을 자신에게로 향하는 노랑 씨에게 안타까운 마음이 들어 성급한 말을 뱉게 되었다. "만약, 나 때문이 아니고 다른 이유가 있었다고 생각한다면 어떨까요?" "……." 이 물음에 노랑 씨는 잠시 멈칫하면서 생각에 잠겼다. 잠시 뒤 일련의 사건들이 자신의 문제가 아니고 타인의 문제일지도 모른다는 생각을 해 보니 마음이 좀 여유로워진다고 했다.

그렇게 좀 더 넓어진 마음을 갖으며 최근 눈치 봤던 상황을 떠올려 그때의 마음을 푸드표현만다라로 표현해 보기로 했다. 표현하는 중간중간 드는 생각이 있으면 메모하도록 안내했다. 노랑 씨가 좋아한다는 과일을 몇 종류 준비해 두었는데 그중 자신이 좋아하는 자두를 골라 껍질을 까서 놓기 시작했다. 둥글게 둘러놓더니 그 둘레를 좁혀 가면서 이내 얼굴이 붉어지고 눈빛도 촉촉해졌다. 힘든지 한숨을 쉬며 답답하다고 말하는데 그 감정에 집중하도록 조금 더 기다려 보기로 했다.

작품을 마친 노랑 씨에게 힘들었지만 끝까지 표현을 마치는 모습에서 노랑 씨 내면의 힘을 느끼게 된다고 격려하며 물었다. "작품 후 가장 먼저 떠오른 것이 무엇인가요? 이미지, 색상, 숫자 모두 좋습니다." "손가락, 물방울이 튀어 나가는 모

습, 꽃 등이 떠올라요." "좋습니다. 그것을 연결해서 짧은 이야기를 만들어 볼까요."(잠시 뒤)

"손가락으로 톡 치니 순간 물방울이 튀어 오른다. 차갑다. 시원하다. 그 물방울이 꽃잎에 닿았다." 라고 들려준 이야기는 짧지만 신선함이 느껴졌다. 하지만 작품 만들면서 노랑 씨가 메모한 것은 〈뾰족한 시선, 그들의 눈빛이 보인다. 날 싫어한다. 기죽는 나. 손가락질 한다. 너무 못난 나. 내가 없다.〉 등 어린 시절의 부정적 느낌을 풀어 놓은 내용이었다.

노랑 씨가 작품을 보고 떠오른 이미지와 만들면서 쓴 이야기의 분위기가 전혀 다름을 반영하며 상담자는 노랑 씨가 작품 속에서 찾은 상징과 관련해 함께 이야기 나누어 보기를 제안했다. 노랑 씨가 막막해 하기에 상담사가 먼저 시작해 보기로 했다. "만다라 전문가 수잔 핀처에 의하면 손은 보통 타인과의 상호교류 의미로 분석됩니다. 또 만다라에 물방울이 나타날 때는 '내가 무엇을 위하여 눈물을 흘려야 할 것인가?'를 물어보라 하네요. 마지막, 꽃은 대표적으로 개인적 성장의 봄을 알리는 상징이기도 한데 이 상징의 의미를 노랑 씨가 연결해 본다면 어떤 의미가 될 수 있을까요?" 노랑 씨는 자신을 보는 시선이 좁혀지는 느낌이 들며 손가락이 떠올랐으니 대인관계를 의미하는 게 맞는 것 같다며 그 시선을 느끼며 두렵고 외로워 눈물을 흘렸을 텐데 가만 생각해 보니 그들 때문에 울 필요는 없을 것 같다는 생각도 든다고 했다.

> "이런 생각으로 당당해진다면 제 마음에도 봄을 알리는 꽃이 피어날 수 있을까요?"

노랑 씨는 초등학교 때까지 몸이 좋지 않아 힘들었고 그때마다 아이들이 자신을 보며 수군거리는 것 같았다며 항상 눈치 보고 내가 실수한 걸 누가 알면 어쩌나 마음 졸이며 다녔다고 했다. 약을 복용 후 증상이 차차 나아졌으나 현재도 왠지 모르게 사람들이 자신을 싫어하는 생각이 든다고 했다. 어린 시절 자신이 통제할 수 없었던 병으로 겪었을 그 마음이 얼마나 힘들었을지 공감하면서, 앞에서 이야기 나누었던 대로 내가 눈치 보는 사건에 대해 나의 느낌대로, 자동적으로 생각하지 않고 객관적 사실을 볼 수 있다고 가정한다면 어떻게 달라질지 작품 변형을 제안했다.

첫 번째 작품–그들의 시선

변형 후–나를 지켜 주는 불꽃

작품을 변형한 후 노랑 씨는 "마음이 훨씬 가벼워졌어요. 가운데 저도 생겼고요."하며 꽃과 태양 사이에서 고민하다가 불꽃이 떠오른다며 "나를 지켜 주는 불꽃"으로 제목을 정했다. 불꽃의 느낌이 어떤지 물었다. "저를 지켜 주는 불꽃이에요. 든든한 느낌이 드네요."

처음에는 답답했고 어린 시절이 갑자기 떠올라 놀랍기도 했는데 상징요소를 통해 의미를 찾아보고 작품을 변형하면서 생각을 바꿔 보니 힘이 생기는 것 같다며 미소 지었다. 다음 시간까지 오늘 시간을 통해 느꼈던 것들을 한 번 더 생각해 보기로 하며 대인관계 안에서 내면의 부정적인 목소리가 들릴 때 '조용히 해!' 라고 도전해 보겠다는 과제를 정한 후 회기를 마무리하였다.

(2) 2회기(행동탐색)

다시 만난 노랑 씨는 지난 주 대인관계 안에 불편한 일이 또 발생했는데 속상하고 불안한 감정이 이어져 괜히 아이들에게 예민하게 구는 자기 모습이 정말 싫었다고 했다.

"우리가 오늘 함께 나눌 이야기가 바로 그런 감정과 행동 속에 패턴화된 나의 행동을 찾고, 그 불편함의 근원을 찾는 것이에요. 우리 함께 이야기해 볼까요?" 불안해하는 노랑 씨의 마음을 이완시켜 보기 위해 조용한 음악과 함께 명상의 시간을 가져 보았지만 숨도 답답하고 잡생각이 떠나질 않는다며 힘들어했다. 지난 시간 스스로 정했던 과제대로 내면의 목소리에 "그만해! 그렇지 않아, 별일도 아닌데 괜히 그러지 마"하며 여러 번 이야기했는데도 마음이 가벼워지지 않고 안정되기까지 시간이 오래 걸렸다고 호소했다.

이렇게 대인관계에서 불안함이 올라오거나 불편한 상황이 생길 때 어떤 행동을 하는지 표현해 보기로 했다. 노랑 씨는 상담자가 준비해 둔 색소금과 과일 중 색소금을 택하며, 예쁜 색깔의 소금을 보니 어디에서나 예뻐 보이고 사랑받고 싶어 하는 자신의 모습 같다고 중얼거렸다. 노랑 씨는 이내 "나의 거미줄에 걸린 나"라는 작품을 만들었다. 처음에는 흔들리는 나를 감추며 타인에게 잘 보이고 그 사람을 기분 좋게 해 주기 위해 안테나를 세워 행동하는 자신을 생각했지만 갈수록 불안해지며 살을 붙이고, 행동을 더하는 과정에서 무언가 더 복잡해지고 어려워지는 것이 자신이 스스로에게 거미줄을 쳐 옥죄는 것 같았다고 했다.

"결국 나의 이런 행동들이 나를 더 잡아 두는 거구나 라는 생각이 들어요."

만약 그 상대방이 내 생각과 다르게 기분이 괜찮다면 자신도 마음이 편할 거라는 노랑 씨를 보며, 시선이 타인에게 가 있고 사실 확인도 되지 않은 상황에서 혼자 마음 쓰는 노랑 씨 모습에서 안타까움이 느껴짐을 전하자 생각에 잠기는 모습이었다. 작품의 상징에 대해 "거미줄은 여러 의미가 있습니다. 노랑 씨와 연결해서 생각해 보자면 거미줄 위의 거미처럼 자신이 조절하면서 때로는 조절당하기도 하는 의미가 떠오르네요. 또 끊임없이 스스로를 돌아보고 자기를 찾아려 노력하는 노랑 씨 모습에서 생존을 위해 끝없이 베짜기하는 거미와 닮아 보이기도 해요. 내 이야기를 듣고 거미줄에 대해 어떤 생각이 드나요?" 질문하자 노랑 씨는 "답답해 뜯어 버리고 싶기도 하지만 아직은 불안하고 촉을 새운 상태로 다른 사람을 항상 신경 써야 미움 받지 않고 살 수 있을 것 같아요." 라며 우울한 표정을 지었다. 많은 사람들의 마음을 다 신경 쓰기 위해 거미줄을 만들다가 거기에 걸려 얼마나 힘들까 싶어 마음이 아프다고 전하며, 그 거미줄을 만든 것도 나이니 나에게 무언가를 줄 수 있다면 어떤 것을 주고 싶은지 물었다. 노랑 씨는 촛불이 있었으면 좋겠다며 가운데에 작은 초를 두기를 청했고 그 위에 불을 켰다. 오랜 시간 가졌던 습관이 한 번에 바뀌지는 않겠지만 저렇게 불을 켜 두고 자신을 보려고 노력하면서 스스로에게 따듯함을 준다면, 조금 더 힘이 생길 수도 있을 것 같다고 말했다. 이에 더해 어느 순간 저 초가 힘이 커져 불을 확 붙여서 거미줄을 다 태워 버릴 수도 있지 않겠냐는 노랑 씨의 말에

"거미가 거미줄을 없애면 어찌 살려나... 다 태워버리기보다 거미줄이 가진 아름다움을 인지하면서 그 안에 자유로울 수 있으면 어떨까요?"

라고 상담사의 마음을 전하게 되었다.

나의 거미줄에 걸린 나

작품에 초를 켜둔 모습

노랑 씨는 감정이 굉장히 발달된 사람이었다. 그래서 어떤 감정이 들면 순식간에 머리와 몸을 지배해 버리는 것 같다는 상담사의 말에 노랑 씨도 공감하며 기분이 나빠지면 금방 피곤해지고 가슴도 답답해진다고 했다. 어린 자녀들이 있는 상태라서 그런 것들이 아이들에게 가는 것이 걱정된다며 남에게 신경 쓰는 에너지를 나에게 조금 더 가져와 건강한 마음을 가져야겠다고 했다. 노랑 씨는 작품을 만들며 손이 가는 대로 하는데 마음이 표현되고, 작품표현에 집중하는 동안 울렁거리던 마음이 좀 내려가는 느낌이 들어 신기하다며 지치고 힘들 때마다 푸드표현 셀프테라피를 해 보고 싶다고 이야기했다.

(3) 3회기(장점탐색)

지난주와 달리 꽤 밝은 얼굴로 들어오는 노랑 씨는 지난주 거미줄을 있는 그대로 받아들이면 어떻겠냐고 제안한 상담사의 말이 마음에 많이 남았다며 작품을 통해 올라온 통찰의 경험을 나누어 주었다.

> "작품 사진을 자꾸 보니 거미가 거미줄을 그대로 인정하면서 거미줄을 잘 활용하려 한다면 거미줄에 걸리지 않을 것 같았어요. 또 제가 세워 둔 안테나는 제가 성장하며 앞으로 직업상 타인에게 예민하게 반응해 주기 위한 좋은 재료가 될 것 같은 생각이 들더라고요. 그러자 나의 답답했던 부분도 장점으로 보이면서 막혀 있던 가슴이 쑤욱 내려가는 게 느껴져 참 신기한 경험이었어요."

스스로를 자꾸 돌아보고 찾으려 하는 노랑 씨의 모습이 참 보기 좋았다. 용기 있는 모습을 지지하며 상담가로서 보람을 느끼게 해 주어 고맙다고 인사를 전했다.

이번 회기는 노랑 씨의 장점을 찾아보는 작업을 해 보기로 했다. 앞서 답답해했던 모습에서도 장점을 찾았다 하니 오늘 주제와 잘 연결될 수 있을 것 같았다. 오늘은 표현 후 노랑 씨가 좋아하는 음식을 해 먹기로 하고 수제비 재료를 준비했다. 노랑 씨는 미리 준비해 둔 밀가루 반죽을 조물조물 만지면서 말랑한 느낌에 마음이 참 편안해진다면서 접시를 이리저리 고르다가 꽃그림이 있는 접시를 선택해 밀가루 반죽으로 꽃을 만드는 듯 했는데 배경이 맘에 들지 않았는지 다시 하늘색 도마로 옮기고는 만족한 듯 집중해 작품을 완성했다. 작품 제목은 "연꽃" 이다.

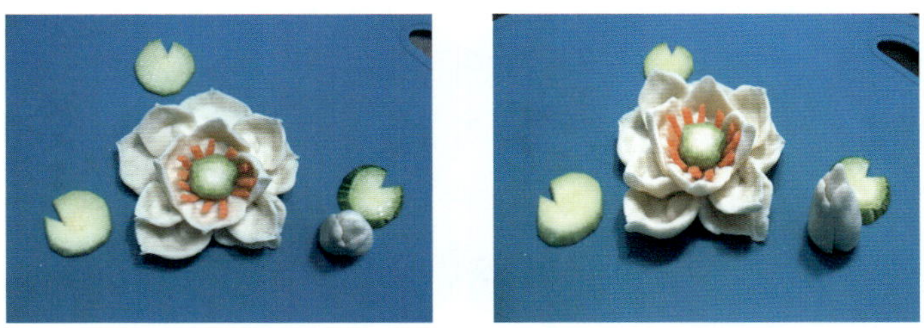

연꽃

노랑 씨는 하늘색 도마를 깔자마자 연못 위에 떠 있는 연꽃을 생각하며 작품을 만들었다고 했다. 은은한 색감과 향기, 더러운 물속에서 아름답게 피어나 뿌리부터 잎까지 버릴 것이 없는 연꽃을 생각하며 자신도 부족하고 넘어지고 모자라지만 그 안에서 멈추지 않고 무언가를 이루기 위해 꾸준히 노력하는 모습이 있다면서 연꽃처럼 끝까지 쓰임 있는 사람이 되고 싶다 했다. 상담사는 연꽃의 꽃말을 찾아 주었다.

1. 이제염오 : 진흙탕에 자라지만 물들지 않고 예쁘게 피어난다.
2. 계향충만 : 진흙 속의 더러운 냄새도 꽃이 피면 냄새는 사라지고 향기로 연못을 가득 채운다.
3. 본체청정 : 연꽃은 어떤 곳에 있어도 그 잎은 푸르고 꽃잎은 곱다.
4. 면상희이 : 잎이 둥글어 보는 이의 마음을 편안하고 행복하게 해 준다.
5. 유연불삼 : 꽃의 줄기는 연하고 부드러워 강한 사람에게도 잘 꺾이지 않는다.

등의 말과 "당신은 아름답습니다, 청순한 마음"이란 뜻이 있다고 찾아 주자 부끄러워하면서도 상당히 좋아했다. 노랑 씨는 그중 나머지는 자신이 갖고자 노력하고 나아가야 할 방향이고, "면상희이"는 자신의 현재 장점이 맞는 것 같다며 사람들이 자신에게 편하게 와서 속 이야기를 털어놓을 때가 많다고 이야기했다. 다만 자신의 장점을 더 잘 개발하기 위해서는 연꽃의 뿌리가 흔들리지 않도록 자신을 믿는 마음이 필요할 거라며 나를 먼저 사랑하고 연꽃 보듯이 예쁘게 보아 주어야겠다고 말했다.

처음 접시에서 바꿔 하늘색 도마를 깔며 어떤 느낌이 들었는지 질문했는데, 꽃이 자리를 찾는 느낌이 들면서 바로 연꽃이 떠올라 편안하게 작품에 집중할 수 있었다고 했다. "물을 생각하며 편안해졌고 안아 주고 받쳐 주는 느낌이 들었다고 했는데 혹시 물과 관련해 떠오르는 사람이 있었나요?" "엄마요. 사실 전엔 정말 많이 밉고 힘들었는데 엄마에 대한 마음이 좀 풀어졌어요." 노랑 씨의 마음속에 아주 힘든 요소였는데 그런 변화가 있었다니 정말 놀랍고 반가운 이야기라고 지지하면서 연꽃으로 활짝 피어나는 노랑 씨의 모습을 기대하는 상담자의 마음을 전하고 다음 시간에 더 많은 이야기를 듣기로 부탁했다.

자기이해 과정을 잘 끝낸 우리는 함께 수제비를 만들어 먹으며 활짝 핀 연꽃에 담은 긍정에너지를 나누었다. 다음 회기 원가족에 대한 작업을 예고하고 표현할 재료를 스스로 준비해 오기로 약속했다.

(4) 4회기(나의 원가족 소개)

노랑 씨는 회기 주제를 알고 돌아가니 한 주 동안 생각해 보게 되었다면서 재료를 선택하기 위해 원가족을 돌아보고 그들의 특성을 생각해 보며, 자신과의 관계를 들아보게 되었다고 했다. 성실히 임해 주는 노랑 씨에게 감사를 표하며 이제 자기이해를 끝내고 타인이해로 들어가는 작업을 설명하고 원가족에 대해 했던 많은 생각을 표현해 보기로 했다.

노랑 씨는 상담가가 준비한 젤리를 마음에 들어 하며 먼저 젤리로 가족의 특성을 생각해서 표현하고 가루로 가족 간 마음의 거리를 나타내 보기로 하였다. 각 대상에 대한 내용은 노랑 씨의 요청에 따라 생략하고 작품에 대한 내용만 소개하면 다음과 같다.

어디로 가는가

작품 전체를 보니 비행기가 떠오른다며 가운데에서 프로펠러를 찾은 후 경비행기가 날아가는 모습, 가운데의 노랑과 주황, 연두색이 눈에 띄고 숫자로 4와 3이 보인다고 했다. 비행기가 잘 날아올라야 하는데 한쪽 날개는 잘리고 꼬리는 연결이 불분명해서 어디에 콱 떨어져 박힐까 걱정도 되지만 별 상관없다는 반응이었다. 다른 주제와 다르게 피하고 싶어 하던 노랑 씨는 이제 현 가족에 신경쓰기도 바쁜데 그쪽으로 더 이상 에너지를 쓰고 싶지 않다며 한숨을 쉬었다. 노랑 씨의 언어적, 비언어적 신호의 불일치를 보며 원가족에 대해 융합되어 있으면서도 정서적 단절감이 컸던 자아분화 검사 결과가 떠올랐다.

"원가족에게 에너지를 쓰고 싶지 않다고 했는데 지난 시간 엄마와 사이가 좋아졌다며 웃던 모습이 기억에 남네요. 그래도 최근 좋아진 점이 있다면 어떤 것이 있을까요?" "엄마에게 가졌던 부정적 생각이 조금 나아지는 것 같아요. 예전엔 목소리만 들어도 예민해졌고 일방적인 태도에 습관적으로 화를 났는데, 이제는 그런 태도에 화가 올라오는 것이 느껴지면 제 기분을 말씀드리기도 하고 그러지 않으시길 바란다고 표현도 해요. 처음에는 엄마께서 충격 받으실까 두려웠는데 말하고 나니 제 기분도 괜찮고 엄마도 괜찮으신 걸 보고 정말 신기했어요." 노랑 씨의 용기 있는 행동에 많은 지지를 해 주었다.

노랑 씨의 변화를 보며 감정적으로 생각하고 행동하기보다 전체를 보려는 노력, 그 노력을 통해 자아의 힘이 커진 것을 느낄 수 있었다. 노랑 씨와 함께 작품 속 상징요소에 대해 이야기 나눠 보기로 했다. "노랑 씨가 말한 상징요소에 대해 만다라 상징 분석내용을 빌린다면 비행기의 중심 프로펠러는 무한대의 모양으로 연결할 수 있지 않을까 싶어요. 무한대는 두 개의 반대되는 원칙의 조화로운 화합을 대변한다고 했는데 두 개로 갈라져 있지만 이는 갈등관계의 쌍이 아니라 하나의 연속되는 선이기 때문이랍니다. 이것은 숫자 4가 가진 균형의 의미와도 연결할 수 있는데 프로펠러 또한 두 개 또는 네 개로 갈라져 있지만 그것이 합해 균형을 이룰 때 비행기가 동력을 받아 뜰 수 있겠지요. 그런 의미에서 의식의 성장을 위해 노랑 씨가 끊임없이 노력하고 있는 모습과 가족의 화합을 바라는 마음이 이미지와 숫자에 나타난 것이 아닐까 싶습니다. 이제 노랑 씨가 어머님와 사이에서 인지와 정서, 행동의 통합을 이루었던 최근 경험을 시작으로 가족 안에 조금씩 화합의 문이 열리지 않을까 조심스레 생각해 보는데 어떤가요?" 상담가의 말을 듣고 가만히 생각에 잠기던 노랑 씨는 근래 좋아지긴 했지만 그 밑에 깔려 있는 두려움 때문에 덮어두고 싶었고 그래서 인지 작품을 만드는 내내 답답했다고 했다. 그런데 작품을 만들고 해석을 통해 작품을 다시 보니 자신 안에 가족의 화합과 사랑을 바라는 마음이 있음이 분명한 것 같다며 한참 동안 작품을 바라보았다. 그 힘을 느끼며 혹시 원가족과의 관계개선을 위해 당장 간단한 것부터 할 수 있는 일이 있을지 질문했다. 노랑 씨는 한참을 생각하더니 일주일에 한 번 이상 스스로 엄마께 안부문자 및 전화를 드려 보겠다고 했다. 부담 갖지 말고 마음이 편한 대로 해 보기를 응원했다.

사실 진행을 하며 상당히 어려웠던 회기였다. 자칫 노랑 씨의 저항으로 인해 노랑 씨 안의 진짜 속마음이 무엇인지 모른 채, 어두운 마음으로 끝나 버릴 수 있던 상담에 작품 속 상징해석이 큰 도움이 되었음을 느꼈다.

(5) 5회기(나의 현 가족 소개)

노랑 씨는 한숨을 쉬며 들어왔다. 자신이 해야 할 일이 너무 많다며 중압감이 느껴진다고 했다. 힘든 마음에 푸드표현 셀프테라피를 해 보았고 용기를 얻어 하나씩 과제를 해 가고는 있는데 조금 버겁다는 노랑 씨의 이야기를 가만히 들어주며 그 바쁜 중에도 셀프테라피를 해 보았다는 것과 이렇게 상담사를 만나러 와 주었다는 것에 대해 고마움을 전했다.

노랑 씨는 지난주 상담과제를 생각하며 지난 회기 후 다음 날 바로 엄마께 안부 문자를 드렸고 “딸도 잘지내~” 라는 문자를 받아 기분이 좋았다면서 오기 전에도 생각나서 문자를 보내드렸다고 말했다. 그런 노랑 씨를 보며 일과, 육아를 모두 해내며 이 쉽지 않은 마음여행에도 최선을 다하려는 모습이 참 대단하다고 하자 수줍게 미소 지었다.

오늘은 아이들에 대한 이야기를 해 보기로 하며 매체를 자유선택하기로 했다. 노랑 씨는 어떤 재료를 선택할까 고민하더니 아직 아침밥을 못 먹었다며 (AM 11시) 혹시 밥되는 재료가 있는지 물어왔다. 나는 별건 없지만 계란과 밥, 반찬 등을 내 주었고 그것으로 표현하고 먹으면서 이야기하기로 하였다. 노랑 씨는 아이들 먹이고 챙겨서 보낸 후 정작 자신은 아침도 못 먹었다고 한숨 지으며, 계란 프라이를 해서 먼저 다 먹고 조금 남겨 밥과 볶은 김치, 멸치, 김자반, 오이지 등으로 현 가족에 대한 마음을 표현했다. (*볶은 김치: 신랑/ *계란프라이: 첫째/ *멸치: 둘째/ *김자반: 뱃속의 아이/ *오이지: 본인)

노랑 씨는 작품을 한참 이리저리 보더니 “우물에 갇힌 개구리”라는 제목을 지었고 검정색과 개구리, 숫자 1을 상징요소로 찾았다. 형태가 떠오르지 않아 이리저리 봤는데 우물에 갇힌 개구리 같았다면서 만들고 나니 답답하다는 말을 했다. 지금 여러 가지 일들이 있어 버거운데 가족들까지 다 챙겨야 하는 마음에 힘이든 것 같다며 가족들이 도와주기보다는 위에서 그냥 바라보고 있는 것 같다고 했다. 답답한 마음이 어떻게 하면 풀릴 수 있을지 물었는데 우물이 좀 커지거나 개구리가 자유롭게 나다닐 수 있으면 괜찮을 것 같다고 하기에 작품을 변형해 보기로 했다. 변형된 작품 제목은 "연못 안의 친구들"

노랑 씨는 우물을 연못으로 키우면서 답답함이 내려가는 느낌과 가족들이 개구리와 함께 지내는 물고기 친구들이며 같은 위치에 있으니 편안하다고 했다. 개구리는 물과 바깥을 모두 다닐 수 있으니 연못 안에 문을 만들어 가족들은 지켜 주면서 자신은 문을 통해 나갔다가 돌아와 바깥세상 이야기를 전해 줄 수 있을 것 같다 했다. 지금 자기 이야기를 들으려고 가족들이 몰려 왔고 개구리는 웃으며 이야기해 주는 모습이라면서 웃었다. 아까는 버거운 느낌, 자신이 짐을 다 짊어진 느낌이었는데 이젠 자신은 자유롭게 이곳과 바깥을 다니는데 가족들은 같은 곳에서 갇혀 자신만 기다리는 것 같아 미안한 마음이 든다며, 모두 다 개구리여도 좋겠다고 했다. 변형된 작품에서는 하늘색과 원형, 숫자 5를 상징으로 찾았다.

첫 번째 작품–우물에 갇힌 개구리

변형 후–연못 안의 친구들

노랑 씨는 작품을 표현하고 이야기하면서 느끼는 부분과 그와 함께 오는 통찰을 잘 찾아가고 있었다. 우리는 지난 시간처럼 작품 속 만다라의 상징요소들과 노랑 씨의 이야기를 연결해서 풀어 보기로 했다. 노랑 씨는 "저는 처음 작품에서 느꼈던 혼란, 답답함 등으로 어두운 마음에 검정색이, 혼자 해내야 한다는 책임감에 숫자 1이 떠올랐던 것 같아요. 나중에는 넓어진 우물로 하늘도 크게 볼 수 있고 자유로운 마음이 들어 하늘색과 우리 가족 모두가 함께하는 모습에서 숫자 5가 떠올랐습니다." "그렇군요. 숫자 1은 시작하는 숫자로 많은 것, 큰 것을 실현할 수 있는 잠재력을 의미한다고 합니다. 또 검정색은 어두움과 죽음을 상징하기도 하지만 어두움 뒤에 밝음이 있고 죽음과 동시에 새 삶이 시작되는 것을 생각한다면 이 또한 시작을 위한 준비라고 볼 수도 있겠지요. 이것이 결국 변형된 작품에서 나타난 긍정적인 어머니의 돌봄을 상징하는 하늘색과, 전체성과 수용능력을 상징하는 5로 연결되면서 노랑 씨가 가족들을 어떻게 대해야 할지 안내해 준 것 같은데 노랑 씨 생각은 어떤가요?" "네 맞아요. 또 물과 육지를 오가는 개구리가 우물 안에만 갇혀 답답하다고 느꼈던 것에서 마음의 벽을 낮추니 시야가 넓어지면서 양쪽을 함께할 수 있는 저에 대한 인정, 또 위에서 바라보고 있던 것이 아니라 함께 물속에 존재하고 있던 가족들을 알아채게 된 것 같아요. 함께한다고 생각하니 훨씬 마음이 편해지고 오히려 미안한 마음도 올라왔어요." 하며 우물로 표현한 원형에 그 원 안의 것들을 보호하거나 제한한다는 양가적 의미가 있다는 설명에는 처음 답답했던 우물은 보호보다는 제한이었지만, 변형을 통해 그 원이 커지면서 각자의 특성을 존중해 주고 각자의 거리를 인정해 줄 수 있다면 그 원은 우리 가족을 보호해 주는 원이 될 것 같다고 말했다. 노랑 씨는 작품을 보며 신랑이 성실히 직장 생활하면서도 아내를 항상 같은 모습으로 존중해 주고 도와주는데 더 큰 역할을 해 주기를 바랐던 것은 아니었는지 반성이 된다면서 그런 신랑과 아이들에게 고마운 마음을 더 표현해야겠다며 미소 지었다.

노랑 씨는 매일 자기 전 아이들과 신랑을 꼬옥 안아 주겠다는 계획을 세우고 재료들을 모아 늦은 아침 식사를 했다. 식사를 하는 노랑 씨에게서 워킹맘으로, 아내로 많은 역할을 맡고 있는 그녀 삶의 무게가 느껴졌지만 자신을 알아 가기 위해 노력하고 최선을 다해 살아가는 모습에 마음속으로 한 없이 박수를 쳐 주었다.

(6) 6회기(용서와 사랑)

명절 후 2주 만에 만난 노랑 씨는 환하게 웃고 있었다.

"웃는 모습 보니 참 좋네요. 우리가 1주일마다 만난 지 벌써 한 달이 넘었고 노랑 씨는 그동안 자신에 대해 돌아보고 가족을 통해 타인을 돌아보는 작업을 해 봤습니다. 그 시간들을 보내고 난 후 그 전과 지금을 비교해 나와 가족에 대한 생각이 달라진 점이 있다면 어떤 것일 까요?" 노랑 씨는 잠시 생각하더니

> "항상 중심에 내가 없고 마음 한 구석에 나는 부족하다고 느끼곤 했는데 나를 돌아보는 작업 두 번을 지나면서 제 마음속 짐이던 '나의 안테나'에 대해 긍정적인 생각이 들었어요. 그것을 시작으로 요즘 제 자신이 좋아진 것 같아요. 또 원가족을 돌아보면 그 안에 상처와 미움이 있지만 그 관계에서도 제가 진정 바라는 것이 사랑이었다는 것을 알게 되었어요."

라며 원가족을 바라보는 마음이 전보다 많이 편안해졌다고 했다. 특히 엄마에 대한 마음이 정말 많이 달라진 것 같다며 살짝 상기된 얼굴을 보였다. "또 지난 회기 후 공부와 일로 인해 신랑에게 기대려하는 마음이 커진 저를 발견하고 2주 동안 아주 바쁜 중에도 가족들에게 따로 시간을 가졌더니 신랑도 아이들도 정말 좋아했어요."라고 자신의 변화와 함께 통찰로 인해 새로 시행해 본 일에 대해 이야기했다.

길지 않은 한 달 동안 많은 변화를 느끼고 또 변화를 위해 끊임없이 노력하는 노랑 씨에게 커다란 지지와 함께 상담가로서 감사 인사를 표하며 노랑 씨의 큰 변화에 따라 노랑 씨와 함께 당초 9회기로 약속했던 상담회기를 조정해 7회기로 마무리 하는 데 합의했다. 오늘은 바로 관계 이해를 위해 "용서와 사랑, 감사"라는 주제로 들어가기로 했다.

상담사는 오늘 주제를 위해 라면을 준비했고 "용서" 라는 것은 라면이 뜨거운 물에 들어가 풀어지듯 굳은 마음이 풀어짐을 의미하고 또 마음이 열린다면 라면처럼 일상의 별것 아닌 상황에서도 용서와 사랑을 느낄 수 있는 것이라 생각한다고 활동과 재료의 연관성에 대해 설명했다. 혹시 주제와 관련해서 원하는 재료가 있는지 질문했는데 노랑 씨도 이야기를 듣고 준비된 재료를 마음에 들어 했다. 혹시 라면 중에도 더 끌리는 것이 있을까 싶어 여러 종류의 라면을 준비했는데 노랑 씨는 평범한 일상 안에서도 찾을 수 있는 것이 "용서와 사랑"이라는 상담사의 말에 동의

한다며 가장 평범한 라면을 써보고 싶다고 말했다.

평소 사랑과 감사를 전하지 못한 대상, 혹시 마음속 미움을 풀지 못한 사람이 있다면 그 사람에 대한 용서를 생각하며 표현을 해 보도록 하였다. 노랑 씨는 처음에는 그냥 단단한 라면으로 표현을 한 후 나머지 면을 뜨거운 물에 풀어서 두 가지 작품을 만들었다.

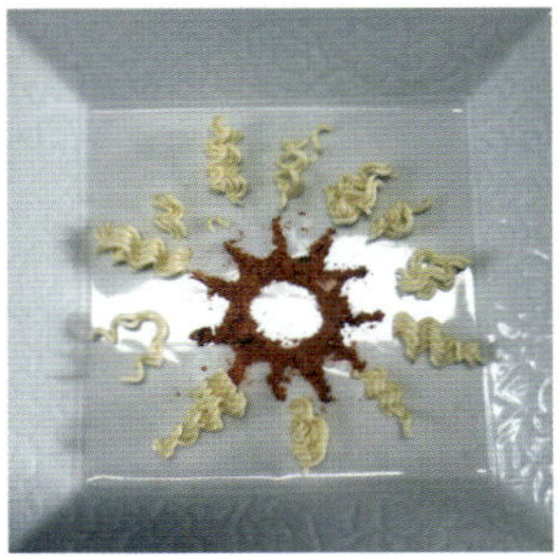

첫 번째 작품–공허한 폭발

변형 후–날 보며 웃는 우리 엄마

첫 작품은 "공허한 폭발", 두 번째 작품은 "날 보며 웃는 우리 엄마"이다. 노랑 씨는 작품 주제를 생각하면서 벌써 가슴이 메여 오는 것을 느꼈다면서 생각하면 분노가 올라오고 짜증이 치밀어 피하고만 싶었는데 그 분을 생각하며 "사랑"이란 단어가 가슴에서 올라온다는 게 참 신기하다고 했다. 첫 작품은 상담사를 만나기 전 어머니께 가졌던 마음이라면서 항상 분노와 화, 긴장하고 촉을 세우고 있는 마음과 그러면서 느껴지는 공허함, 뿌리가 없는 듯한 불안감을 표현했다고 설명했다. 떠오르는 상징은 태양과 폭발, 숫자는 11, 색상은 주황이었다.

두 번째로 뜨거운 물에서 풀어지는 라면을 보니 그 분에 대한 감정이 극에 이르렀다가 풀어지고 있는 자신을 보는 것 같다며, 약 10년 넘는 세월이 뜨거운 물과 같은 시간이지 않았나 생각하게 되었다고 했다. 작년을 계기로 조금씩 어머니 앞에서 자신의 목소리를 내고 있고, 상대의 반응에 무관하게 그 자체가 자신에게 도움이 됨을 느끼면서 자신이 그 분에 대한 사랑과 용서를 너무 두려워했던 것 같다며 눈시울을 붉혔다. 두 번째 작품에서 찾은 만다라 상징요소로 웃는 눈과 입, 숫자 1(나 하나만 바라보며 웃는 엄마), 옥색(엄마를 생각하니 떠오른 색상)이었다.

어려웠을 작업을 담담히 해내고 얼굴이 상기된 노랑 씨에게 조용히 지지를 보내며 그 감정에 잠길 수 있도록 잠시 시간을 주었다. 잠시 후 "나를 보며 웃고 계신 엄마를 보니 어떤가요?" 라는 질문에 잠시 말없이 있던 노랑 씨는 "저는 초등학교 때 화난 엄마의 얼굴을 괴물로 그렸던 이후로 엄마 얼굴을 표현해 본 게 처음인 것 같아요. 마음이 참 이상해요."

"어떤 점이 이상한지 물어도 될까요?"

> "엄마를 생각만 해도 답답했고 엄마 눈을 상상한다는 것은 죽을 만큼 힘든 일이었는데 이제 그 분이 날 보며 인자하게 미소지어 줄 것 같아 감격과 놀라움, 그 동안의 서러움, 속상함과 죄송함도 느껴져요."

그 오랜 시간 동안 너무나 중요한 사람에 대해 그런 감정을 갖으며 얼마나 힘들었을지 위로해 주면서 노랑 씨가 충분히 감정을 느낄 수 있도록 천천히 시간을 두며 질문했다. "그동안의 이야기를 들으면 아이들에게도 잘해 주시고 챙겨 주신 부분들이 있었는데 어머니께서 노랑 씨를 향해 미소 지으셨던 날이 없었을까요?" "아마 있었다 해도 제가 보지 못했을 거에요. 엄마 얼굴을 똑바로 바라보기가 너무 힘들었거든요." 상담사는 이제 어머니를 생각하고 어머니를 직접 바라볼 수 있을 만큼 힘이 생긴 노랑 씨를 바라보며 가슴이 뭉클해졌다. 그동안 어머니를 똑바로 바라보지도 못했던 마음과 어머니 앞에서 당당히 마주하기 위해 힘을 키우려고 부던히 노력해 온 노랑 씨를 느낄 수 있었다.

노랑 씨는 작품을 표현한 후 에너지 소모가 컸는지 손까지 떨며 많이 힘들어했다. 10년도 넘는 시간 동안 마음이 굳어 있었고 어머니의 얼굴을 표현하는 것이 20년도 넘었다는 것을 생각한다면 당연한 결과였다. 몸이 힘든 것 같은데 마음은 어떤지 물으니 손이 떨리고 가슴이 먹먹하지만 가슴 속에서 무언가 뜨거움이 느껴진다며 오늘 하루는 이 마음이 계속될 것 같다고 했다.

> "오랜 시간 마음의 돌을 가지고 있던 노랑 씨가 많은 시간을 들여 자신을 바라보고 힘을 얻으려 노력한 결과 오늘의 결과를 얻을 수 있었다고 생각해요. 앞으로 힘이 더 커지고 시야도 더 넓어질 것인 만큼 어머님에 대한 마음도 더 단단해지고 넓어지리라 생각합니다."

이번 회기에 더 이상의 분석은 필요 없었다. 상담가는 어려운 작업을 해낸 노랑 씨가 쉴 수 있도록 시간을 준 후 라면을 끓여 주니 노랑 씨는 천천히 다 먹고 웃으며 돌아갔다. 그녀의 뒷모습이 참 따듯해 보였다.

(7) 7회기(나 전달, 요청하기, 바른 의사소통)

다지막 회기로 우린 2주 만에 만났다. 노랑 씨는 좀 더 편안해진 얼굴이었다. 마지막 시간을 앞두고 기분이 어떤지 물으니 기분이 묘하고 처음 시작할 때가 생각난다고 했다. 그때도 대인관계 안에서 흔들리고 아팠는데 지금은 그런 이슈가 없어서 그런지 좀 편안하지만 앞으로 비슷한 일이 생긴다면 잘할 수 있을지 두렵기도 하다고 했다. 두렵다는 노랑 씨에게 인생에서 높은 파도는 언제든 찾아오겠지만 그것을 버티고 이겨낼 수 있는 힘을 기르면 리듬을 타면서도 앞으로 나아갈 수 있을 거라고, 이제는 노랑 씨에게 그만큼의 힘이 있음이 보인다고 용기를 주었다.

상담사는 노랑 씨가 만들었던 지난 작품들을 모아 프린트 한 것을 보여 주었다. 작품을 하나씩 다시 보니 느낌이 다른지 한참을 바라보았고 가장 마음에 드는 작품으로 2회기의 거미줄과 3회기의 연꽃 작품을 들었다. 특히 거미줄에 걸린 나를 만들고 답답했던 것이 나에게 힘을 주는 것으로 연결되어 참 놀라웠고, 연결선상에서 다음 회기 연꽃작품이 나와 더욱 마음에 든다며 미소 지었다. 노랑 씨가 자신을 온전히 받아들이고 나의 부족한 면까지 수용하면서 노랑 씨의 모든 것이 거름이 되어 작품처럼 아름다운 연꽃을 피울 수 있지 않았겠나, 노랑 씨가 그것을 알게 되면서 더욱 뿌듯함을 느끼는 것 같아 상담사 또한 보람이 느껴진다고 함께 웃었다.

다지막으로 우리의 최종목표. 대인관계 개선을 위해 관계 속에서 어떻게 나를 전달하고 건강하고 아름답게 어우러져 살 수 있을지 표현해 보기로 하며 나도 타인도 모두를 보듬어 함께하는 삶을 생각하며 월남쌈 재료를 준비했음을 설명해 주었다. 노랑 씨는 월남쌈의 라이스페이퍼와 야채를 이용해 촛대를 만들었다. 연상되는 상징은 촛대와 빛, 숫자는 1과 3, 10 그리고 색상은 보라색이었다.

촛대

촛대에 초를 켜둔 모습

“촛대는 자신만으로는 빛을 낼 수 없지만 초가 더 안정적이고 굳건히 자리 잡을 수 있도록 도와주잖아요. 그것이 내가 태어나면서 받은 삶의 소명 같아요. 사람들과 만나며 내가 초인 것처럼 유세부리지 않고 내 자리에서 겸손하고 묵묵히 나의 몫을 다 하되, 나의 모습 그대로를 사랑하며 다른 이에게 맞춰 나를 바꾸지도 않겠다는 의미에요. 그렇게 묵직하게 나를 지키고 표현할 때 나는 나대로의 목소리를 낼 수 있으며 더 안정적이고 오래도록 빛을 낼 수 있을 것 같아요.” 눈을 반짝이는 노랑 씨에게 촛대를 바라보는 느낌이 어떤지 물었다. 노랑 씨는 투명한 모습이 자신을 드러내고 있지는 않지만 보라색의 촛대 중심이 아주 힘이 있어 자기 그대로의 모습은 지킬 수 있을 것 같다며, 그러했을 때 오이와 당근의 선명한 색처럼 생생한 빛을 더 멀리 빛나게 해 줄 수 있겠다고 말했다.

상담사는 “힘이 큰 촛대여서 커다란 초까지 받쳐 줄 수 있을 것 같고, 제가 보기엔 투명한 모습에서 빛을 더 잘 퍼뜨려 줄 것 같아요. 노랑 씨가 찾은 상징요소를 조심스럽게 연결시켜 본다면 촛대의 모습은 위로 향한 삼각형과 연결해 볼 수도 있겠습니다. 이것은 새로운 삶의 탄생, 무의식이 위로 발현됨을 의미하기도 한답니다. 또한 숫자 1은 유일하고 고유한 존재인 노랑 씨를, 3은 삼각형과 연결되어 노랑 씨가 독립하고 성장해 가는 모습, 10은 완성과 현실성을 나타내는 숫자로 감정에 치우쳐 전체를 보지 못하던 노랑 씨가 이제 전체를 보기 위해 노력하는 모습이 작품으로 나타난 건 아닐까 라고 생각해 봅니다. 그 안에서 보라색을 통해 자신만의 색깔을 잃지 않고자 하는 노랑 씨의 의지를 합해 이제 바라는 대로 관계 안에서 자신을 지키며 함께 가는 모습으로 성장해 나갈 거라고 생각합니다. 제 말을 듣고 어떤지 궁금하네요." 푸드표현만다라 마지막 시간이라 생각해서 인지 상징요소에 대한 이야기가 많았다. 상담사의 말을 들은 노랑 씨는 조용히 끄덕이면서 특히 숫자 1과 함께 보라색에 눈이 가며 그것이 자신으로 보인다고 했다.

> "평평한 땅에 우뚝 서 있는 모습이 말씀하신 대로 위로 솟은 삼각형과도 연결되는 것 같고요. 이번에 상담을 받으며 있는 그대로의 나를 받아들이고 믿어 주는 것이 얼마나 저에게 힘을 주는 일인지 느끼게 되었어요. 제가 초이든, 촛대이든 무엇이든 간에 저는 저대로의 모습을 그대로 사랑하고 그 안에서의 역할을 충실히 해 나가면 전체를 보면서도 저를 지킬 수 있을 것 같아요. 그런 모습이고 싶습니다."

우리는 조용히 촛대를 바라보다가 그 위에 초를 켜 두어 함께 온기를 느꼈다. 쉽지 않은 마음여행에 용기 있게 한발 한발 나아가 자신 안의 보물을 찾아낸 노랑 씨를 보면서 상담사도 많은 생각을 하게 되었다. 가족과 일, 주변 사람들, 무엇보다 자신에 대해 끊임없이 탐구하고 되돌아보는 그녀의 용기 있는 모습은 매 순간 깨어 알아차리는 태도가 중요한 상담사에게도 많은 본보기가 되었다. 앞으로도 굳건하고 당당한 모습으로 사람들 앞에, 그리고 자신에게 당당히 서는 그녀의 미소를 상상해 본다.

4) 사례 진행 후 소감

필자가 푸드표현만다라 활동만으로 회기를 진행한 것은 이 사례가 처음이었는데 그 효과를 충분히 느낄 수 있었다. 체화인지 이론의 예술치료적 접근에 의하면, 예술치료는 인간 삶 속에서 체화된 마음을 표출하고 더 깊은 나를 만나도록 확장하는데 효과적인 수단으로 우리의 몸과 마음을 활성화 또는 이완시킴으로써 치유적 기능을 하는 데 도움이 된다(이모영, 2019; 김혜경, 손진희, 2020). 예술치료 중에서도 푸드표현예술치료는 오감을 풍부하게 자극하는 활동으로 활동 초기 '재료와 깊이 만나기' 단계를 통해 음식재료를 오감과 심상으로 충분히 느껴보도록 독려한다(김혜경, 2019). 그 과정에서 우리 안에 체화된 기억을 다양한 감각으로 자극해 꺼내 보는 데 도움을 줄 수 있고, 무의식에 묻혀 있던 기억을 더 풍성하게 꺼내 볼 수 있어 그 음식과 연결되는 사건이나 사람을 함께 떠올려 자신의 통찰 기회로 삼을 수도 있다. 또한 음식재료가 주는 변화성도 자기 통찰에 한 몫을 하며, 활동 후 함께 음식을 나누는 활동 또한 치료과정 안에서의 힘들었던 마음을 보듬는 중요한 역할을 한다.

이번 사례 진행 한 달 후 실시했던 노랑 씨의 자아분화척도검사 결과 점수는 59점으로 상담 전 45점에서 10점 이상 향상 되었다. 대인관계에서도 더욱 당당해졌으며 당황스러운 상황이 생겼을 때 잠시 멈춰 전체를 보게 되는 등 보다 여유롭고 의연하게 처신하게 되었다고 하였다. 뿐만 아니라 어머니와의 관계도 예전과는 상당히 다른 모습으로 개선되고 있다니 정말 반가운 이야기가 아닐 수 없다.

예술치료의 한 장르로 당당히 자리 잡아 가는 푸드표현예술치료의 한 방법으로 푸드표현만다라 적용 사례를 제시할 수 있게 되어 개인적으로 큰 영광이다. 새로운 도전의 기회를 제시해 주시고 필자에게 조언과 격려를 아끼지 않으신 김민용 회장님과 김지유 소장님께 감사의 말씀을 전한다. 또한 용기 있는 여행에 함께 해준 노랑 씨에게 다시 한 번 감사와 격려의 인사를 전하고 싶다.

참고문헌

김민용, 김지유(2011). **푸드표현예술치료 이해와 실제.** 경기: 양서원.

김지유(2015). **푸드표현만다라 전문가 과정 워크북.** 경기: 한국푸드표현예술치료협회.

김혜경(2019). 푸드표현예술치료 프로그램이 영유아 어머니의 양육효능감, 우울 및 자기-자비에 미치는 영향. 선문대학교 석사학위논문.

김혜경, 손진희(2020). 푸드표현예술치료 프로그램이 영유아 어머니의 양육효능감, 우울 및 자기-자비에 미치는 영향. **예술심리치료연구, 16**(2), 217-244.

이부영(2011). **분석심리학(C. G. 융의 인간심성론).** 서울: 일조각.

이모영(2019). 예술심리치료에서 체화된 인지(embodied cognition)의 치유적 함의. **예술심리치료 연구, 15**(4), 207-229.

Susan F. Fincher(1998). **만다라를 통한 미술치료: 자기탐구, 완성, 치유를 향하는 미술치료.** [Creating Mandala] (김진숙 역). 서울: 학지사(원저출판: 1991년).

MEMO

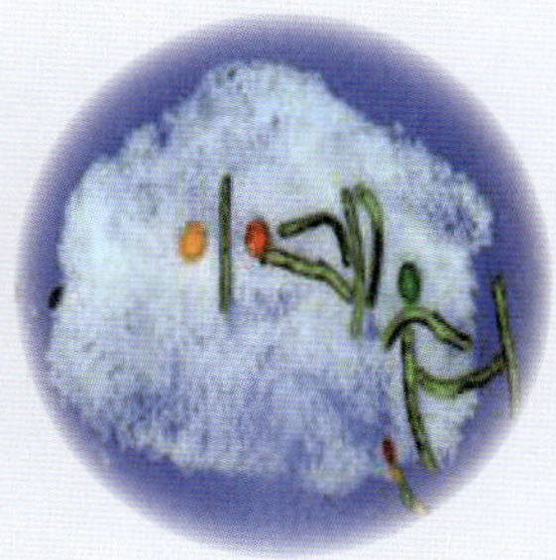

CHAPTER

05

교류분석이론을 적용한 푸드표현상담

1. 교류분석
2. 교류분석과 푸드표현예술치료의 접목
3. 교류분석이론을 적용한 푸드표현집단상담 프로그램
4. 교류분석 적용 푸드표현상담 개인사례

CHAPTER 05

교류분석이론을 적용한 푸드표현상담

삶의 기준이 어디에 있는가에 따라 우리의 삶의 질이 결정된다. 현재에 있는지, 과거나 미래에 있는지에 따라 달라지고, 행복의 기준이 물질 또는 정신, 마음에 있는지에 따라 또 달라진다. 이런 삶의 기준을 우리 스스로 결정할 수 있다고 생각하는 것이 바로 교류분석이다.

교류분석은 인간이 자신의 운명에 대해 책임질 수 있으며 또 져야 하고, 인간에게 적절한 지원과 격려, 안내를 제공한다면 충만하고도 생산적인 삶을 살 수 있다는 신념을 토대로 한다. 뿐만 아니라 우리는 스스로를 변화시킬 힘을 가지고 있고 재결단을 통해 운명이라 여기며 힘들게 순종해 가던 자신의 인생을 다른 방향으로 틀 수 있는 열쇠를 우리가 손에 쥐고 있는 것이라는 보는 관점이다. 이런 신념과 관점이 현대를 살아가는 오늘날의 우리들에게는 꼭 필요한 산소와 같은 요소라는 생각이 든다.

교류분석은 사람과 삶 및 변화의 목적에 대한 철학적 가정을 지니고 있는데 그 중에서 가장 마음에 와 닿는 부분이 바로 이 부분이다.

첫째, 사람은 누구나 OK다.
둘째, 누구나 사고할 능력을 가지고 있다.

셋째, 사람은 자기 운명을 자기가 결정하며, 이러한 결정을 얼마든지 변화시킬 수 있다.

'사람은 누구나 OK', 다시 말해 누구나 가치 있고 존엄한 존재라는 근본적인 가정을 가지고 있다. 있는 그대로의 나를 수용하고, 있는 그대로의 상대방을 수용하라는 의미다.

현대사회는 빠르게 변화하고 있고 복잡하기 때문에 삶의 여정에 적응하고 조화롭게 살아가기가 여간 어려운 것이 아니다. 이런 환경 속에서 여정을 살아 내고 있는 우리 현대인들에게 있어 자신의 가치, 상대의 가치를 생각할 수 있는 여유가 21세기에 꼭 필요한 햇살과 같은 것이라는 생각이 든다. 이와 더불어 인간이라면 반드시 생존에 필요한 푸드와 인간의 가치를 우선하는 교류분석을 적용한 상담기법은 일상생활에서 인간의 존엄성과 가치를 갖게 하는 필수적인 요소이다.

따라서 이번 장에서는 삶의 여정에서 자신의 가치는 물론 상대방의 가치와 존엄성을 스스로 발견하고 서로에게 살아가는 이유를 깨닫게 할 뿐만 아니라 행복한 삶을 스스로 살아 낼 수 있게 할 교류분석 이론에 푸드표현 상담이론을 적용한 상담기법을 간단히 소개한다.

교류와 푸드

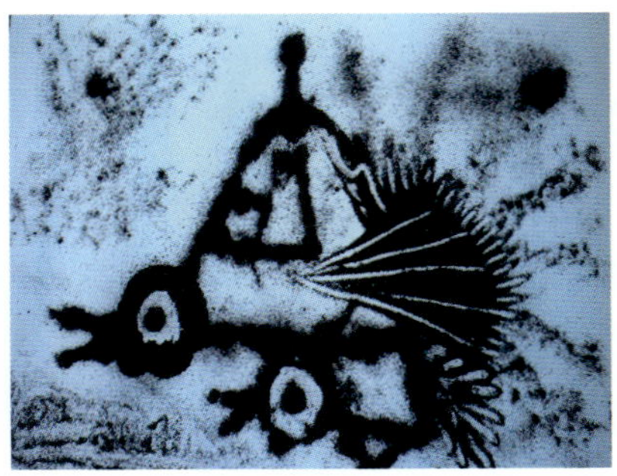

삶이란?

1. 교류분석

1) 교류분석의 정의

교류분석(Transactional Analysis: TA)은 정신의학자 Berne이 창시한 상담 또는 심리치료의 한 분야로서 인간의 교류나 행동에 관한 이론체계이다. 국제교류분석협회(International Transactional Analysis Association: ITAA)가 제안한 교류분석에 관한 정의를 보면 '교류분석이란 하나의 성격이론인 동시에, 개인의 성장과 변화를 위한 체계적인 심리치료다.'라고 하였다(Stewart & Joins, 1987, 제석봉 등 역, 2010). Clarkson(1993) 역시 교류분석이란 인본주의적 가치 체계 위에서 행동주의 심리학의 명료성과 정신분석학적 통찰의 깊이를 더한 정신내적 및 대인관계 심리학인 동시에 심리치료 이론이라고 정의하였다.

교류분석은 세 가지 철학적 가정에서 출발한다(제석봉 등 역, 2010).

첫째, 사람은 누구나 OK라는 것이다. 인간은 누구나 인간으로서의 존엄성과 가치를 가지고 태어나며, 인간이 성장과정 중에 자기 자신 또는 타인에 대해 not-OK의 감정을 띠기도 하지만 원래는 I'm OK, You're OK자세를 가지고 태어난다는 것이다.

둘째, 인간은 누구나 사고할 능력을 가지고 있다는 점이다. 뇌에 심각한 손상을 가진 사람 외에는 누구나 사고할 능력을 가지고 있다. 따라서 삶에서 자신이 원하는 것을 결정하는 것은 우리 각자의 책임이다. 각 개인은 자신이 한 결정에 따라 세상을 살아간다. 셋째, 사람은 자기 운명을 자기가 결정하며, 이러한 결정을 얼마든지 변화시킬 수 있다. 이는 부모와 같은 중요한 타인들의 기대와 요구에 영향을 받지만, 유아기에 결정된 것을 얼마든지 다시 변화시키고 바꿀 수 있다는 것이다.

이상과 같이 교류분석은 한 마디로 인간의 변화 가능성과 긍정성에 초점을 둔다고 볼 수 있다. 그러므로 교류분석은 인간의 사고, 감정, 행동을 긍정적으로 변화시키는 데 도움을 주어 건강한 인간관계와 의사소통을 통한 개인의 성장 및 자아존중감을 향상시킴으로써 아동의 긍정적 발달에 기여할 수 있다.

2) 이론적 기초

(1) 자아상태 모델(P-A-C 모델)과 구조분석

교류분석에서는 인간의 성격이 어버이 자아상태(Parent ego-state, 이하 P 자아상태), 어른 자아상태(Adult ego-state, 이하 A 자아상태), 어린이 자아상태(Child ego-state, 이하 C 자아상태)라는 세 가지 관찰 가능한 자아 상태로 구성되어 있다고 본다. 세 가지 자아 상태를 통해 나의 성격을 분석하는 과정을 구조분석(structural analysis)이라고 한다. Berne(1964)은 자아상태란 일단의 관련된 행동, 사고, 감정을 말하며 특정 순간에 우리 성격의 일부를 드러내는 방법이라고 하였으며, 이것이 교류분석 이론의 근본적인 토대를 이룬다. 또한 Berne(1966)은 모든 인간에게 '어버이 자아상태', '어른 자아상태', '어린이 자아상태'의 세 가지 자아상태가 존재하고 있다고 하면서, 각 자아상태마다 고유한 사고, 행동 및 감정을 나타낸다고 하였다. 구조분석에 따르면 모든 사람은 특정한 자극에 대해 서로 다른 자아상태의 방식으로 반응하며, 병리적 성격의 경우를 제외하면 P, A, C의 특정 자아 상태에서만 머물지 않고 끊임없이 이동하는데, 어느 자아 상태에 많이 머무는가에 따라 그 삶의 특징이 달라진다. 교류분석에서는 자아 상태를 이해하는 것이 매우 중요하다. 왜냐하면 모든 사람은 P, A, C 자아 상태를 모두 가지고 있고, 자아 상태는 그 사람의 행동원천이 되며 성격구조를 형성한다고 보기 때문이다. 그리고 자아 상태는 현상적으로 관찰 가능하기 때문에 한 사람의 자아상태가 어떠한가 하는 것은 겉으로 드러나는 비언어적 행동과 언어적 행동을 통하여 표현되는 모습을 관찰함으로써 알 수가 있다(정성란, 1993).

A 자아 상태는 사고와 행동의 객관적인 기준을 제공하는 기능을 한다. 즉, P와 C 자아상태의 자료들을 검토하여 P 자아 상태에 의한 편견이나 독선, C 자아상태의 비현실적인 부적응 행동이나 망상을 조절하는 역할을 하게 된다. A 자아 상태는 이성적, 현실적, 객관적, 논리적, 합리적인 특징을 나타내며, 역기능적인 P와 C 자

아 상태를 스스로 깨닫고 우리가 부딪치는 문제를 해결하여 보다 유능하고 효율적인 삶을 살기 위해서는 A 자아상태가 중요하다.

이따금 어린 시절에 자주 하던 행동이나 사고나 감정으로 되돌아갈 때도 있다. 이때에는 C 자아 상태에 놓여 있는 것이다. C 자아 상태는 어린 시절 자주 했던 사고나 감정이나 행동을 재연하는 것으로 충동적, 자발적, 직관적, 본능적, 순응적, 폐쇄적, 의존적, 자기중심적인 특징을 나타낸다. 때로는 부모나 부모처럼 권위적이었던 분들의 생각이나 감정이나 행동을 그대로 본받아 따라 할 때가 있다. 이때는 P 자아 상태에 놓여 있다. P 자아 상태에서 예의범절이나 사회규범과 같은 일단의 규칙을 따르는 것은 사회적응에 유용하다. 그러나 형성과정에서 불합리한 신념이나 가치관이 자신의 주관적 판단에 의해 그냥 받아들여져서 일상생활에서 융통성이 없고, 독선 등이 나타날 수 있는데 이는 P의 부정적인 자아 상태에 의한 작용이라 할 수 있다.

다음은 푸드를 이용하여 자아 상태를 표현한 작품들의 이미지이다. C 자아 상태는 어린 시절의 자아 상태를 표현한 것으로 아무런 걱정 없이 마음껏 즐기는 것을 표현하여 제목을 페스티발이라고 정했고, P 자아 상태는 어버이 자아 상태를 의미하는 것으로 성장하고 발전하기를 바라는 부모의 마음을 표현한 것이다. 또한 A 자아 상태는 어른 자아 상태로 하나의 씨앗이 자라서 생명을 이루듯이 반듯하게 잘 자리 잡기를 바라는 마음을 표현한 것으로 제목을 씨앗이라고 정했다.

P 자아상태(성장)

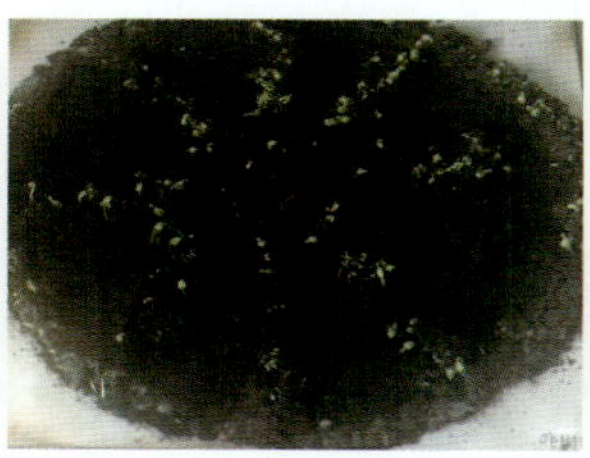
A 자아상태(씨앗–생명만다라)

C 자아상태(페스티벌)

(2) 각본분석

각본 이론은 Berne이 처음 시작하였지만, 1960년대 중반부터는 Berne 외에도 그의 동료들, 특히 Steiner가 발달시켰으며, 각본 이론은 무대 위에서 배우가 각본에 따라 연기 하듯이 우리 인간도 인생각본에 따라 삶을 꾸려 나간다는 것이다. 즉, 각본이란 어릴 때부터 작성한 자기 삶에 대한 계획이다. Berne은 자신의 저서 『The Principles of Group Treatment』에서 인생각본을 '무의식적인 인생계획'이라고 정의하였고, 나중에 『What do you say after you say hello』에서는 '어린 시절에 만들어져서 부모에 의해 강화되고 그 후 경험을 통해 정당화되어 결국 자기 인생의 최상의 대안으로 확정된 인생계획'이라고 보다 상세하게 정의하였다.

Berne은 각본의 특성을 다음과 같이 설명하고 있다(제석봉 등 역, 2010).

첫째, 각본은 인생계획이다(a life plan). 어린이 자신이 자기 인생의 구체적인 계획을 수립하며, 인생계획은 일반 드라마처럼 분명한 발단과 전개, 그리고 결말로 구성된다.

둘째, 각본은 결말을 향한다(directed towards a payoff). 어떤 드라마든 이미 정해진 마지막 장면을 향해 내용이 전개되듯이, 인생계획도 이미 정해 놓은 결말에 따라 진행된다.

셋째, 각본은 결정하는 것이다(decisional). 어린이가 자기 인생계획을 결정할 때 완전히 부모나 환경에 의해 결정되는 것은 아니다. 부모나 환경이 미치는 영향이 큰 것은 사실이나 어디까지나 어린이 자신이 결정한다. 동일한 환경에서 성장한다 하더라도 각자의 각본 내용이 다른 까닭은 이 때문이다.

넷째, 각본은 부모에 의해 강화된다(reinforced by the parents). 비록 부모들이 아이의 인생각본을 결정할 수는 없지만, 큰 영향을 미치는 것은 사실이다. 자녀들은 어릴 때부터 부모들이 자기 자신과 타인에 대해 어떤 결론을 내릴 때 근거가 되는 메시지를 준다.

다섯째, 각본은 의식되지 않는다(outside of awareness). 사람들은 자기도 모르게 각본을 따른다. 어릴 때의 초기 결정이 성장하고 난 다음의 행동에도 부단히 영향을 미친다. 특별한 방법을 통해 자기 각본을 발견하지 않으면 자기도 모르게 영향을 받게 된다.

여섯째, 현실은 각본을 정당화하기 위해 재정의된다(Reality is redefined to justify the script). Berne은 각본이 '경험되는 사건에 의해 계속 정당화' 된다고 믿는다. 우리가 어떤 행동을 지각할 때 기준의 준거 틀(frame of reference)에 따라 각본 결정을 정당화하는 것처럼 현실을 해석하게 된다(제석봉 등 역, 2010).

인생각본은 사람에 따라 다 다르지만 크게 승리자 각본(winning script), 패배자 각본(losing script), 비 승리자 각본(non-winning script)으로 나눌 수 있다. Berne은 '자신이 선언한 목표를 달성한 사람'을 승리자로 규정하였는데, 승리자 각본을 가지고 사는 사람은 자신이 선언한 목표를 달성하기 위해 꿈과 희망을 가지고 열심히 산다. 즉, 승리란 '선언한 목표'를 편안하고 행복하고 무리 없이 달성하는 것을 말한다.

이와 대조적으로 '패배자'란 '자신이 선언한 목표를 달성하지 못한 사람'을 가리킨다. 패배자 각본을 가지고 있는 사람은 자신이 선언한 목표를 달성하지 못하고, 인생에 아무 꿈도 희망도 목표도 없으며 진정한 삶보다는 과거의 기억이나 미래에 대한 헛된 기대에 초점을 맞춤으로써 현재를 파괴하며 산다.

사람들은 자기 자신이 작성한 인생각본을 대부분 모르지만, 충실하게 따르며 살아간다. 비록 의식은 하지 못한다 하더라도, 유아기 때 결정해 놓은 각본을 수행하게 되는 것이다. 각 개인의 인생각본을 분석하는 것을 '각본분석'(script analysis)이라고 한다. 각본분석은 심리치료 장면에서 중요한 방법인데 그 이유는 사람들이 왜 그렇게 행동하는지 이해할 수 있는 방법을 제공하기 때문이다. 또한 각본을 분석함으로써 지금까지 운명이라고 체념하고 있던 것을 자각하게 하고, 이를 긍정적으로 바꾸게 하는 데 도움을 준다.

어릴 적 내 꿈은?(어릴 적 각본분석)

지금 현재의 내 꿈은?(현재의 각본)

(3) 생활자세

자기 자신과 타인과 세상을 '있는 그대로' 바라보는 사람은 없다. 누구나 자신의 눈으로 보는 것이며 사람마다 보는 눈도 다르다. 세상을 바라볼 때 각자의 성격, 자라난 배경, 가치, 신념 및 태도에 따라 다르게 보이는 것이다.

생활자세란 자신이나 타인 또는 세계에 대해 한 사람이 갖는 기본적인 신념을 나타내며, 자기의 결단과 행동을 정당화시키는 데 사용되는 심리적 태도이다(제석봉 등 역, 2010). Stewart와 Joins(1987)는 심리적 기본자세는 한 인간이 가지는 가치관이나 인생관, 세계관 등과 관련된 것이라고 할 수 있기 때문에 단순히 자신과 다른 사람의 행동에 대한 의견을 가진다는 것 이상을 의미한다고 주장한다. 다시 말해, 사람은 살아가는 과정에서 자신과 타인에 대해 긍정적인 자세 혹은 부정적인 자세의 두 가지 기본자세를 가지게 되는데 이것을 '생활자세' 혹은 '심리적 자세' 라고 한다.

Berne에 따르면, 어린 시절 각본 구성과정 초기에 이미 그 자신과 그를 둘러싼 사람들에 대한 어떤 확신을 가지고 있다고 한다. 자신 및 타인에 대한 긍정, 부정의 심리적 자세를 조합하면, 자기긍정-타인긍정(I'm Ok, You're Ok), 자기부정-타인긍정(I'm not Ok, You're Ok), 자기긍정-타인부정(I'm Ok, You're not Ok), 자기부정-타인부정(I'm not Ok, You're not Ok)의 4가지 생활자세유형으로 나타난다(Berne, 1964; Harris, 1971).

첫째, 자기긍정-타인긍정을 선택한 어린이는 승리자 각본을 형성할 가능성이 높다. 그는 자신을 사랑스럽고 좋게 여긴다.

둘째, 자기부정-타인긍정을 택한다면, 평범하거나 패배적인 각본을 형성하기 쉽다. 그리고 자신의 이러한 입장에 맞추어, 자신이 타인에게 희생당하는 주제로 각본을 구성한다.

셋째, 자기긍정–타인부정을 선택한 어린이는 상대를 지배하고 무시하는 사람이 취하는 태도로, 유아기에 애정결핍 등으로 심신에 고통을 받고, 그것을 혼자서 견뎌 낸 어린이가 취하는 태도로 다른 사람을 부족하고 가치 없다고 생각하는 입장이다.

넷째, 자기부정–타인부정을 선택한다면 인생은 무가치한 것이어서 인생 전반에 희망이 없다고 느끼는 절망적 혹은 허무적인 태도로 패배자 각본을 형성할 확률이 가장 높다.

Harris를 위시한 여러 교류분석 이론가들은 적절한 학습을 통하여 개인의 생활자세는 변화될 수 있고, 그렇게 함으로써 의미 있는 생을 살아갈 수 있게 된다고 하였다. 결국, 생활자세란 어릴 적 만든 자신과 타인에 대한 기본적 신념으로 정의할 수 있으며, 자신의 성장과정에서 결정과 행동을 정당화하기 위해 사용된다.

I'm OK, You're OK(색 소금 활용)

내 삶의 에너지(붉은 장미–열정)

2. 교류분석과 푸드표현예술치료의 접목

교류분석은 문제해결 전략을 강조하므로 단기 작업에 적합하고, 치료 접근이 쉽기 때문에 광범위한 문제와 대상에 적용될 수 있으며, 상담현장에서 쉽게 사용될 수 있기 때문에 상담이나 심리치료 분야에서 다른 치료모델을 사용하고 있다고 할지라도 서로 다른 방법으로 구별하여 임상에 적용할 수 있다. 인생각본은 아동기에 만들어진다. 나름대로 생존을 위한 최상의 전략이라 믿는 결정을 이때 마음속에 꼭 담아 두는 것이다. 몇 마디의 단어를 말하는 나이가 되기도 전에 각본은 기본 설정이 이루어진다고 보여진다. 나이가 들면서 수정되기도 하지만 기본 골격은 변함이 없다. 사실 우리 자신이 만든 '인생 이야기'를 더 이상 깨닫지 못한다고 해도 성인이 되어서도 그 각본에 따라 성실하게 살고 있을 확률이 높다. 이렇듯 어렸을 때 만들어진 인생각본을 들여다보는 것이 중요한데 그 방법으로 가장 받아들이기 용이한 것이 바로 푸드 표현이다. 푸드표현예술치료는 우리 일상에서 누구나 쉽게 접할 수 있는 푸드 재료이기 때문에 저항감이 없으며 매일 접하고 있어서 쉽게 다가갈 수 있는 장점을 갖고 있을 뿐만 아니라 과거 속으로, 추억 속으로 쉽게 접근이 가능하기 때문에 어렸을 때의 나의 과거를 떠올려 자신을 들여다볼 수 있게 한다. 개인과 집단을 다루는 데 있어서 교류분석의 전반적인 목적은 클라이언트에게 힘을 부여하고 통찰력을 얻게 하고, 치료의 문을 열기 위한 것이다. 즉, 클라이언트가 "I'm OK-You're OK" 인생태도를 성취하도록 돕는 것이다. 이것은 인간이 자율성을 성취해 나가는 것을 의미한다. 세 가지 능력, 즉 깨달음, 자발성, 친밀성을 회복하는 것이라고 정의한다(Berne, 1964). 이 세 가지 능력을 회복하는 방법에는 여러 가지가 있으나 푸드표현 활동은 누구나 자신 안의 자발적이고 무의식적인 표현욕구와 만나는 기분 좋은 경험을 하게 되며, 새로운 시각으로 자신을 바라볼 수 있게 되어 스스로 깨달음을 얻게 된다. 뿐만 아니라 소외된 사람들인 경우 자신 안에 내재된 예술성을 발현하고, 새로운 대상으로서의 자신과 만나는 순간은 자신감을 회복하는 기회가 되며, 새로운 환경에 대한 호기심과 상상력으로 미지의 세계를 개척해 갈 수 있다는 믿음과 친밀성을 회복시켜 주게 된다.

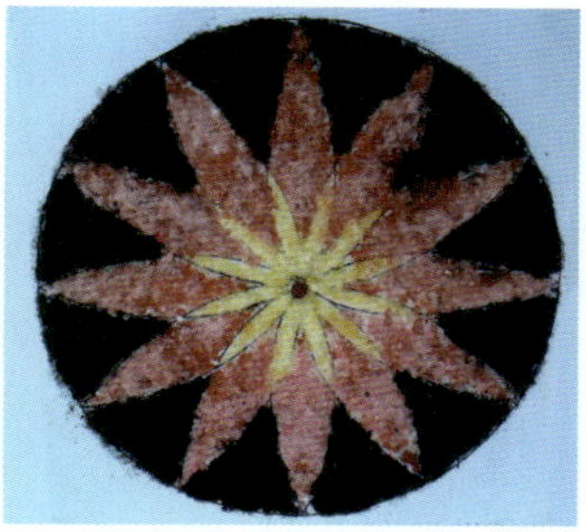
우주 속의 나(사탕만다라)

희망병(색 소금 타임머신)

내 감정

3. 교류분석이론을 적용한 푸드표현집단상담 프로그램

1) 단계별 프로그램 내용 및 절차

1단계 친밀감형성 및 자아상태 분석과 푸드 표현(1-2회기)

✲ **주제** : 소금을 이용한 별칭 짓기(나는 나), 소금자유화(내 속의 또 다른 나)

✲ **목표** : 자기소개를 통한 신뢰감 및 친밀감 형성, 프로그램에 대한 기대 표현하기를 통해 자기개방 및 열린 마음을 갖고, 서로를 배려하는 마음을 갖는다.

✲ **활동 결과**

전체집단특성 : 이런 활동을 처음 접하는 것이어서 전체적으로 호기심과 흥미는 높은 편이었으나 소란한 면도 많았다. 자기 장점 발견하기 시간에는 자신의 장점을 하나도 쓰지 못하여 자신에 대한 존재나 자신감이 결여되어 있음을 볼 수 있

었고 친구의 장점을 듣고 칭찬이나 격려, 지지를 해 주는 것 역시 너무 쑥스러워하였고 서툴러 보였다. 자신이 누구인지, 무엇을 좋아하는지, 꿈이 무엇인지 등 여러 가지 면에서 많이 힘들어 하는 모습을 엿볼 수 있었다. 활동을 다하고 나서 활동 후의 느낌을 나누는 시간에는 이 활동을 하면서 얘기를 주고받고 나니 왠지 모르게 가까워진 느낌이 든다고 하였고, '사랑해, 고마워'라는 말은 잘 사용하지 않았었는데 하려고 하니 왠지 모르게 쑥스러운 느낌이 들었다고 말하였다. 그렇지만 반 전체 아동들과 접촉을 해서 그런지 친구가 더 많이 생긴 느낌이 든다고 말을 하기도 하였는데 스트로크가 정말 꼭 필요한 것임을 스스로 경험하였다.

자기탐색

새싹

별똥별

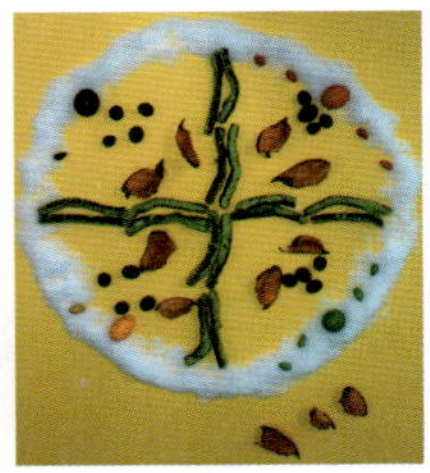
사랑 판

2단계 생활자세 분석과 푸드 표현(3-4회기)

주제 : 자기 재양육, 나는 어떤 모습으로 관계 맺고 있을까?

목표 : 네 가지 생활 자세를 이해하고 자신의 교류 및 생활자세 유형을 깨닫고 친구 및 가까운 사람들 사이의 효율적 상호작용 방안을 모색하여 실천한다.

활동 결과

전체집단특성 : 자기 장점 발견하기 시간에는 제법 자신의 장점을 진지하게 찾아 쓰는 모습을 보였으나 여전히 발표하고, 지지, 격려 및 칭찬하는 시간에는 쑥스러워하고 부끄러워하여 당당함을 엿볼 수 없었다. 본인 스스로 자기 자신에게 힘

이 될 수 있는 격려의 편지쓰기 활동 및 활동 후 지금 현재의 느낌을 푸드를 이용하여 표현하기를 하였다. 활동 후에는 자신이 소중한 사람이라는 생각을 하게 되었고 모든 것의 출발은 자기 자신이라는 것을 알게 되었다고 하였다. 또한 '나는 어떤 모습으로 관계 맺고 있을까?'를 통해서는 친구들과의 상호작용, 협동심 및 성취감을 경험할 수 있었으며, 네 가지 생활 자세를 직접 연습하면서 효율적인 상호작용 방안을 모색할 수 있었다. 처음에는 소극적인 모습이었으나 몸으로 하는 활동을 하면서 적극성을 띄기 시작하였고, 그러면서 점차 스트로크의 횟수나 양이 많아져서 친구 간의 관계가 친밀해지고 있음을 알 수 있었다.

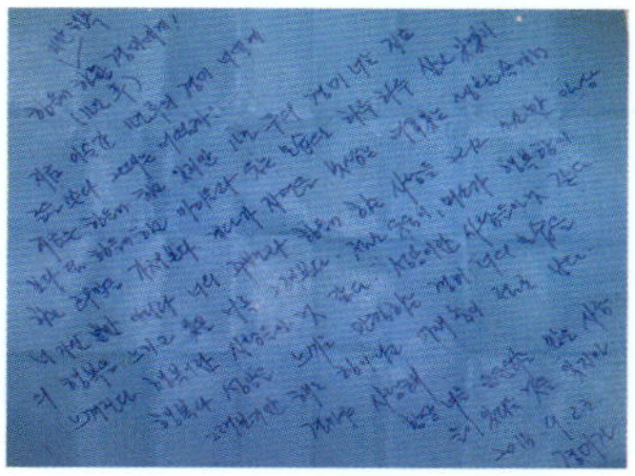

자신에게 쓰는 편지

관계란?(커피가루, 녹차가루)

3단계 구조분석 및 각본분석과 푸드 표현(5-6회기)

✻ **주제** : 기분 업, 나는 누구일까요?

✻ **목표** : 세 가지 교류유형을 이해하고 자신의 습관적인 교류유형을 분석, 파악하여 세 가지 교류유형 중 선택을 통해 효율적인 커뮤니케이션 전략을 수립하여 실생활에서 실천한다.

✻ **활동 결과**

전체집단특성 : 전체적으로 자기 장점 발견하기 시간에는 자신의 장점을 찾아 쓰고 발표하는 모습과 친구들의 발표를 듣고 친구들에게 격려, 지지 및 칭찬하는

모습에서 많이 발전된 모습을 보였다. 기분 업! 활동을 통하여서는 가족 및 타인의 마음을 읽고 서로 배려하는 마음을 갖는 경험을 할 수 있었다. 특히, 엄마, 아빠에게로부터 선물을 받기만 했지 자신이 직접 선물을 드린 적이 거의 없었는데 가족을 생각하면서 선물을 만들다 보니 가족의 소중함을 다시 한 번 깨닫게 되었다고 하였다. 나는 누구일까요? 활동을 통해서는 나의 화가 난 감정과 기쁠 때의 감정을 생각해 보고 자신의 행동특성을 파악하여 자신을 좀 더 깊이 있게 이해할 수 있도록 하였는데 자신을 알게 되면서 그것을 바탕으로 타인의 감정 역시 이해할 수 있는 소중한 시간이었다.

기분 업(선물)

나는 누구일까요?(화난 감정/행복한 감정)

4단계 승리자각본 다지기 및 푸드 표현(7-8회기)

✽ **주제** : 내가 사랑하는 인물, 나의 가장 소중한 물건

✽ **목표** : 인생각본의 뜻을 이해하고, 자신의 각본 및 타인의 각본을 탐색하여 긍정적인 방향으로 자신의 각본을 설계한다.

✽ **활동 결과**

전체집단특성 : 자기 장점을 발견하고 장점 발표하기 및 친구의 격려와 지지 및 칭찬하기가 예전에 비해 많이 향상되고 발전된 모습, 성숙된 모습을 보였다. 나의 가장 소중한 사람/물건을 통해서는 내 삶에서 가장 소중한 사람은 누구이며, 물건

들은 무엇인지를 생각해 보면서 왜 소중한지 그리고 어떻게 대하고 다루어야 하는지 자신의 행동을 관찰해 보는 시간을 가졌다. 또한 내가 가장 존경하는 인물이 누구인지, 또 왜 존경하는지, 나 역시 그런 사람이 되려면 어떻게 해야 하는지에 대해서 생각해 보는 시간을 갖고 가장 존경하는 인물을 푸드를 이용하여 표현해 보는 경험을 가졌다. 활동을 마치고 나서 활동 후 느낀 점이나 깨닫게 된 점을 발표하면서 자신은 정말 행복한 사람이라는 것을 알게 되었다고 하였다. 또한 내가 존경하는 인물이 바로 옆에 있고 나의 가장 소중한 사람/물건을 통하여 내 주위에 있는 사람들이 정말 소중하다는 것을 다시 한 번 느낄 수 있었다고 하였다.

내가 사랑하는 인물(어머니)

나의 가장 소중한 물건(초코볼, 과자, 색소금)

5단계 자율성 증진과 푸드표현(9-10회기)

✲ **주제** : 사랑의 꽃바구니(나의 인생설계), 성장나무(내 삶의 그림은 내가 그려요)

✲ **목표** : 자신의 인생각본 분석 후 자신에 대한 믿음 및 미래 자신의 모습에 자신감 갖기

✲ **활동 결과**

전체집단특성 : 자기 장점 발견하고 발표하기를 통해 자신이 정말 장점이 많은 사람임을 느끼고 있었으며 서로에게 격려, 지지 및 칭찬을 진심 어린 마음으로 하고 있음을 느낄 수 있었다. '나의 인생설계'를 통해서 먼 미래 본인이 원하는 삶을

살아가기 위해서 지금 현재 자신이 어떻게 해야 하는가를 다시 한 번 생각해 보는 시간을 가졌다. 또한 1년, 3년, 5년 후의 모습을 상상하여 미래의 나의 모습을 표현하는 시간을 가졌다. 마지막 시간인 '성장나무(내 삶의 그림은 내가 그려요)'를 통해서 내 마음의 행복, 내 영혼의 행복을 위해 지금 현재 내가 할 수 있는 것은 무엇인지, 또 무엇을 하지 말아야 하는지를 커피가루를 이용하여 표현해 보는 시간을 가졌다. 모든 활동을 마치고 나서 자신이 정말 소중한 존재이며, 자신의 꿈이 무엇인지를 알게 되었으며 자신 스스로 무엇이든지 할 수 있을 것 같다는 자신감을 갖게 되었다고 소감을 발표하였고, 모든 활동을 마무리하였다.

사랑의 꽃바구니(사탕)

성장 나무(내 영혼의 평화)

4. 교류분석 적용 푸드표현상담 개인사례

45세에 되찾은 내 인생

김영희(가명) 씨를 처음 만난 건 2015년 겨울인 12월 말인 듯하다. 우리 집을 방문하여 2시간 내내 울다가 간 그녀가 한 달여 후에 다시 나를 찾아서 얼굴을 마주하게 되었다. 어머니, 아버지를 생각하면 눈물이 난다고 한숨을 지으면서도 계속해서 울었던 그녀가 나는 참으로 안타까웠고 마음이 아팠다. 그런 그녀가, 눈물로 말을 대신하던 그녀가, 어느 순간 마음을 열고 입을 열어 한마디의 말을 시작하였다. 몸짓으로, 눈빛으로, 표정으로, 자신의 감정을 서서히 표현하는 그녀를 보면서 '이렇게도 달라질 수 있구나!'를 느끼면서 사람은 각자 나름의 치유력을 갖고 있음을 확신하게 되었다.

처음 그녀를 만났을 때가 생각난다. 어딘지 모르게 몸을 바르르 떨고 있고 손을 떨면서 마음까지도 떨고 있었던 그 모습에 나 자신도 모르게 얼른 다가가는 것이 그저 막연히 그녀를 더 떨게 할 것 같은 기분에 도저히 선 듯 나서서 그녀의 손과 마음을 잡아 주기를 주저했던 내 모습이……

그렇게 그녀를 만나고 나서 내내 그녀의 생각에 그녀를 머릿속으로만 그렸던 그녀가 이제는 내 눈앞에서 수줍은 듯 웃고 있는 어여쁜 한 소녀가 되어 있다.

영희 씨는 고등학교를 졸업하고 바로 공무원이 되었는데 그때만 해도 뭔가를 하고자 하는 열정이 가득하였다. 그래서 낮에는 공무원으로서 직장을 다니고 저녁에는 야간에 전문대학에서 경영학을 전공하였다. 그렇게 공부와 일을 병행하면서 나름 열심히 살았는데 어느 날부터인가 갑자기 자기도 모르게 모든 것이 힘들어지면서 아무것도 할 수가 없었고 하기 싫어졌다. 집 밖에 나가는 것도 싫고 직장에 나가는 것은 더욱 싫어졌는데 그 이유를 지금 잘 생각해 보면 사람 만나는 것이 두렵고 겁이 났었던 모양이다. 일을 하면서 실수가 잦아지고 그에 따른 지적을 많이 받고 못한다는 소리를 여러 번 듣고 나서는 아예 일에 손을 댈 수가 없었다. 핀잔 소리를 듣고 나서는 자기도 모르게 손을 귀에 갖다 대고는 아무 소리도 안 들린다고 소리를 지르면서 그곳을 나와서는 바로 집으로 와서 자신의 방 밖에, 세상 밖으로 나올 수가 없었다. 매일매일 자기 방에서 자기 세상에 갇혀서 살았다. 그렇게 산 세월이 올해로 14년째이다. 병원에 다니면서 조울증 진단을 받고 병원에 입원했다 퇴원했다를 수없이 반복하고 지금도 ○○대학병원에서 한 달에 한 번 약을 받아서 먹고 있다. 영희 씨의 언니와 한 학교에 근무했던 인연으로 영희 씨 언니가 부탁을 해 왔고, 동생이 너무 힘든 시간을 보내고 있는데 한 번만 만나달라는 부탁이었다. 영희 씨 어머니께서도 부탁을 해 왔다. 그래서 연을 맺었는데 힘든 세월 동안 마음의 상처는 말로 표현할 수 없을 정도로 깊어 있었다.

첫 만남이 있던 날 그저 옆에 앉아만 있었다. 한없이 마냥 꺼이꺼이~~ 목 놓아 운다. 왜 우냐고 묻지 않았다. 1시간 동안 그저 앉아서 우는 모습만 지켜보았다. 화장지를 건네면서 그저 앉아 있었다. 한참을 울다가 그냥 돌아갔다. 다음 주에 왔을 때도 그저 울기만 했다. 그런 그녀가 참으로 안타까웠다. 그래도 내가 할 수 있는 건 아무것도 없었다. 그냥 옆에 있는 것 밖에는...... 그러다 어느 날 우연히

"요즘 기분이 어때요?"
"이번 주 직장 생활은 어땠어요?"
나 혼자 화지에 연필로 그림을 그리다 말고 창밖을 쳐다보면서 물었는데 그 물음에 답을 하기 시작했다.
"그래도 살 것 같아요."
"예전보다는 직장 생활도 좋은 것 같구요."
의외의 대답을 듣고 나도 모르게
"왜요?"
"잘 모르겠지만 그냥 그래요."
그래서 나는 말했다.
"영희 씨와 저 이렇게 둘이 같이 영희 씨를 찾아볼까요?"
"어떻게 찾아요?"
"다 찾는 방법이 있어요."
다음 작품은 영희 씨와 첫 느낌을 푸드로 표현해 본 작품이다. 소금을 가지고 가족을 표현해 보고 자신의 느낌을 표현해 보자는 말에 처음 접하는 소재로 다소 당황해 하면서
"소금으로 만들어요?"
간지면서
"정말 신기해요. 소금은 음식재료로 음식을 만들 때 쓰는 재료인데 이 재료로 이런 걸 만드니까 정말 신기하고 재미있어요."

쉬고 싶은 나(색 소금)

우리 가족(소금과 스낵류)

첫 번째 작품은 야자수 나무 밑에서 쉬고 있는 나를 표현하면서 매일매일이 지치고 힘든 느낌이 들어서 쉬고 싶다고 그래서 그런 자신의 느낌을 표현했다. 바다를 파란색으로 표현해 놓고는 그 바다에 뛰어들어서 신나게 놀고 싶다고 하였다.

"해가 떠 있어서 춥지는 않을 것 같고 저 태양이 저를 지켜 주면 좋겠어요."

두 번째 작품은 소금을 가지고 우리 가족을 표현해 본 작품이다. 소금 안에 있는 것은 엄마, 아빠, 언니이고 맨 뒤에 있는 사람이 자신을 표현한 것이라고 하였다. 여전히 힘들어 하는 모습을 엿볼 수 있는 작품 활동이었다. 여전히 본인만 가족들 중에 사랑을 받지 못하고 있다고 생각하고 있는 영희 씨의 마음을 알 수 있었다.

"왜 영희 씨는 맨 뒤에 있나요?"
"왜냐하면 가운데 있는 하얀 소금이 정을 나타내는데 다른 가족들은 모두 정이 많고 서로 서로를 위해 주는 것 같은데 저만 사랑해 주지 않기 때문에 원 밖에 맨 뒤에 표현했어요."
"그럼 맨 앞에 있는 사람은 누구인가요?"
"오빠인데 오빠는 결혼해서 서울에 살고 있어서 멀리 있으니까요"

그렇게 본격적인 삶에 대한 얘기며, 직장에 대한 얘기며, 친구들 부모님, 가족에 대한 얘기들을 하기 시작하면서 영희 씨가 달라지기 시작하였다. 영희 씨의 꿈은 유치원선생님이었는데 이루지 못하였다고 말하였다. 왜 유치원선생님이 꿈이었냐는 말에 그냥 아이들이 좋아서 였다고 하였다. 그런데 그 꿈을 이룰 수가 없었다고 하면서 예전의 일들을 떠올리는 듯하였다. 과거 어렸을 적 꿈에 대한 얘기며 집안 얘기며 형제 얘기며 부모님 얘기며 참 많은 얘기를 하였다. 이렇게 말을 잘하고 많이 하는 사람일거란 생각은 아예 해 보지 못했는데 다른 면이 있음을 오늘 처음으로 느낀 하루였다. 특히 부모님 얘기를 하면서는 또다시 꺼이꺼이 많이도 울었다. 자기 때문에 엄마 아빠가 너무 힘들었다고 하면서 앞으로는 좀 더 잘해 드려야겠다는 얘기까지 참으로 많은 한풀이를 한 것 같다. 그런 한풀이가 있었기에 오늘은 어제의 오늘보다 조금은 그냥 편해진 것이 아닐까 한다. 그녀의 삶을 들여다보면 스스로가 44세까지는 색깔로 비유하자면 검정색이었다고 하였다. 모든 색을 다 섞었을 때 나오는 색 검정색. 좋아서 감싸 안은 것이 아니라 어찌할 수 없기에 그냥 뭐라고 하면 다 듣고 가슴속에 고이고이 담아 두었더니 검정색이 되어 버린 것 같다는 그녀의 말을 들으면서 이제는 그 검정색이 하나하나의 색깔로 재탄생되기를 바라는 마음이 가득하다.

지금 현재 자신의 모습을 표현해 보는 활동을 하기로 하고 One Food Therapy에 대해서 설명을 하였다. 오이, 당근, 바나나를 준비하고 원하는 것을 한 가지 골라서 표현할 수 있도록 하였다. 다음은 현재 자신의 기분을 표현한 작품이다.

무거움

창피함

영희 씨는 말을 하지 못하는 사람이라고 잘못된 선입견을 내가 갖고 있음을 요즘 새삼 다시 느끼고 있다. 특히 부모님과 관련된 말을 할 때는 과거 얘기며, 지금 현재 자신이 느끼는 얘기며 참으로 많은 얘기를 주저리주저리 1시간 내내 하는 날도 있다. 과거 얘기를 할 때면 역시나 눈물을 많이도 흘린다. 앞으로는 부모님께 정말 잘해 드리고 싶다는 영희 씨의 바람도 들어 있다. 그러던 어느 날 아버지가 갑자기 전립선암이라는 진단을 받았다. 그날은 저녁 늦게 전화가 와서

"선생님, 우리 아버지가 암이래요."
"저 이제 어떡하면 좋아요?"
"난 해 드린 것도 하나 없는데......"

나는 아무 말도 할 수 없었다. 암이라는 진단을 받은 부모님을 안쓰러워하는 어린 소녀가 마냥 전화기에 대고 울고 있다. 위로할 말이 떠오르지 않는다. 아니 말로 위로하면 그 말이 내 마음을 다 전하지 못할 것 같아 말을 입 밖으로 꺼내 놓을 수가 없었다. 그렇게 한 시간여 정도를 눈물로 얘기를 나누고 나서야 조금 진정이 된 듯

"선생님, 제가 어떻게 하면 우리 아버지가 그래도 좀 힘을 내실까요?"
"제가 아무것도 할 것이 없어요."
"영희 씨, 할 수 있는 일이 얼마나 많은데요. 힘을 드리면 되지요."
"어떻게 힘을 드릴까요?"
"생각해 보면 많은 것들이 있어요. 너무 조급해 하시지 마시고 함께 의논해 봐요"
이렇게 전화를 끊고 나서 토요일 영희 씨를 만나러 영희 씨 집을 방문했을 때 영희 씨가 먼저 말을 하기 시작하였다.
"선생님, 저 아버지께 편지를 쓰면 어떨까 하는 생각을 했어요."
"그래요, 정말 좋은 생각이에요."
"그런데, 아버지한테 한 번도 편지를 써 본 적이 없어요."

억지로 '잘 써야지' 생각하지 말고 일상에서 느껴지는 소소한 것들을 글로 써 보면 좋을 것 같다고 얘기하면서 감사일기와 감사편지에 대한 얘기들을 많이 나누었다.

그런 후 영희 씨가 어머니와 아버지께 평생 처음으로 편지를 썼고 편지를 쓰고 나서 기분이 어떤지 그것을 곡물만다라로 표현해 보았다.

곡물만다라1

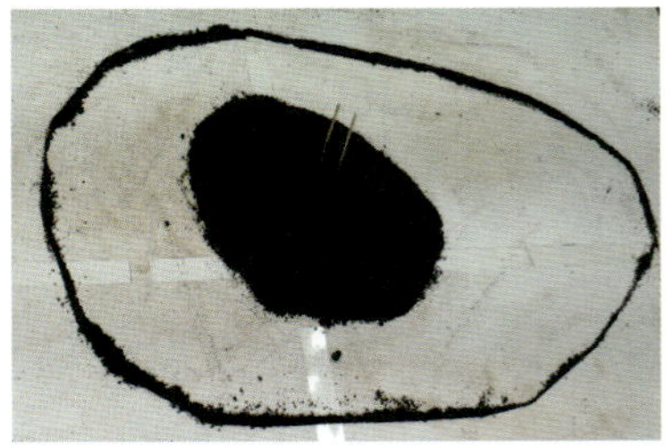

현재의 나의 기분(커피가루) : 홀로 외롭다

곡물 만다라를 하면서 조금은 진정된 느낌이 들었다고 하였고 그러면서도 여전히 자신은 혼자 외롭다는 생각이 든다고 자신의 기분을 표현하였다. 특히 어머니와 아버지가 계시지 않은 세상은 상상할 수도 없다고 하면서 또 눈물을 하염없이 흘린 날이기도 하였다. 한참을 울고 나서는 자신이 힘을 내야 부모님도 힘을 낼 수 있을 것 같으니 이제는 울지 않겠다는 얘기도 하였다.

아래의 그림은 영희 씨의 인생그래프이다. 자신이 지금까지 살아온 인생을 들여다보면서 앞으로의 삶을 생각하게 하는 기법 중의 하나이다. 자신이 지금까지 살아온 인생을 하나의 그래프로 연결하여 과거의 추억 속으로 들어가 보면서 그때의 기억 속에 한번 푹 자신을 담구어 보고, 다시금 현재를 느껴 보고, 미래를 계획해 보는 것이다. 이 인생그래프를 통하여 자신이 지금 현재 어떤 삶을 살아가야 할지, 현재 가장 소중한 것이 무엇인지를 알게 한다. 뿐만 아니라 미래가 중요하지만 가장 중요한 것은 지금 현재임을 다시 한 번 생각하게 하는 디딤돌 역할을 하기도 한다.

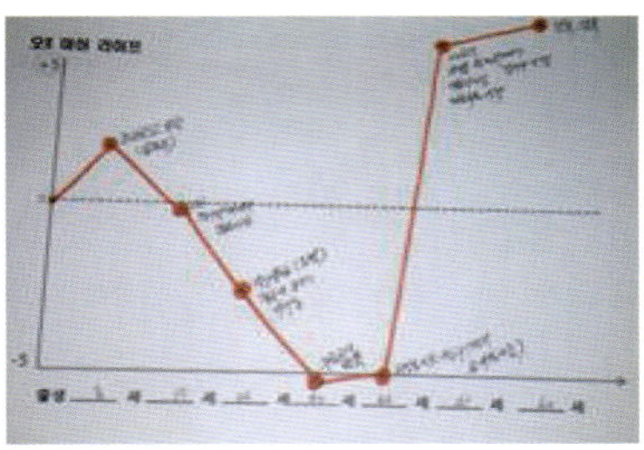

인생그래프

나의 관계는?(커피가루)

이 작업을 끝내고 나서 많은 얘기를 했다. 자신의 삶이 45세 지금 현재를 기준으로 둘로 나뉘었다고 하였다. 45세에 자신은 다시 태어났다고 하면서 지금 현재가 참 행복하다고 하였다. 감사하다는 말을 사람들이 많이 하는데 어떤 기분일까 했었는데 이제는 모든 일상이 감사하다고 하였다. 출근해서 가장 힘들었던 것이 전화를 받는 것이었는데 이제는 저절로 "감사합니다."라는 말이 나온다고 하였다.

다음 작품은 자신의 가장 행복했던 추억을 떠올려 보고 그 느낌을 표현해 본 작품이고, 미래의 나는 어떻게 될 것 같은지 그 미래를 현재의 시점에서 표현해 본 작품이다. 영희 씨의 작품이 예전에 비해서 색채 면에서 많이 밝아진 것을 느끼게 하는 작품이다.

행복했던 추억

미래의 나

"푸드 치료를 만나서 선생님을 만나서 제 인생이 다시 태어났어요."
"감사편지를 쓰면서 감사하다는 말의 의미를 다시 한 번 되새기게 되었어요."

"이렇게 감사하고 행복해도 되는지 솔직히 두렵기도 해요."라는 말도 하였다. 영희 씨를 만나면서 나 역시 많은 것이 변했다. 솔직하다는 것은 거짓말을 안 하는 것이 아니라 나의 배려를 통해 다른 사람이 행복해 하는 것이라는 것을 느낀다.

영희 씨를 만나고 10개월의 시간이 흐르고 있다. 이번 주는 무슨 얘기를 할까? 영희 씨의 얘기가 참 궁금해지는 요즘이다.

참고문헌

정성란(1993). 의사거래 분석의 자아상태 활성화 프로그램이 생활 자세에 미치는 효과. 계명대학교 석사학위논문.

제석봉(2002). **참 삶과 행복을 가꾸는 TA 심리학**. 대구: 대구가톨릭대학교 출판부.

Berne. E. (1964). *Games people play.* New York : Grove Press.

Berne. E. (1966). *Principles of Group Treatment.* New York: Grove Press.

Birnbaum, J. (1987). A Replacement therapy for the histrionic personality disorder. *Transactional Analysis Journal, 17,* 24–28.

Clarkson, P. (1993). Transactional Analysis as a Humanistic Therapy. *Transactional analysis Journal, 23*(1), 36.

Dorothy Jongeward & Muriel James(1994). **아이는 성공하기 위해 태어난다.** [Born to win] (이원영 역). 서울: 샘터사(원저출판: 1971년).

Harris, T. (1971). *I'O.K - You'e O.K.* New York : Harper & Row Publisher.

MEMO

CHAPTER

06

중학생의 자아존중감을 위한 푸드표현상담

1. 프로그램 실시 배경 및 목적
2. 프로그램 기대효과
3. 푸드표현집단상담 프로그램 및 회기별 활동내용
4. 푸드표현집단상담 회기에 따른 개인별 활동
5. 결론

CHAPTER 06

중학생의 자아존중감을 위한 푸드표현상담

청소년기는 정서적으로 매우 예민한 시기이며, 이 시기에 학교부적응으로 학업 중단이 되면 심한 비난을 듣거나 좌절을 경험하면서 열등감을 느끼기 쉽고, 정서적으로 안정되지 못하여 자아정체성 및 성역할과 가치관 확립 등의 성인으로 성장하는 데에 어려움을 겪을 수 있다. 따라서 청소년기에 올바른 가치관과 자아존중감을 형성할 수 있도록 안내하는 것은 매우 중요한 일이다. 자아존중감(自我尊重感, self-esteem)은 스스로 자기 자신에 대해 존중하는 마음으로 자신이 사랑받을 만한 가치가 있는 소중한 존재이고 어떤 과제에 대해 충분히 잘 해낼 수 있는 성과를 이루어 낼 만한 유능한 사람이라고 자신을 믿는 마음이다.

자아존중감이 있는 사람은 정체성을 제대로 확립할 수 있고, 정체성이 제대로 확립된 사람은 자아존중감을 가질 수 있다(위키백과).

신체적 성숙과 자아가 발달해 가고 어른으로 성장하는 중간단계에 있는 청소년들에게 따스한 지지와 격려, 사회적 관심은 청소년의 발달 시기에 인지, 정서적으로 균형을 갖추는 데 중요한 의미가 될 수 있다. 청소년기는 대부분 시간을 학교라는 공동체 안에서 생활을 하게 되며 어른으로 성장하는 과정에서 올바른 가치관을 형성하고 자신의 삶을 책임지고 자기 인생의 주인공으로 어른이 되면 자기 신뢰를 바탕으로 적극적이고 능동적 행동으로 자신의 꿈과 목표를 펼치며 살아갈 수 있는 마음의 힘을 저축하는 시기로도 볼 수 있다.

이러한 중요한 시기에 학교부적응 청소년의 경우 학교생활이나 수업에 제대로 참여하지 않기 때문에 성적이 떨어지면서 점점 학업에 흥미를 잃게 되며 또래관계에도 부정적인 영향을 초래한다. 따라서 교육부는 학교부적응 학생들의 학업중단을 예방하고 학교생활의 적응력 증진을 도모하기 위한 제도로 학업중단숙려제를 운영하고 있다. 학업중단숙려제는 학업중단 위기 학생에게 상담 및 맞춤형 프로그램 제공과 자원 연계를 통해, 학교생활의 동기를 부여함으로써 학업중단을 예방하고 학교생활의 적응력 증진을 도모하기 위한 제도이다.

학업중단 청소년들의 경우 대부분 자존감이 낮고 분노, 불안, 우울, 불안, 열등감 등의 부정적 심리에 노출될 가능성이 있다. 또한, 자신의 미래에 대해 부정적인 인식을 갖고 있으며 의사결정에 의존적이거나 불확실한 태도를 보일 수 있다. 심지어는 우울감에서 벗어나고자 과도한 음주나 흡연을 하거나 인터넷 게임 등에 의존하는 경우도 있으며 때로는, 열등감이나 자격지심으로 인한 분노를 분출하며 공격적인 행동을 보이기도 한다.

주현주(2018)는 청소년의 부적응 행동을 해결하기 위해서는 긍정적인 격려와 적극적인 용기를 심리적 자원으로 활용하여 청소년의 열등감을 극복할 수 있도록 해야 한다고 하였다. 문제행동 자체를 수정하고 변화하는 데에만 그치지 않고 청소년의 정서적 · 심리적 문제를 해결함으로써 자기 성장을 통해 자기를 통제하고 조절하며 이끌어 가는 힘을 가질 수 있다고 하였다.

이러한 학교생활에 부적응 행동을 보이는 청소년들에게 필자는 가장 좋은 처방전이 '푸드와 놀자'라는 자기결정성을 기르며 회복탄력성을 발휘할 수 있는 좋은 심리치료도구인, 김민용과 김지유(2019)에 의해 개발된 푸드표현예술치료를 활용하는 방법이라고 생각한다. 그동안 다년간의 경험에서 필자는 공부와는 담을 쌓고 학교에서 부적응을 보였던 청소년들과 푸드로 표현하고 놀면서 참여 학생들의 자아존중감을 향상하고 꿈을 찾아 주며 자기 인생의 주인공으로 살아가는 길을 안내하는데 긍정적인 성과를 거두어 상담자로서 의미 있는 성취감을 경험하고는 하였다. 김민용에 의하면 푸드표현예술치료는 왕성한 호기심과 상상력, 표현력을 향상시키고 문제해결력을 기르는 데 긍정적인 성과를 거두고 있다(2019). 또한, 김지유(2015)는 선생님들에게 푸드표현예술치료 프로그램을 실시하여 교사로 하여금 학업성취도가 낮은 학생들에게 푸드표현공놀코칭을 적용하여 긍정적인 성과를 거두기도 하였다.

예로 필자가 진행한 프로그램 중에서 참여자 중 활동을 통해 작품을 변형함으로써 자기 인식의 변화가 일어나는 것을 볼 수 있었다. 작품1은 자존감이 낮아 대인관계에서 소극적이고 눈치를 보면서 주저하는 참여자의 내면의 마음은, 잘하고 싶고 자신도 관계 속에 들어가고 싶은 마음을 표현하였다. 이런 내담자는 나누기를 통해 내면에 있는 자기 마음을 작품 속에서 찾아 인식하면서 처음 작품의 울타리 같은 답답한 문이 여유 있는 모습으로 변형되면서 용기가 나고 할 수 있을 것 같다고 진술하였다.

변경 전 작품1

변경 후 작품2

대한민국의 미래는 자라나는 우리의 아이들, 청소년들에 달려 있다고 해도 과언은 아니다. 어른이 되어 가는 과정 속에 청소년은 정서적인 측면에서 자아존중감이 크게 발달하는 시기이다. 이 시기는 올바른 사회적 관계를 긍정적으로 이루어 나가기 위해 학교에서나 또래 간의 관계 등에서 요구되는 사회질서에 잘 적응하고 자신의 인생을 긍정적으로 리드하며 꿈과 목표를 이룰 수 있는 자신감과 올바른 가치관을 형성하는 중요한 의미가 있다.

그 예로 작품3은 개별활동에서 프로그램을 통해 자신의 꿈이 헤어디자이너이고 자신이 왕관을 쓴 공주처럼 최고가 되고 싶다고 표현을 하였으며 작품4는 커피가루를 활용하여 집단지성을 발휘하며 각자의 꿈을 하나의 스토리로 연결함으로서 서로의 꿈을 지지하면서 동기부여를 하는 활동이 되었다.

이처럼 푸드표현예술치료의 다양한 표현활동을 통해 학교부적응 청소년들의 자아존중감을 향상하며 자신의 긍정적인 미래상을 상상하고 꿈이 현실이 될 수 있도록 도울 수 있다. 푸드표현집단상담은 청소년들에게 작은 변화의 시작인 동기부여와 자신도 꿈이 있으며 노력하면 이룰 수 있다는 것과 자기 삶의 주인공이 되기 위해서는 자신이 선택하고 책임을 져야 된다는 것을 인식하게 하는 계기를 제공하게 된다.

작품3

작품4

그리고, 푸드표현예술치료 집단상담은 자신의 정서를 풍부히 하는 감성리더를 위한 기본 바탕으로 함께 음식재료를 만지고 다지면서 오감을 자극하여 이야기를 나누는 것과 같은 과정을 경험하게 함으로써 창의성과 자기 표현력을 향상시킬 수 있다. 또한 정서적 안정 및 마음의 벽을 열어가게 한다. 뿐만 아니라 공동작업은 집단지성발휘를 경험하며 서로 협력하고 경쟁하는 과정을 통해 집단의 지적 능력 및 자존감 향상에 동기부여 해 준다. 무엇보다 참여 과정에서 자신의 감정과 기분을 알아차리고 조절하여 타인을 배려하는 상호작용을 통해 대인관계 형성을 자연스럽게 배워 사회성을 키워 준다.

이처럼 푸드표현예술치료를 통한 집단프로그램은 놀이식 활동을 통한 자연이 주는 안정감과 구강기욕구 충족을 통해 자연스럽게 프로그램에 참여되어 학교부적응 집단원들에게 자신의 감정에 대해 알아차리고 표현하는 기술을 학습하고 집단의 상호작용과 개인의 다양성을 인정하는 기회와 함께 또래관계 형성에도 도움을 줄 것이다.

1. 프로그램 실시 배경 및 목적

청소년들의 심리적 특성을 고려하여 대상자에게 집단상담 자아성장프로그램(분노조절 및 의사소통교육)을 실시하여 청소년의 스트레스관리 및 자아존중감 향상과 버킷리스트를 작성해 봄으로써 꿈을 키우는 기회를 도모한다.

음식을 매체로 택한 이유는 현대 사회의 빠른 변화 속에서 소외되고 자기 정체성의 혼란을 겪고 있는 청소년들에게 자신의 현재 모습을 되돌아봄으로서 앞으로 가야 할 길에 대한 깊은 성찰과 자기존중감, 자기효능감을 향상시킨다. 푸드표현예술치료를 적용하여 즐겁고 재미있고 맛있는 작품표현 활동을 해서 자연스럽게 자신의 마음을 만나고, 깊은 내면의 자기 긍정성을 발견하도록 한다.

2. 프로그램 기대효과

프로그램을 통해 자신이 누구인지, 무엇을 하며 살아가야 하는지 등을 탐색하고 나눔으로써 꿈과 희망을 찾는 동기부여를 제공한다.

프로그램 활동을 통해 자연스럽게 표현되는 푸드 작품을 통해 성취감으로 자신감을 찾고 잠재적 심적 자원인 창의성을 발견하고 자신의 장점 발견 및 친구의 장점도 찾아주는 기회 제공 및 문제해결능력 향상과 자기성찰의 효과를 기대한다.

3. 푸드표현집단상담 프로그램 및 회기별 활동내용

1회기 소개하기, 환영하기

✲ 목표

- 자기이해와 성장에 대한 중요성과 필요성을 이해하고 푸드표현예술치료의 치료 과정과 개념을 이해한다.
- 자기소개를 통해 참여하는 집단원들 간의 상호 이해와 신뢰감을 갖도록 한다.

✲ 준비물

뻥튀기, 식빵, 시럽, 잼, 접시, 색연필, 사인펜, 네임펜, 색상지, 시트지, 검사지

✲ 활동 내용

- 도입
  - 본 프로그램의 목적과 목표, 내용에 대해 설명한다.
  - 프로그램 과정에서 지켜야 할 기본적 규칙에 대해 안내한다. 특히 푸드 매체를 다룰 시 사용하는 과도를 다룰 때의 주의할 사항을 강조한다.
  - 로젠버그 자아존중감 척도(RSE), 문제 해결 검사척도를 실시한다.
  - 인터뷰게임으로 자기소개를 하여 상담환경 조성을 한다.
- 전개

  ① 인터뷰한 내용을 기자가 된 사람이 상대친구의 소개를 자기인 것처럼 소개를 한다. (경청, 친구 알아가기)

  ② 뻥튀기로 자신을 상징하는 표현을 만들어 본다.

③ 나의 이름에 대해 나누기를 한 후 푸드 매체를 활용하여 이름에 담긴 비밀을 표현해 본다.

- 마무리

① 종료 15분~20분 전에 테이블과 책상 그리고 바닥 등 청소와 정리를 한다.

② 나누기

③ 작품으로 만들어진 샌드위치를 먹는다.

- 프로그램 평가

– 문제해결검사에서 강점척도인 긍정적 태도, 합리적 태도에서 어느 정도 강점을 가지고 있으며, 훈련을 하면 더 좋아질 수 있는 결과가 나올 것 같다.

– 인터뷰게임과 자신의 이름에 담긴 의미를 푸드로 표현하여 프로그램에 참여하면서 자신감 있게 참여하는 동기부여와 집단구성원들의 신뢰와 자발적 참여를 유도하였다. 무엇보다 스스로 참여를 하면서 규칙을 자연스럽게 알아가는 아이들이 대견스럽고 이번 프로그램이 기대가 된다.

- 1회기 학생들의 소감

– 장○○: 음식으로 장난치면 백○○이 꼴 난다. 그리고 재미있다.

– 반○○: 의외로 아주 재미있었고 일상에서 보는 음식으로 만들기를 해 보니 신기하고 뿌듯함

– 윤○○: 재미있었고 뜻 깊은 경험이었다. 요리도 하며 맛있었다. 그리고 내 이름으로 뜻도 알아내서 더욱 뜻 깊은 경험이었다.

– 박○○: 음식으로 나를 표현할 수 있을지 몰랐지만 그것을 알 수 있어서 좋았고 직접 나의 이름에 대해 생각해 볼 수 있어서 좋고 친구에 대해 묻고 내가 친구가 되어 소개할 수 있어서 재밌고 친구에 대해 더 잘 알 수 있었다.

– 김○○: 나를 더 알아가는 시간이었고 배불렀고 선생님이 재미있었고 이름 꾸미기도 재미있고 음식을 낭비하면 안 된다는 걸 알았다.

– 백○○: 나를 되돌아보게 되었고 요리에 대한 지식과 방법이 아닌 나에 대한 것을 음식에 표현하니 뜻 깊었다.

– 신○○: 재밌었고, 나를 다시 생각해 보는 시간을 가질 수 있어서 좋았다.

음식으로 나를 표현한다는 것이 새로웠고 여러 개의 음식으로 어떤 걸 표현한다는 건 내가 커서 접하지 못 할 경험을 한 것 같아 재밌었다.

2회기 나의 자원을 탐색

✲ 목표

- 나를 관찰하고 이해하기
  - 나는 어떤 욕구를 가지고 있으며 욕구 충족이 될 때 더 행복함을 느끼는 자기이해
  - 내안에 창의적인 에너지를 가지고 있음을 알아차리기

✲ 준비물

시트지, 연필, 지우개, 바나나, 접시(색마분지)

✲ 활동 내용

- 도입
  - 나는 어떤 욕구를 가지고 있는지 내가 행복해지려면 나의 욕구 충족이 되었을 때 삶의 만족도가 높아진다는 것을 설명하고 현실치료의 5가지 욕구 중 자신에게는 어떤 욕구가 높은지 척도 검사를 통해 알아본다.
- 전개

① 바나나로 껍질을 반만 벗겨서 짝지끼리 바나나칼싸움을 하여 이긴 사람들과 다시 대결한다. 최종 승리자를 통해 내 안에 있는 생존의 욕구와 성취의 욕구를 자극시켜 무기력함에서 나올 수 있는 작업을 하였다.

② 바나나 칼싸움을 하고 난 후 나온 껍질로 자신의 욕구를 표현하여 내 안에 창의적인 에너지를 깨우는 작업을 하였다.

• 마무리

① 종료 15분~20분 전에 테이블과 책상 그리고 바닥 등 청소와 정리를 한다.

② 작품명을 지어 창의적인 자신의 작품 에너지와 욕구를 알게 함으로써 삶의 만족도를 채우려면 욕구 충족방법을 찾아보고 나의 욕구 충족을 위해 타인의 욕구를 방해를 하면 안 되는 부분도 인식을 시켰다.

③ 나누기

• 프로그램 평가

– 청소년들은 학교라는 틀에서 규제와 규칙이 존재하여 자유의 욕구가 높은 것이 대부분의 반응이었지만 ㅇㅇ중학교의 집단원들은 다양한 욕구들을 가지고 있었다. 무엇보다 표현에 있어 창의적이고 참여하면서 자신의 욕구를 알게 됨과 자신의 표현한 작품을 통해 새로운 알아차림으로 자신을 통찰하는 시간을 가진 것으로 보이며 백ㅇㅇ이는 남학생인데도 표현이 섬세하고 예쁜 작품을 구상하였으며 외적인 표현은 밝고 말이 많은 학생이나 사랑과 소속의 욕구를 가진 학생으로 행동이 이해가 되었다.

• 2회기 학생들의 소감

– 김ㅇㅇ: 재밌었고 나의 욕구를 파악할 수 있었고 선생님 함께여서 더 좋았다.

– 박ㅇㅇ: 내가 가장 많이 가지고 있는 욕구는 무엇인지 알 수 있어 좋았고 그 욕구를 표현해 볼 수 있어서 재밌었다.

– 반ㅇㅇ: 오늘도 어김없이 재미있었다. 즐거움의 욕구가 높아서 살짝 기분이 좋았다. 나도 모르게 좋았다. 특별히 이유들은 많이 없다.

- 백○○: 바나나 경쟁을 하여 재미있었고 그것을 통해 재미와 즐거움을 느꼈다. 나 자신의 욕구를 발견하여 기쁘고 놀라웠으며 뜻 깊었다.
- 신○○: 생각도 못한 재료를 이용하여서 만들어서 신기했고 그리고 나의 제일 강한 욕구가 무엇인지 알게 된 그런 시간이었고 욕구 5가지를 알 수 있어서 좋은 시간이 된 것 같다. 앞으로도 이런 활동을 더 많이 하면 좋겠다.

3회기 내 안의 거인 확장

✻ 목표

- 자신과 만나기(긍정적 자아 이미지 찾기)
  - 나의 지각 속에 좋은 세계의 사진을 찾아보고 행복해지기 위해 필요한 것을 찾아 인식

✻ 준비물

주먹밥재료(김가루, 밥, 햄, 당근, 묵은지, 깻잎, 게맛살, 파프리카), 사발면, 접시, 칼, 도마

✻ 활동 내용

- 도입
  - 긍정적인 자신과의 만남의 시간으로 자신의 지각 속에 좋은 세계의 사진을

찾아 보고 행복해지기 위해 필요한 것을 찾아보았다.

- 전개

① 가장 즐거웠던 추억을 사발면으로 표현해 보기

② 주먹밥 재료로 가장 행복했던 때 표현 후 지금 내가 더 행복해지기 위해 나에게 필요한 것을 추가로 표현하기

- 마무리

① 종료 15분~20분 전에 테이블과 책상 그리고 바닥 등 청소와 정리를 한다.

② 작품에 대한 나누기

③ 작품으로 만들어진 주먹밥과 사발면을 나누어 먹는다.

- 프로그램 평가

– 자신들에게 긍정적이고 좋은 일들도 있지만 현실의 무게에 잊고 지내던 소중한 기억을 떠올려 의식화된 것을 푸드로 표현하고 먹으면서 좋은 추억이 더 좋은 기억으로 추가되어 몸속의 세포들이 기억을 하게 하는 작업을 하였다.

– 컵라면으로 스프와 건더기, 면을 활용하여 추억을 표현하고 주먹밥 재료로 행복했던 때와 자신에게 필요한 것을 추가로 표현하면서 긍정적인 사고 전환을 확장시킨 것으로 보인다.

– 또한 김ㅇㅇ이가 나누기에서는 하지 않은 말을 소감문에서 더 이상 자해를 하지 않겠다고 적어 반가운 변화였다.

- 3회기 학생들의 소감

– 박ㅇㅇ: 잘 기억하지 못하고 있던 추억을 다시 되새길 수 있어서 좋았고 '남자가 되 본다면'이라는 생각도 해 볼 수 있어서 좋았던 것 같다.

– 윤ㅇㅇ: 나는 이번 경험으로 인하여 표현을 만들고 내 미래에 대해 정말 좋은 추억이었다. 다음 시간에는 더욱 더 즐거운 경험이 되었으면 좋겠다. 컵라면으로 내 자기 표현도 하고 주먹밥을 만들어서 자신의 추억을 표현하여 재미있었다. 컵라면으로 추억은, 산에 올라간 추억을 표현하였다.

– 반○○: 오늘도 배부르고 뿌듯하고 재미있었다. 주먹밥으로 기적을 표현하는 게 어려웠다. 컵라면으론 오늘 과학심화반 비행기 날리는 장면을 표현했고 재미있었다.

– 김○○: 나는 오늘 먹어서 좋았고 컵라면으로 즐거운 추억할 때 너무 생생해서 좋았다. 나는 주먹밥으로 표현을 처음 해 봐서 재미있었다. 왜냐하면 나는 즐겁고 웃으며 사랑하며 연애를 하고 싶었다. 그래서 상상하니 나는 우울하지 않고 개가 있었어! 자해도 더 이상 하지 않을 것 같다. 나에겐 사랑이란 너무너무 좋은 추억, 행복 즐거움, 영웅 같은 존재일 것 같다.

– 신○○: 컵라면으로 나의 추억 표현을 해서 좋았다. 그리고 주먹밥으로 나의 기적을 표현해서 재밌었고 다시는 경험 못할 것 같은 그런 걸해서 재밌었다.

– 백○○: 이 활동을 하며 그냥 먹을 생각이 아닌 푸드활동에 더 집념하게 되고 창의성도 더욱 발달되며 먹고 같이 이야기하며 사회성과 나의 자아를 찾을 수 있었다. 그리고 그 자아성을 찾으면서 더욱 만들기에 집념하며 발전되어서 좋았으며 나의 생각도 더욱 창의적으로 발달할 것 같다.

– 장○○: 활동하면서 오랜만에 주먹밥을 먹어서 정말 좋았다. 국궁시간 때문에 별로 많이 하지 못 했지만 그래도 정말 재미있었다.

4회기 나의 삶을 방해하는 나의 습관

✲ 목표

– 생활 속에 익숙해져 있는 나의 반복적인 습관을 찾아 나의 미해결된 문제와 연결해 보기.

– 두려움을 직면하고 바르게 인식하며 공포에 대한 감정 해소

✲ 준비물

잡곡류, 씨앗종류, 국수, 오색과자, 색상초콜릿, 핫바, 소스, 접시, 시트지, 연필, 지우개, 전지, 접시, 칼, 도마

✲ 활동 내용

• 도입

– 명상을 한 후 나의 삶에 방해가 되는 습관을 찾아 나의 삶에 순기능과 역기능을 찾기

• 전개

① 나의 습관이 어떻게 생겼는지 푸드로 표현 후 느껴지는 감정, 태도에 대한 감정을 찾아보기.

② 이 습관들이 어린 시절의 것과 현재 느껴지는 것과 관련성을 찾아보기.

③ 관련성을 직면한 후 핫바와 소스로 자신을 힘들게 하는 내면의 도깨비를

없애는 표현을 해 보기.

④ 핫바인형으로 짝지어 서로 내담자, 상담자의 역할로 이야기를 들어주기.

- 마무리

① 종료 15분~20분 전에 테이블과 책상 그리고 바닥 등 청소와 정리를 한다.

② 마무리하면서 자신이 표현한 작품에 대해 설명하고 집단원들의 소감을 듣는다.

③ 작품으로 만들어진 어묵탕을 먹는다.

- 프로그램 평가

– 생활 속에 익숙해져 있는 나의 미해결된 문제와 연결하여 기능적인 행동을 하기 위해 필요한 것들을 탐색해 보았다. 청소년들은 고민이나 어려운 일이 있으면 상담사나 선생님, 부모보다 또래친구들을 먼저 찾아 이야기를 하는 특성이 있다. 사회성을 향상을 위한 잘 들어주는 연습으로 핫바인형을 만들어 짝지끼리 상담자 내담자가 되어 나의 삶에 방해가 되는 습관에 대해 나누기를 하였다.

- 4회기 학생들의 소감

– 백○○: 오늘의 활동 내용을 한 후에 함께하면서 즐겁다는 것을 느꼈다. 그리고 오늘은 내가 아닌 나의 친구의 속사정을 알게 되었으며 그 고민을 듣고 상담을 하면서 나의 부족한 점을 찾고 그 점을 또 이야기하며 사회생활을 연습한 것 같았다.

– 김○○: 오늘 활동내용은 핫바로 인형 만들어서 나의 방해되는 습관을 친구들이랑 이야기했다. 장○○이랑 얘기가 통하지 않았지만 백○○이랑은 잘 통한 것 같다. 오면 올수록 2학년 4명이 친해지는 것 같고 더욱 친해지고 행복해지면 좋겠다. 그리고 어묵국은 very good

– 박○○: 음식으로 새롭게 무언가를 만든다는 게 신기하였고 나도 몰랐던 것을 알 수 있어서 좋았다. 조금 더 표현을 하는 것이 좋을 것 같다. 곡식으로 표현할 때는 자유롭게 잘 표현한 것 같아서 좋았다.

– 장○○: 이렇게 해서 친구의 고민을 해결해 줄 수 있다는 게 신기했다. 다

음부터 친구한테 써먹어야겠다.

- 반○○: 핫바로 인형을 표현하라고 말씀하실 때에 당황했고 복잡했다. 그 뒤에 곡식으로 표현했을 때 기분을 표현했는데 자유로워서 재밌었다.
- 윤○○: 활동을 하면서 친구들과 같이 활동해서 재미있었다. 다음 시간에는 또 재미있는 활동을 했으면 좋겠다.

5회기 대인관계 형성 시 내 모습

✻ 목표

- 좋은 관계에서는 배려와 존중 그리고 협동이 필요한 것을 지각할 수 있다.
  - 각 조별로 그림에서는 소통 없이 푸드에서는 소통을 하면서 참여하므로 차이점을 나누고 평상시 관계에서 내가 하는 행동을 인식하고 다르게 할 수 있는 것을 찾아본다.

✻ 준비물

(샌드위치 재료)식빵, 햄, 치즈, 피클, 양상추, 색연필, 사인펜, A4용지, 필기구, 접시, 칼, 도마

✻ 활동 내용

- 도입
  - 이번 회기에 대한 설명과 조를 만들어 팀워크에서 말을 하지 않고 행동관

찰로 서로의 생각을 살펴보는 것에 대한 설명을 함.

- 전개

① 각 조별로 그림에서는 소통을 하지 않고 서로의 행동만 보고 각자의 생각대로 그림을 그린다.

② 각자 그린 그림을 연결하여 스토리텔링을 하여 제목을 지어 본다. (서로 소통하면서 진행한다.)

③ 자신의 표현한 그림을 가지고 푸드로 조별로 만들어 표현하기

- 마무리

① 종료 15분~20분 전에 테이블과 책상 그리고 바닥 등 청소와 정리를 한다.

② 회기를 마무리하면서 작품에 대한 설명과 참여하면서 느낀 점과 알아차린 것은 무엇인지를 집단원들의 소감을 듣는다.

③ 작품으로 만들어진 샌드위치를 먹는다.

- 프로그램 평가

– 이번 회기는 학생들이 제일 어려워하고 난감해 하는 작업이기도 하지만 개인주의에 익숙해져 있는 아이들에게, 팀별 작업으로 사회성을 향상시키면서 자신의 위치와 행동을 관찰하여 서로를 알아가는 시간이기도 하여 학생들에게 도움이 되는 회기이다.

– 구성원들은 말없이 하라는 촉진자의 말에 당항하기도 하고 난감한 표정을 짓기도 하였지만 몸으로 가장 잘 표현을 하는 친구가 먼저 표현을 하여, 팀 구성원들이 알아맞히는 것부터 해 봄으로써 표현하는 방향을 찾아갈 수 있게 도와주었다.

– 활동을 하면서 말을 하지 않아도 서로 통하는 것과 또 의사전달에 있어 정확한 표현을 하여야 된다는 것과 서로 협동하고 배려하면서 작품을 만들면서 사회성을 배우고, 표현한 음식을 가지고 샌드위치를 만들어 먹었다.

- 5회기 학생들의 소감

– 신○○: 친구와 말 없어도 서로 말이 통한다는 게 신기했고 앞으로 친구와 더 잘 통할 꺼 같고 샌드위치를 만들고 스토리텔링을 하고 내가 '몸으로 말

해요'를 해서 재밌었다. 그래서 좀 색달랐다.

- 반○○: 오늘도 선생님께서 무엇인가(친구들과 말없이 음식을 표현) 하라고 하셨을 때에 너무 당황했고 혼자 쩔쩔맸었다. 그래도 내가 음식을 표현할 수 있어서 나 자신이 뿌듯함
- 박○○: 말없이 행동으로만 표현하라고 하셨을 때는 당황했지만 신○○이가 표현을 해 주는 것을 보고 내가 맞추었을 때 신기하기도 하였다. 또 혼자가 아닌 친구들과 하나의 이야기를 이어 만드는 것이 새로웠고 '여럿이도 한 이야기를 만들 수 있구나!'를 느꼈다.
- 윤○○: 이번 활동을 하면서 몸 개그와 우리가 작품을 만들어서 표현한 것이 재미있었다. 그리고 샌드위치를 만들고 먹을 때 맛있었다. 다음 활동도 재미있게 했으면 좋겠다.
- 김○○: 나는 오늘 스토리텔링을 할 때 나는 둘이서 사이가 좋아졌다는 내용이고 나는 이야기를 만들어 내서 좋았고 친구들과 있어서 좋았고 좋아하는 친구와 함께해서 좋았다.
- 백○○: 샌드위치를 만들며 새롭고 또 특별한 나만의 샌드위치를 만들어서 좋았다.
- 장○○: 기억이 잘 나진 않지만 샌드위치를 만들어 먹었던 것과 재미있었다.

6회기 일상생활 속의 자기 성찰과 치유

✽ 목표

- 만다라로 통한 자기 성찰과 치유
  - 현재 지각하고 있는 자신의 자아를 표현함으로써 부정과 긍정적인 면을 살펴본 후 긍정적인 면을 더 확장시켜나 갈 수 있다.

✽ 준비물

만다라시트지, 색연필, 사인펜, 연필, 지우개, 커피가루, 과자종류, 젤리, 오색초콜릿, 씨리얼, 우유

✽ 활동 내용

- 도입
  - 현재 지각하고 있는 자신의 생각과 감정을 표현함으로써 긍정과 부정적인 면을 살펴보고 부정이라고 없어져야 하는 감정이 아니라 그 감정 또한, 소중한 내 감정이란 것을 지각하고 부정적인 감정일 때 내가 어떤 선택을 할 수 있을지를 알아본다.
- 전개
  ① 만다라를 통해 감정표현과 이완작업을 동시에 체험하는 시간으로 진행을 하였다.
  ② 하트 만다라로 자신에게 선물을 표현해 보기
  ③ 만다라에 표현한 것을 색상지 위에 과자를 가지고 푸드 만다라로 구체적인 표현
- 마무리
  ① 종료 15분~20분 전에 테이블과 책상 그리고 바닥 등 청소와 정리를 한다.
  ② 회기를 마무리하면서 자신이 표현한 작품에 대해 설명하고 느낀 감정과 좋았던 점을 집단원들과 나눈다.
  ③ 작품으로 만들어진 사랑의 하트과자를 먹는다.

- 프로그램 평가
  - 하트만다라로 자신에게 주는 선물이라는 주제로 표현을 하였으며 감정표현과 이완을 동시에 경험하게 하였다. 자신을 먼저 소중히 여기고 사랑하는 마음을 가질 수 있게 하트만다라로 선택을 하였고 청소년들이 좋아하는 회기 중 하나였으며 자존감 향상에도 도움이 되는 회기였다.
  - 무엇보다 푸드로 재구성하여 구제적인 표현까지 하면서 자신의 뇌에 각인시키는 효과도 있었다. 그리고 아이들이 열심히 따라와 주어 추가로 커피난화까지 할 수 있었다. 어릴 적 놀이인 땅따먹기도 하고 팀구성원들과 협동을 하여 작품을 만들기도 하면서 사회성도 배우는 시간도 되었으며 커피가루의 촉촉함에서 스킨십의 경험도 하게 하였다.
- 6회기 학생들의 소감
  - 김○○: 오늘 만다라 그리기 하면서 내 마음이 안정이 되 가고 즐거웠다. 내 마음에 한층 성장한 것 같다. 커피가루를 사용해서 화산을 만들고 샌드아트를 하는 거 해 보고 싶었는데 커피가루로 해서 더 재미있었다.
  - 박○○: 만다라를 하면서 내가 색칠을 하면서 평안하다는 생각이 가장 많이 들었다. 커피가루를 처음 만졌을 때는 부드럽다. 차갑다는 느낌이 들었고 여러 명에서 하나의 그림을 만들 때 신기하면서 재밌었다.
  - 반○○: 만다라는 기분이 되게 나도 모르게 안심이 되었다. 커피가루 샌드아트는 가루가 손톱에 끼어서 불편했지만 촉감이 되게 좋았다.
  - 신○○: 커피 샌드아트로 그림 표현을 할 수 있어 재밌었고 평상시에 하는 거랑 비슷한 만다라를 해서 좋았다.
  - 백○○: 만다라를 그리면서 유치원 때로 돌아간 것 같아서 좋았고 커피가루를 사용해서 활동하니 재미있었다. 그리고 창의성이 점점 느는 것 같았어 기뻤다.
  - 윤○○: 만다라를 그리면서 나의 옛 어릴 적 시절이 기억이 난다. 지금 생각하면 그립다. ㅠㅠ 커피난화를 하면서 그리고 나의 생각도 표현하면서 재미있었다. ^^-----

- 장○○: 하면서 커피가루가 느낌이 좋았고 손톱사이에 가루가 들어가긴 했지만 다음에 또 해 보고 싶다는 생각이 든다.

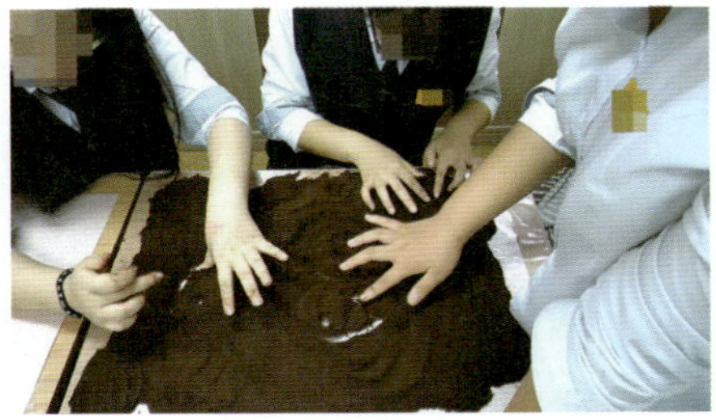

7회기 나의 꿈을 풍선에 담아요.

✲ 목표

- 버킷리스트를 작성하여 자신의 꿈을 구체화하기
  - 자기에 대해 새로운 발견과 어떤 꿈을 꾸는지, 어떤 꿈이 있는지를 서로 알아 가는 시간을 가진다.

✲ 준비물

풍선시트지, 연필, 지우개, 풍선, 꿈틀이, 하트젤리, 새우깡, 초코파이, 음료수

✲ 활동 내용

- 도입
  - 자기에 대해 새로운 발견과 어떤 꿈을 꾸는지 어떤 꿈이 있는지를 서로 알아 가는 시간을 가지기 위해 나누기를 한다.
- 전개

① 풍선시트지에 질문에 따라 적어 보기

② 풍선을 불어 내가 해 보고 싶은 것을 풍선에 유성펜으로 적기

③ 해 보고 싶은 꿈을 높이 날려 보기

④ 자신의 꿈을 푸드로 표현하기

- 마무리

① 종료 15분~20분 전에 테이블과 책상 그리고 바닥 등 청소와 정리를 한다.

② 회기를 마무리하면서 자신이 알아차린 꿈을 이루기 위해 내가 할 수 있는 것을 구체적으로 어떤 활동들을 하게 될지에 대해 설명하고, 집단원들의 소감을 듣는다.

③ 작품으로 만들어진 소중한 꿈을 먹는다.

- 프로그램 평가

– 막연한 꿈보다 자신의 꿈을 구체적인 표현으로 시각화를 하여 꿈을 현실로 실현가능하게 할 수 있는 동기부여를 하였다.

– 백ㅇㅇ이는 요리사가 되는 꿈을 가졌고 푸드로 자신의 꿈을 맛있는 요리로 표현을 하여 손재주와 여성적인 섬세함을 가지고 있는 모습을 보여 주었다.

– 윤ㅇㅇ이는 억눌리고 조심스럽고 자신의 생각을 입안에서 얼버무리는 말을 하여 잘 알아듣지를 못하게 소극적으로 표현을 하였지만 회기가 진행이 될수록 당당하게 자신의 생각을 표현하면서 육군특수부대와 미래자동차개발자가 되고 싶은 꿈을 표현하였고 푸드로 표현한 작품에 대해서도 설명을 하였다. 프로그램에 참여를 하면서도 어머니로부터 전화가 올 때는 경직되고 온전하게 집중을 못하고 방해가 오히려 되었다. 윤ㅇㅇ이는 어머니와의 관계를 살펴볼 필요가 있을 것으로 보인다.

- 7회기 학생들의 소감

– 김ㅇㅇ: 나는 오늘 파티시엘를 표현했고 '나는 파티시엘 외에 하고 싶은 것이 많아서 어떻게 해야 할까?'라고 생각했지만 기호 1번 파티시엘을 하겠다고 결심했다. 내 꿈을 향해 아자 아자 ^^

– 박ㅇㅇ: 항상 가지고 있던 생각들이기도 하지만 젤리들로 표현하면서 조금 더 많이 생각하게 된 것 같다. 젤리로 화장의 전후의 모습을 표현해 보았다.

– 반ㅇㅇ: 젤리를 가지고 접시에 자신의 꿈을 표현했는데 내 작품은 유치원 교사를 표현했다. 작품을 표현하면서 아기들을 생각했다. 내 작품을 보고 또 뿌듯했다. 오늘도 어김없이 재미있었던 것 같았다.

– 신○○: 나의 꿈을 향해 한발 더 앞으로 나아간 것 같아서 좋았다. 나의 버킷리스트가 이루어지면 좋겠다.

– 백○○: 버킷리스트를 만들어 나의 꿈과 나에 대해 되돌아보고 알게 되서 좋았다.

– 윤○○: 버킷리스트를 하여 꿈과 나에 대하여 알게 되고 젤리로 자신의 꿈을 만들고 풍선으로 자신의 꿈을 적고 난 이것을 하면서 재미있었고 자신의 꿈을 적고 하니 꼭 꿈을 이루어야 되겠다. ^^

– 장○○: 이번 활동에서 적으면서 꿈을 적을 때 어떤 걸 적을지 몰라서 이번 기회에 생각해 봐야겠다.

8회기 사랑해요 고마워요.

✻ 목표

- 근원적이고 총체적인 자신과 만남을 통해 자기정체감 형성의 새로운 길을 연다.
  – 자신의 근원이자 태초의 고향인 엄마 뱃속에 있는 자신을 상상하며 소중하고 사랑스러운 자기의 안전지대를 지금 여기서 경험해 본다.

✻ 준비물

원단다라, 사인펜, 색연필, 반짝이풀, 동그란 과자, 에이스, 감자깡, 꿈틀이, 하트젤리, 우유, 새우깡, 씨리얼

✲ 활동 내용

- 도입
  - 자기 자신을 먼저 챙기고 사랑하고 존중할 수 있게 원만다라에 자신의 근원이자 태초의 고향인 엄마 뱃속인 자궁을 표현하는 만다라에 대한 간단한 설명을 함.
- 전개
  ① 2~3분 정도 명상을 통해 자신의 안전지대였던 엄마의 자궁 속으로 상상여행을 떠나 본다.
  ② 명상을 통해 본 자신의 안전지대를 원만다라에 표현하고 채색도구와 반짝이 풀로 꾸며 본다.
  ③ 자신이 표현한 내 안이 안전지대를 푸드로 표현 후 지금 여기에서 머무르기를 한다.
- 마무리
  ① 종료 15분~20분 전에 테이블과 책상 그리고 바닥 등 청소와 정리를 한다.
  ② 회기를 마무리하면서 자신이 표현한 작품에 대해 설명하고 느낀 점과 자신에게 도움이 된 점을 집단원들과 소감을 나눈다.
  ③ 작품으로 만들어진 태초의 고향을 먹으면서 지금의 감정을 기억한다.
- 프로그램 평가
  - 성인들에게 이번 회기를 진행하면서 효과가 좋아 처음 계획을 변경하였다. 청소년들에게도 자신의 존재와 정체성에 대한 새로운 인식과 부모에 대한 부정적인 인식이 있더라도 자신을 태어나게 한 것은 소중하고 고마운 것이며, 환경의 변화로 인해 서로의 갈등이 생기는 것이지 자신의 존재에 대한 부정은 아니라는 것을 알아차리게 하였다.
  - 엄마가 없는 아이들도 있어 혹 상처가 될까 걱정하는 부분도 있었지만 잘 따라와 주었다. 반○○이는 엄마가 없고 엄마로부터 탄생에 대해 들은 이야기도 없다고 하여 지금부터 상상 속으로 들어가 내가 나의 탄생에 대하여 소설을 쓰고 원만다라에 표현해 보자고 제의를 하여 막막해 하다가 포

기를 하지 않고 참여를 한 것이 대견하였다.

- 8회기 학생들의 소감
  - 김○○: 오늘 처음 느꼈고 신기하고 오묘했다. 그림을 그릴 때 아기가 아기 같이 생기고 약간의 현실성이 있으려나. 푸드로 표현할 때 내 상상력대로 하여 재미있었다.
  - 박○○: 나의 고향에 상상으로 가 볼 수 있어서 새로웠다. 어머니에게 들었던 이야기가 생각이 나서 좋기도 하였다.
  - 반○○: 모든 음식으로 내가 엄마 뱃속에 있는 모습을 생각해서 표현하라고 하니까 어려웠다. 나는 엄마가 없어서 표현을 어렵게 했다. 그래도 재미있었다.
  - 신○○: 나의 원초적인 고향으로 가서 재밌어서 좋았다. 그리고 초를 사용할 때 불이 없어서 아쉬웠다.
  - 백○○: 전혀 생각 못한 것을 알게 되었다. 그리고 부모님에 대해 생각하게 되었다. '아기일때 난 정말 어떠하였을까' 한번쯤은 다시 뱃속에 돌아가고 싶다!
  - 윤○○: 난 이것을 하면서 부모님을 더욱 사랑하게 되었고 재미있었고 즐거웠다.
  - 장○○: 재미있었고 엄마와 친해진 느낌이 들어 집에 가서 2번 3번 질문을 엄마에게 한번쯤 물어봐야겠다.

9회기 함께 나누는 행복

✲ 목표

- 살며 사랑하며 나누고 공헌하기(내가 태어난 이유를 찾아보기– 긍정적인 말로 표현)
  - 자신이 태어난 이유를 긍정적으로 적어 봄으로서 자존감 향상에 긍정적인 영향을 준다.

✲ 준비물

전지, 우드락, 콘센트, 네임펜, 포스트잇, 글루건, 건빵, 둥근과자

✲ 활동 내용

- 도입
  - 자신이 태어난 이유를 생각해 보았는지에 대한 질문과 예시를 들며 자유롭게 자신의 생각을 표현해 보게 하였다.
- 전개

  ① 건빵에 태어난 이유, 크래커에 기적이 일어난다면, 포스트잇에 자신에게 전하는 긍정의 말을 적어 우드락에 그려진 하트모양에 글루건으로 붙인다.

  ② 나는 왜 태어났는가?

  ③ 나에게 기적이 일어난다면?

  ④ 나에게 전하는 긍정의 말은?

  ⑤ 힘들고 어려울 때 자신에게 전하는 메시지로 격려와 지지를 먼저 해 줄 사람은 자기 자신이라는 것과 친구들과 서로 격려를 해 주면서 긍정적인 에너지를 받는다.
- 마무리

  ① 종료 15분~20분 전에 테이블과 책상 그리고 바닥 등 청소와 정리를 한다.

  ② 회기를 마무리하면서 알게 된 점과 느낀 점을 집단원들과 소감을 나눈다.

  ③ 작품으로 만들고 남은 과자를 나누어 먹으며 마무리

- 프로그램 평가
  - 매 회기마다 그저 던져 주는 질문에 아이들은 당황하기도 하고 주저하기도 한다. 그러나 아이들을 믿고 정답은 없으며 자신이 생각하는 대로 자유롭게 표현하면 된다는 말을 하고 시작하게 된다.
  - 아이들의 사고는 어른들만큼 틀에 채워지지가 않았기에 표현에 자유를 주고 너무 어려워할 때는 예시를 주어 활동에 촉진을 시켰다. 이렇게 한 활동에서 아이들은 다양한 생각들을 표현하였고 자신이 그냥 태어난 존재가 아니라 소중하고 귀한 사람이라는 것을 새롭게 지각하고 기적이라는 단어를 사용하여 조금 더 희망의 긍정적인 에너지를 올려 주는 역할을 하였다.
  - 마지막으로 자신에게 주는 메시지로 자기 자신을 먼저 챙기고 사랑을 할 수 있는 존재로 받아들이는 작업을 하였다. 아이들이 자신에게 주는 메시지는 힘들고 어려울 때 격려와 지지가 되는 말이라 차후에도 자신에게 전하는 메시지가 되리라 생각한다.
- 9회기 학생들의 소감
  - 김○○: 난 오늘 왜 태어났는지 생각해 보았다. 항상 태어났으니까 산다고 느꼈는데 뭔가 새로운 걸 알게 되고 정말 기적이란 게 일어나면 좋겠다. 또 정말 이런 말을 들으면 좋겠다. 행복하다.
  - 박○○: 오늘 '내가 왜 태어났지'라는 생각을 해 보아서 좋았고 '기적이 일어난다면'이라는 생각을 하면서 상상을 해 볼 수 있어서 좋았고, 메시지를 들어보니 기분이 좋았다. 넌 소중해.
  - 반○○: 이번 일주일 동안 안 좋은 일이 많이 있었는데 금요일 이 시간에 그 답답한 마음을 조금이라도 풀 수 있어서 좋았다! 나한테 뿌듯했다. 내 일이 중요하지 뭐
  - 신○○: 명언을 남겨서 좋았다. 기적이 정말 이루어지면 좋겠다. ㅋㅋㅋ창의력이 점점 좋아지고 있다. 화양연화(인생의 가장 아름다운 순간)의 꽃은 언제나 필 수 있다.
  - 백○○: 정말 난 왜 태어났는지 생각해 보고 나에게 주는 메시지를 읽고 보

니 마음이 편해졌다. 그리고 나 자신을 사랑한다는 것을 알게 되었다. 잘하고 있어.

- 윤○○: 나는 정말 왜 태어났을까를 생각해 보고 나에게 주는 행복을 알려준다. 이것을 하며 나는 내 자신이 소중해졌다. 사랑해, 고마워, 넌 소중해!
- 장○○: 재미가 있었다. 건빵에 글씨를 쓰는 건 처음이라서 신기했다. 오늘이 가장 시간이 빨리 지나간 것 같았다.

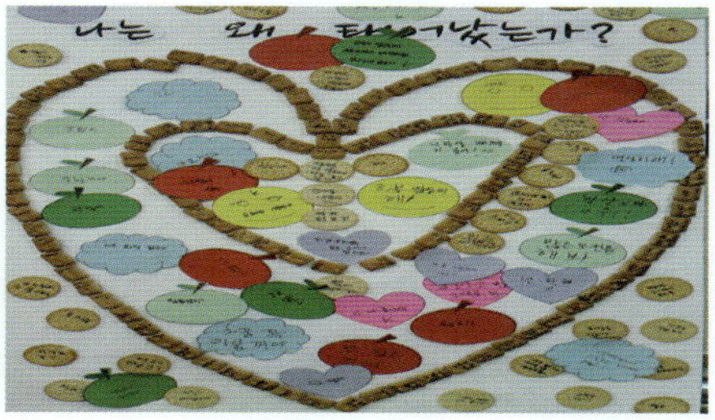

10회기 나의 소원 색 소금 만들기

✲ 목표

활동으로 배려와 존중을 학습하여 사회성을 높이고 소원을 구체화하여 자존감을 높여 긍정적인 에너지를 향상시킨다.

✲ 준비물

파스텔, A4용지, 씨리얼, 칼, 유리병, 리본, 스티커, 소금

✲ 활동 내용

- 도입
  - 프로그램을 변경하게 된 동기와 활동 방법과 방향을 설명하였다. 파스텔로 5가지 색상을 선택하여 소금에 색을 입혀 자신이 원하는 색상을 만들기.

• 전개

① 5가지 색상을 선택한 이유와 색상에서 느끼는 감정을 알아차리게 함과 친구들과 색상에 대해 나누기.

② 자신이 만들은 색 소금과 친구들이 만든 색 소금을 주고받으면서 배려와 존중을 학습하기(친구의 색 소금을 가져 올 때는 반드시 친구 동의가 있어야 된다).

③ 준비된 색 소금으로 자신의 소원을 A4용지에 표현해 보기.

④ 만들어진 작품에 제목을 붙이고 자신의 작품에 들어간 색 소금을 유리병에 담기.

⑤ 색 소금 유리병에 스티커와 리본을 붙여 꾸미기.

• 마무리

① 종료 15분~20분 전에 테이블과 책상 그리고 바닥 등 청소와 정리를 한다.

② 색 소금 만들면서 느꼈던 감정과 느낌을 친구들과 나누기.

③ 10회까지 자기를 알아 가기 위해 노력한 나에게 주는 선물로 피자파티를 함.

• 프로그램 평가

– 이번 회기는 나의 소원 팔찌를 만들기로 하였으나 아이들에게 조금 더 오래 지각되고 이번 활동으로 얻은 긍정의 에너지를 자신의 기억 속에 좋은 사진으로 저장해 둘 수 있고 촉매역할을 할 수 있게 색 소금 소원병을 만드는 것으로 프로그램을 변경하였다. 파스텔로 색을 만들고 친구들과 서로 자신이 원하는 색상을 나누기를 하면서 정해진 규칙과 배려에 대해 학습하는 시간도 되었으며 사회성도 배우게 하는 시간이었다. 무엇보다 자신이 원하는 색상과 표현한 긍정의 작품으로 만들어진 색 소금을 유리병에 담아 결과물을 가져가게 한 것이 아이들에게 더 큰 효과를 가져간 것 같다.

• 10회기 학생들의 소감

– 김○○: 오늘 이걸 하면서 나의 소원과 희망을 되찾고 음… 이 색이 뭔지 몰라도 얘가 네 친구 같다는 생각이 들었다. 내 소원을 다 가지고 있는 친구 선생님이 마지막 없던 친구를 만들어 준 것 같아 좋다 ㅎ

- 박○○: 색을 정하고 나서 그 뒤에 자신의 소원을 써 볼 수 있어서 좋았고 색을 입히면서 색이 변하는 게 좋았고, 똑같은 색으로 했는데 색이 달라서 신기했다. 완성작을 보았을 때 예뻤고 내가 원하는 모습이라서 좋았다.
- 반○○: 오늘은 조금 소금으로 활동하는 게 정신이 없었지만 나도 모르게 집중하게 되어서 잘 만들 수가 있었다. 오늘은 마지막 날 이라서 더 뜻 깊은 활동인 거 같다.
- 신○○: 화분이 이뻐서 좋았고, 내가 좋아하는 시와 배경이 잘 어울려서 좋았다. 색 소금도 원하는 색으로 만들 수 있어서 정말 좋았다. 앞으로도 이런 화분 같은 걸 만들어 보고 싶다.
- 백○○: 소금에 색을 입히는 것을 처음 하여서 좋았고 또 서로 빌리며 사회성이 높여진 것 같았다. 또 그 결과물을 가져갈 수 있어 좋았다.
- 윤○○: 오늘이 마지막 활동이다. 아쉽기도 하지만 지금까지 배웠던 것이 생각난다. '샌드위치 만들기, 모래로 날 꾸미기?'와 오늘 한 '나의 소원 색 소금 만들기' 등을 하면서 재미있었고 즐거웠다. 다음에도 이런 것이 있다면 또 할 것이다!
- 장○○: 손이 더러워졌지만 재미있었고 벌써 마지막이어서 아쉬웠다. 내년에는 3학년이어서 다시 신청도 못해 아쉬웠다.

4. 푸드표현 집단상담 회기에 따른 개인별 활동

(8회: 사랑해요, 고마워요)

푸드표현 예술치료 작품사진과 제목	반○○ 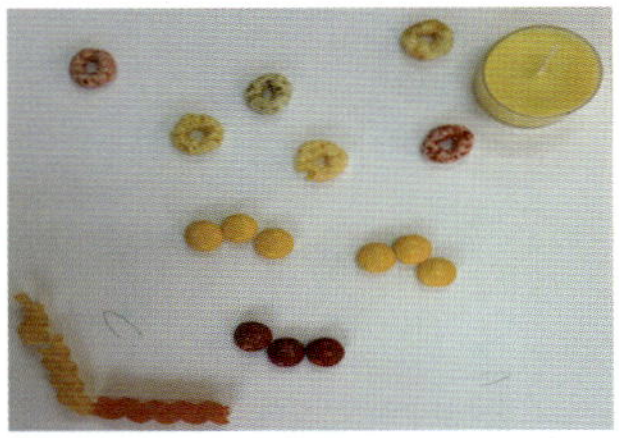	박○○ 
	신○○ 	김○○ 
	백○○ 	장○○ 
	윤○○ 	활동사진 

5. 결론

척도 검사 분석결과 푸드표현예술치료 프로그램이 문제해결의 강점척도에서 신○○, 백○○, 윤○○, 장○○ 등 4명은 도움이 된 것으로 결과가 나왔으며 김○○이는 변함이 없고, 박○○, 반○○ 이는 조금 낮아졌다. 약점척도에서는 박○○, 김○○ 등 2명은 도움이 되지 않았으며 반○○, 신○○, 백○○, 윤○○, 장○○ 등 5명은 프로그램이 도움이 된 것으로 결과가 나왔다. 또한 자아존중감 척도에서 반○○ 이외 6명의 학생들은 자아존중감이 향상되어 이 프로그램이 도움이 된 것으로 결과가 나왔다. 척도가 주는 양적분석의 변화도 있지만 질적분석으로도 학생들의 소감을 보면 김○○이의 자해를 더 하지 않겠다는 것과 색 소금 소원병으로 친구를 만들었다는 것이 가장 큰 긍정적 변화이기도 하다.

청소년들이 많은 시간을 보내는 곳이 학교라고 보았을 때 대인관계 형성에 얼마나 큰 영향을 받는지 충분히 짐작할 수 있고 학교는 사회의 작은 축소판이라고 말하기도 한다. 학생의 성장에 따라 가정에서 학교와 사회로 생활 범위가 확대되고 있다(김주연, 2012). 관계는 초기 양육 대상인 부모와의 관계에서 정서적 유대감을 실패하게 되면 좌절을 경험하게 된다. 그리하여 내면의 자아(ego)는 거절당하거나 버려질까 봐 불안한 심리적 정서를 느끼고 눈치를 보며 양육자와 정서적 분리가 되지 않아 의존성향으로 사회적 관계의 불안한 특성을 보이게 된다(이경숙, 2017). 이처럼 1차적 관계형성에 문제가 생기면 학교에서도 선생님과 친구 사이에서 사회적으로 좋은 인간관계를 맺기 어렵게 된다.

가정이나 학교는 학생의 관계형성과 인격형성에 많은 영향을 주고 있다. 또한, 학교는 급속도로 변화하고 있는 사회적 환경 속에서 바르게 적응하고 성장할 수 있는 능력을 길러 주는 교육기관이다(김주연, 2012). 따라서 학교부적응으로 학업중단이 되면 대인관계 형성에 부정적인 큰 영향을 받게 되며 성인이 되어서도 어려움을 초래할 수 있다. 본 프로그램에 참여한 학생들 대부분은 푸드매체를 사용한 "푸드와 놀며 자아존중감을 키워요." 프로그램을 통해 긍정적인 자아상을 형성하고 대부분의 학생이 자아존중감이 향상되었다. 이와 같은 결과는 일상생활에서 자주 대하는 편안한 소재인 푸드매체를 활용하여 먹으면서 즐겁고 재미있는 활동 속에서 자기결정성을 발휘할 수 있도록 자율적인 환경을 조성하고 자발적인 참여를 유도하였기에 참여학생들은 전반적으로 문제해결능력과 자존감향상에 도움이 되었다고 보여진다.

앞으로 학업중단 위기에 있는 학교부적응 청소년에게 푸드표현예술치료를 활용한 상담 및 맞춤형 프로그램 제공과 자원 연계를 통해, 학교생활의 동기를 부여함으로써 학업중단을 예방하고 학교생활의 적응력 증진을 도모하는 데 푸드표현예술치료가 긍정적인 효과를 거두며, 많은 청소년들의 자기정체성 확립과 자기성장에 도움이 되어 우리나라의 미래 기둥이 될 청소년들이 자신의 꿈을 멋지게 펼치는 데 기여하길 기대한다.

참고문헌

김민용, 김지유(2019). **건강하고 맛있는 창의융합 푸드표현예술치료.** 서울: 창지사

김주연(2012). 미술치료기법을 활용한 미술교육이 학교생활적응에 미치는 영향. 숙명여자대학교 교육대학원 석사학위논문.

김지유(2015). 학업 저성취 학생을 위한 푸드표현학습코칭 프로그램 개발과 효과연구. 선문대학교 일반대학원 박사학위논문.

위키백과. https://ko.wikipedia.org/wiki

이경숙(2017). 푸드표현예술치료가 관계와 몰입에 미치는 효과. 경상대학교 대학원 석사학위논문.

주현주(2018). 아들러 이론 중심의 집단미술치료가 저소득층 청소년의 자아존중감과 또래관계기술에 미치는 효과. 대구한의대학교 보건복지대학원 석사학위논문.

배은비
이소희

CHAPTER

07

장애청소년의 관계개선을 위한 푸드표현상담

CHAPTER

07 장애청소년의 관계개선을 위한 푸드표현상담

본 사례는 서울시 중학교 특수반 청소년 5명을 대상으로 한 (푸드표현집단상담)사례이다. 통제집단은 없으며 보호자, 담임교사, 보조교사, 상담자 4명의 관찰자들이 본 사례가 유의미한 결과가 있는지 알아보기 위해 행동관찰 체크리스트를 만들어 사전 사후 검사를 하였다. 한 달에 한 번 3시간씩 진행한 푸드표현집단상담 후 학생들은 현저하게 학교에서나 집에서 누가 보아도 달라진 행동변화를 보였으며 집단을 진행한 사람으로 자신감 있게 사례를 소개하게 되어 무한히 감사하고 기쁜 마음이다.

푸드표현집단상담을 진행한 후 필자는 지적장애인의 예술 활동은 앞으로 더 많이 연구되고 서로가 함께 의논하여 발전시켜야 할 학문의 한 분야라고 생각한다. 인간의 두뇌가 갖는 특성은 지식을 생성하고 활용하며 인간의 전반적인 부분에 영향을 미치는 인지과정으로 Anderson은 지적장애인의 치료적 접근은 인지에 관한 기능개선이 바탕이 되어야 하며(2014), 개인의 선호와 존중을 바탕으로 즐겁고 유쾌한 경험을 필요로 한다고 하였다. 김유미는 논리반구나 형태반구의 조화로운 활용과 즐거움이 주는 정서적 변화가 주요 치유요인이 된다(2010)고 하였다.

김민용(2019)에 의하면 푸드표현 예술활동은 누구에게나 감정을 표현하고 타고난 심리자원인 창의성을 향상하고 발달시키는 데 도움이 될 수 있는 창조적 활동으로 인간에게 치유의 경험을 제공한다고 하였다. 홍유진(1994)은 예술의 위대함은 예술 체험이 사람을 변화시키는 강력한 수단이 될 수 있다고 하여, 예술의 기능은 점점 인간존재의 변형(transformation)으로 확장되고 있다고 하였다.

좋아하는 교생 선생님 사랑해요.

푸드표현예술치료는 자연본연의 색채와 맛있는 식재료를 활용하여 마음을 표현하므로 참여하는 누구나 즐겁고 재미있게 마음과 생각을 표현하는 예술 활동이 가능하다(김지유, 2015). 뇌과학자들에 의하면 사람의 뇌는 죽는 순간까지 변화하고자 하는 가소성을 가지고 있다고 한다. 사람을 변화시킨다는 것은 뇌의 신경세포가 가지고 있는 커넥션, 즉 커넥톰(connectome)의 변화를 의미하며, 커넥톰은 평생 동안 변화한다고 말한다(강봉균, 2016). 일반적인 사람들의 인지활동보다는 느리겠지만 지적장애인을 위한 다양한 예술표현활동으로 의사소통, 효율적 학습전략 등 지적장애인을 위한 다양한 표현예술치료는 모든 감각을 활용하여 흥미롭게 이루어져야 하며, 다양한 매체를 통해 뇌에 영향을 줄 수 있는 최적의 감각자극의 경험이 이루어져야 한다고 필자는 주장한다. 표현예술치료에서의 즐거운 체험들은 내적 만족도를 높여 환경 적응능력을 향상시키고 자기조절과 통제에 긍정적인 영향을 줄 수 있다는 필자의 경험으로 알 수 있었다. 필자와 함께 푸드표현 활동을 했던 지적장애 청소년들의 경우 생활 적응에도 긍정적인 영향을 주었으며 학교 수업활동에도 적극적이고 긍정적으로 참여할 수 있는 의사소통과 자기표현을 자유롭게 할 수 있는 정서조절의 능력이 향상되는 결과를 가져왔다.

오빠와 할머니

숀 맥니프(Shaun McNiff, 1992)는 모든 예술은 치유성이 있고, 예술의 근본은 하나이며, 다양한 예술분야를 통합적으로 활용하면 단일 예술양식의 한계를 넘는 표현과 이해의 힘을 향상시킬 수 있다고 하는 그의 주장과 일치하는 결과이다. 그는 예술의 창의적 표현은 의식과 무의식적 정신활동을 통합하고, 의식의 영역을 자유로이 이동하게 하여 준다고 하였다. 푸드표현예술치료 또한 표현예술치료가 갖고 있는 장점과 그 효과성을 최대화하고 자연치유적인 우리 안의 항상성과 스스로 성장하고 싶은 우리의 본능적인 성장의 욕구인 자기실현의 욕구를 활성화하며 음식을 먹고 표현하면서 활동하므로 두뇌의 많은 영역의 기능을 활성화시키는 데 효과적이라고 본다(김민용, 김지유, 2019).

피아노 학원 선생님이 되어 있는 나

1. 내담자 기본 정보

1) 내담자 배경정보

본 사례의 내담자들은 **시에 위치한 여자중학교 1학년, 2학년 경도정신지체장애 대상 학교의 의뢰에 의해 장애청소년들의 상황에 따라 자신의 감정이나 생각을 적절하게 표현하여 타인과의 의사소통 능력을 증가시키고 이를 통해 학교생활 적응능력을 향상시키기 위한 '집단푸드표현교실'을 진행하게 되었다. 대상자의 기본 정보는 다음 〈표 7-1〉과 같다.

〈표 7-1〉 내담자의 기본정보

대상	학년	행동특성	학습수준
푸 양	중학교 1학년	• 발음이 다소 부정확하나 자신의 의사 표현을 적극적으로 함. 다소 지나친 경향 있음 • 타인에 대한 지나친 관심과 간섭으로 주위가 산만함 • 주변상황이 자신의 의지와 다를 경우 울음으로 표현함	• 기본적인 읽기, 쓰기, 말하기, 듣기가 가능하고 사칙연산을 함 • 지시에 따라 간단한 과제를 스스로 수행할 수 있음
드 양	중학교 1학년	• 말로 자신의 의사를 표현할 수 있으나 상대방의 물음에 말로 대답 않고 고개를 끄덕이는 수준으로 대답함	• 기본적인 읽기, 쓰기, 말하기, 듣기가 가능하고 사칙연산을 함 • 지시에 따라 간단한 과제를 스스로 수행할 수 있음
표 양	중학교 2학년	• 행동이 느리고 수줍움이 많음 • 말로 자신의 의사를 표현할 수 있으나 관계가 형성되기 전까지 상대방의 물음에 대답하지 않거나 단어로만 표현함	• 기본적인 읽기, 쓰기, 말하기, 듣기가 가능하고 사칙연산을 함 • 언어 이해력이 부족하여 지시를 반복하여 주지시키고 과제 수행 수시 확인을 요함
현 양	중학교 2학년	• 왼쪽 팔과 다리 마비로 행동과 걸음이 다소 부자연스러움 • 자신의 장애, 자신을 대하는 타인의 행동에 대한 인식이 높음	• 기본적인 읽기, 쓰기, 말하기, 듣기가 가능하고 사칙연산을 함 • 지시에 따라 간단한 과제를 스스로 수행할 수 있음

예 양	중학교 2학년	• 평소 조용하고 위축되어 있는 편이나 수용적인 분위기에서는 자신의 의사표현을 적극적으로 함	• 기본적인 읽기, 쓰기, 말하기, 듣기가 가능하고 사칙연산을 함 • 지시에 따라 간단한 과제를 스스로 수행할 수 있음

2) 호소문제

장애학생들이 일반학생들과의 통합학습시간 시 의사소통 및 감정표현에 대해 어려움을 겪고 스스로 장애에 대한 부정적인 인식을 가지고 있다. 때문에 통합학습시간에 평상시보다 위축되고 수업에 적응력이 저하되어 문제를 보이고 있다. 내담자 모두 자신의 감정이나 생각을 상황에 따라 자유자재로 표현하기를 원하고, 이를 통해 일반 학생들에게 소외감을 느끼지 않고 즐거운 학교생활을 하기 원한다.

3) 상담의 맥락

✲ **상담장소** : **여자중학교 가사실습실

✲ **상담횟수** : 총 8회기, 월 1회

✲ **내담경위** : 자신의 감정이나 생각을 상황에 따라 적절하게 표현하여 타인과의 의사소통능력을 증가시키고 이를 통해 학교생활 적응에 도움을 받고자 하는 내담자들의 의견을 모아 특수교사가 의뢰하였다.

4) 내담자 인상 및 행동 관찰

〈표 7-2〉 내담자의 인상 및 행동 관찰 정보

대상	인상 및 행동특성
푸 양	• 키와 몸무게 모두 또래와 비슷하며, 볼이 남들보다 빨갛고, 본인의 의지와 상관없이 콧물이 남. 머리는 단발형태를 띄며, 생머리임 • 발음이 다소 부정확하나 자신의 의사표현을 적극적으로 함. 다소 지나친 경향 있음 • 타인에 대한 지나친 관심과 간섭으로 주위가 산만함 • 주변상황이 자신의 의지와 다를 경우 울음으로 표현함
드 양	• 키와 몸무게 모두 또래와 비슷하며, 피부가 하얗고 눈이 크며 얼굴이 예쁜 편에 속함 • 대화를 하지 않는 이상 일반아동들과 구별이 되지 않음 • 머리는 앞머리가 있는 단발형태이며, 생머리임 • 말로 자신의 의사를 표현할 수 있으나 상대방의 물음에 말로 대답을 하지 않고 고개를 끄덕이는 수준으로 대답함
표 양	• 키와 몸무게 모두 또래보다 많이 크며, 이마가 볼록 튀어 나와 있음 • 안경을 끼고 곱슬머리에 포니테일 머리를 하고 다님 • 행동이 느리고 수줍음이 많음 • 말로 자신의 의사를 표현할 수 있으나 관계가 형성되기 전까지 상대방의 물음에 대답하지 않거나 단어로만 표현함 • 캐릭터 '키티'를 많이 좋아하여 그와 연관 지어 대화할 때 반응을 보임
현 양	• 키와 몸무게 모두 또래와 비슷하나, 얼굴 크기가 약간 작은 편임 • 곱슬머리에 포니테일 머리를 하고 다님 • 왼쪽 팔과 다리 마비로 행동과 걸음이 다소 부자연스러움 • 자신의 장애, 자신을 대하는 타인의 행동에 대한 인식이 높음 • 왼쪽 손을 사용하여야 할 때는 도움이 필요함
예 양	• 키와 몸무게 모두 또래보다 크며, 눈은 작은 편임 • 항상 웃는 인상으로 안경을 끼고 곱슬머리에 포니테일 머리를 하고 다님 • 평소 조용하고 위축되어 있는 편이나 수용적인 분위기에서는 자신의 의사표현을 적극적으로 함. 동생들을 잘 보살핌

5) 내담자 가족관계 및 성장발달배경(생육사)

대상	가족관계	성장발달배경
푸 양	〈동거〉 부, 새어머니, 본인	• 유아기 때 친어머니가 집을 나가고, 아버지도 얼마 후 집을 나감. • 초등학교 저학년 때 큰아버지 댁에서 지냄. • 이후 아버지가 돌아오셨으나 3~4명의 새어머니가 생겼음. • 새어머니가 집을 나갈 때마다 아버지도 함께 나갔다가 다시 들어오는 것을 반복함. • 그때마다 큰아버지 댁에서 돌봐 줌. • 현재는 다섯 번째 새어머니라고 본인이 이야기함. • 현재 새어머니는 잔소리가 심하고 아버지가 계실 때와 계시지 않을 때 행동이 다르다고 함.
드 양	〈동거〉 조모, 오빠, 본인 〈별거〉 아버지	• 자기의 이야기를 하는 것을 워낙 꺼려해서 어머니에 대해서는 물어보지 않음. • 현재는 할머니, 오빠와 함께 생활하는데 할머니가 남존여비 사상이 강하셔서 오빠 위주로 많이 살펴주고 본인은 다소 소외되는 느낌을 받는다고 함.
표 양	〈동거〉 부모, 오빠, 본인	• 부모님의 애틋한 사랑과 보살핌 속에서 자람.
현 양	〈동거〉 외조부모, 본인 〈별거〉 부, 모	• 어머니가 어린 나이에 현 양을 낳음. • 현재 외조부모와 함께 생활하고 있음. • 어머니는 경기도에서 미용관련 일을 하시면서 가끔 현을 보러 오심. • 외조부는 평소에는 다소 다정하게 현 양을 보살펴 주시나 음주 시에는 현 양에게 폭언을 많이 함. • 아버지와 어머니는 따로 생활하고 계시고 이혼을 하셨거나 이혼을 진행 중임.
예 양	〈동거〉 부모, 본인, 조부모	• 부모님의 애틋한 사랑과 보살핌 속에서 자람. • 아버지는 예 양을 장애인으로 등록하는 것을 반대하고, 고등학교 진학 시 특수 학급으로 진학하는 것을 꺼려함.

2. 내담자 평가 및 문제의 개념화

1) 내담자 심리검사 결과 및 해석

집단수업의 특성상, 시간의 제약이 있었고, 과반수 심리검사는 진행하지 못하였다. 그러나 푸드 표현을 통하여 심리를 분석하였다.

2) 내담자의 강점과 약점

대상	구분	강점과 약점
푸 양	강점	학교 일정에 따라 학교에 잘 적응하여 생활하고 자신의 의사를 잘 표현하고 상상력이 풍부함.
	약점	청결 및 위생 관리 능력이 부족하고 타인의 감정을 배려하는 능력이 부족하여 자신의 말만을 계속하려는 경향이 강함.
드 양	강점	학교 일정에 따라 학교에 잘 적응하여 생활하고 리더십을 발휘하여 특수학급에서 학생들을 이끄는 경향이 있음.
	약점	자신의 감정을 타인에게 드러내는 것을 싫어하고 관련된 활동을 거부함.
표 양	강점	학교 일정에 따라 학교에 잘 적응하여 생활하고, 사랑를 많이 받고 자라 타인을 도와주는 것을 매우 좋아함.
	약점	언어 이해력이 부족하고, 자기중심적인 사고로 타인의 감정을 배려하는 능력이 부족하여 또래 간에 마찰이 생기는 경우가 종종 있음.
현 양	강점	학교 일정에 따라 학교에 잘 적응하여 생활하고 온순하고 배려심이 깊어 특수학급에서 또래 사이에 인기가 매우 많음.
	약점	자존감이 다소 낮은 편이고 자신의 장애를 보는 타인의 시선을 의식하여 위축된 상태로 통합학급에서 또래관계 형성에 어려움이 있음.
예 양	강점	학교 일정에 따라 학교에 잘 적응하여 생활하고, 동생들을 잘 돌보며 리더십을 발휘하여 특수학급에서 학생들을 이끄는 경향이 있음.
	약점	특수학급 학생들 사이에서 다소 주도적인 역할을 하려는 욕구로 인해 가끔 다른 학생들과 마찰이 생기는 경우가 있음.

3) 내담자 문제의 진단 및 사례개념화

본 내담자들의 공통적인 문제점은

첫째, 친구들이나 주변인들에게서 소외된 느낌을 가지고 위축되어 있으며

둘째, 자신의 감정이나 생각을 자유롭게 표현하는 것에 익숙하지 못하여 의사소통에 어려움이 있기도 하며

셋째, 자신의 어려움을 울음이나 고집으로 표현하여 수업의 어려움이 있고

넷째, 친구들과 어울리지 못하여 싸움을 일으키기도 하며 외로워한다.

이러한 문제들이 내담자들에게 자신감, 자기조절, 의사소통의 문제를 발생시켰을 것으로 사료되어, 자기 자신의 소중함을 새로이 인식하여 자존감의 향상을 통하여 행복한 일상을 위한 감정조절과 의사소통의 능력 향상이 필요하다고 본다.

3. 상담의 목표 및 상담 전략

1) 상담목표(합의된 목표)

- 푸드 매체를 이용한 오감 체험 활동으로 자신의 감정이나 느낌을 작품으로 표현하는 능력을 향상한다.
- 푸드표현 작품활동에서 매체를 자르고 다듬고 만들면서 감정을 해소하는 감정을 정화시켜 정서적인 안정감을 갖게 한다.
- 푸드표현예술치료 과정을 통해 자신의 감정이나 생각을 표현하고 서로 피드백함으로써 자신을 표현하는 능력을 키운다.
- 다양한 자기표현 경험을 통해 효과적인 또래 관계를 맺도록 한다.

2) 상담전략 및 상담 기법

금번 집단 치료에서는 로저스의 인간중심 사상과 현실치료이론과 기법을 배경으로 하였다. 현실치료에서 말하는 인간의 5가지 유전적 욕구, 즉 사랑, 소속, 생존, 힘, 자유, 그리고 놀이에 대한 욕구가 푸드를 활용하는 이번 집단상담 과정에서 최대한 만끽될 수 있는 기회를 갖도록 해 주고 싶었다. 그러한 과정에서 자신이 선택한 조그만 활동이라도 그 활동이 자신에게 어떤 영향을 주는지 볼 수 있게 하고 그것은 주변사람들과 소통하며 사는 데 어떻게 영향을 주는지 체험하게 해 주고 싶었다. 집단을 촉진하는 과정에서 기대하는 바는 자신을 위해 가장 최선의 선택을 할 수 있는 능력을 키워 갈 수 있게 되는 것이었다.

의의 전략적 목표를 이루기 위해 로저스의 인간중심 이해와 치료적 관계를 적용하려고 하였다. 로저스의 "인간은 부드러운 식물" 이란 말, 즉 믿음과 안전이라는 바탕에서 인간은 자신을 발견하며 스스로 성장할 수 있는 "유연한 힘"을 얻게 된다는 말을 신념으로 갖고 있다. 이러한 바탕에서 집단참여자들이 충분히 "자기실현 가능성"을 발휘하기를 할 수 있도록 상담자는

첫째, 내담자와의 라포(rapport)가 가능하도록 따뜻함(warmth)와 반응성(responsibility)

둘째, 감정표현에 있어서의 최대한 허용함(permissiveness)

셋째, 치료적 한계(therapeutic limits)

넷째, 어떠한 압력이나 강제성으로부터의 자유를 최대한 보장해 주기 위해 각별한 노력을 기울였다.

4. 상담의 전개

1) 푸드표현상담 진행 프로그램

회기	단계	푸드 활동명(주제)	목표	재료
1	**상담초기** 자기이해	• 오감 느껴 보기(오감으로 먹는 음식, 숨어 있는 음식의 맛 알기) • 밀가루 색반죽으로 나를 표현하기 • 수제비 만들고 김치와 함께 먹기	친밀감 형성 자기소개 오감 알기	색깔밀가루반죽식빵, 당근, 삼색파프리카, 안대, 카스테라, 소금, 후추, 설탕, 레몬, 야채, 우유, 도마, 접시
2		• 밀가루 색반죽으로 자신의 상징 만들기 • 식빵에 딸기쨈, 초코시럽으로 자신 감정 표현하기 • 바게트야채치즈빵 만들고 우유와 먹기	푸드표현 이해 자신 감정 알기 (here & now)	밀가루반죽, 식빵, 딸기쨈, 초코시럽, 바게트빵, 마요네즈, 양상추, 색깔야채, 치즈, 우유,
3	**상담중기1** 감정표출	• 국수와 마른재료로 자신을 힘들게 하는 감정 표현하기 • 뻥튀기로 힘들게 하는 감정 표현, 부수기 • 컬러 비빔국수와 과일빙수 만들고 먹기	자신을 힘들게 하는 것 표출	색마분지, 색깔파스타, 소면, 과자, 뻥튀기, 비빔국수재료(계란, 야채, 고추장 등), 빙수재료
4		• 라면벽화(자기의 지금 감정표현하기) • 쌀로 자기가 좋아하는 사람 표현하기 • 끓인 라면과 과일 먹기	자신의 지금 감정 알기 긍정 자아 알기	라면, 쌀, 딸기, 수박, 생선묵, 김치, 떡볶이떡, 냄비, 칼, 접시, 자두, 단무지

5	**상담중기2** 긍정적 사고의 전환	• 쌀가루와 쿠키를 이용하여 자신의 가족관계 표현하기 • 송편 만들어 식혜와 먹기	가족관계를 통한 긍정적 사고 유도	쿠키, 색깔초코볼, 쌀가루, 설탕, 우리밀과자, 깨, 설탕식혜, 소금, 볼, 찜통
6		• 김밥재료로 자신의 꿈과 소망 표현하기(10년 후 나의 모습 표현) • 김밥과 콩나물국 만들고 시식하기	자신의 소망 찾기 엥커링 적용	칼, 도마, 색깔야채, 김밥재료, 필기도구, 색도화지, 콩나물국 재료
7	**상담종결** 긍정적 사고의 확장	• 새로운 나(미래의 나에게 상장 주기) • 샤브샤브 만들어 먹기	자신의 꿈과 소망 구체화하기 긍정적인 자아를 통해 부정적 감정에 대한 불안 감소	다양한 색과 모양 초콜릿, 칼, 도마, 도화지, 필기도구, 과자, 샤브샤브 재료, 조리기구
8		• 자신에게 성탄카드 쓰기 • 새해 희망나무 만들기 • 평가(설문지 작성)	긍정적인 자신에게 희망심기	카드, 필기도구, 트리나무, 사탕, 초콜릿, 설문지, 케이크, 향초, 음료

2) 푸드표현상담 회기별 활동내용 요약 및 상담자의 평가

1회기 주제

✲ 밀가루 색반죽으로 나를 표현하기

학부모와 상담자가 함께하는 시간으로 계획하여 진행하려 했으나 실제로 학부모는 한 명도 참석하지 않아서 상담자들로만 진행을 하게 되었다. 대상이 성장기의 청소년들이어서 오감을 자극하고, 손의 소근육을 사용하여 두뇌발달 향상에 도움이 되도록 색깔 식재료를 갈아서 만든 다섯가지 색의 밀가루반죽을 준비하였다. 상담자들이 손으로 재반죽을 하면서 시간을 시작하였고, 오감에 대하여 알고 느끼며 상담자와 친밀해지는 시간을 가졌다. 그런 후 다섯가지 색반죽을 이용하여 자신을 표현할 수 있는 작품을 만들어 서로 소개하는 시간을 가졌다. 그 후 오색수제비를 만들어 먹었다. 밀가루 반죽으로 작품을 만들면서 시각과 촉각의 감각기능을 향상시키고 긍정적 피드백으로 친밀감을 공유하며, 집단원 스스로 음식을 만들어 먹는 시간을 매우 좋아했다. 상담사의 지시에 잘 따라 주어서 집단 간 라포를 형성하기 위한 첫 번째 시간은 즐겁게 잘 진행되었다. 상담자가 예시를 꽃으로 만들었더니 모두들 꽃으로 자신을 표현했다. 다양한 표현을 위하여 상담자는 다양한 예시와 설명을 하여야겠다. 내담자들의 기대와 호기심을 잘 충족시켜 준 시간 같았다.

대상	작품 사진	내 용
푸 양		• 내가 아끼는 화분이 비바람에 떨어져서 깨졌다. • 나는 지금 너무 속이 상하다. • 화분을 새로 붙여서 꽃을 살리고 싶다. • 주제와 관계없이 자신의 생각을 표현하고 발표도 자신없는 태도로 우물쭈물 소극적으로 하였다.
드 양		**제목 : 햇빛 받은 꽃 너무 좋았다.** • 조용하게 예쁜 얼굴로 상담자의 진행에 협조했다. • 표현은 섬세하게 하였으나 발표는 묻는 말에 고개로 끄덕이는 수준이었다. • 요리활동 시에는 친구들을 도와주며 친구들을 리드하며 뒷정리까지 잘하였다.
표 양		**제목 : 키티** • 자신이 좋아하는 키티를 표현
현 양		**제목 : 해바라기** • 편안하고 좋았다.
예 양		**제목 : 눈 오는 날 꽃 행복하다** • 행복한 마음을 하트로 표현

2회기 주제

✲ 밀가루 반죽으로 자신의 상징물 만들고, 식빵에 딸기잼, 초코시럽으로 자신의 감정 표현하기

두 번째 시간인 2회기에서는 지난 시간에 이어 푸드표현상담을 이해하여 자신의 현재, 지금 자신의 감정을 식빵에 딸기잼과 초코시럽으로 표현하도록 하였다. 우선 자기 자신을 이해하고 자기 자신에 대해서 생각하는 시간을 갖고, 밀가루 반죽으로 자신을 소개하기 위한 상징물을 만들고 나누는 시간을 가졌다. 서로 발표하는 시간에 자청하는 사람이 없어서 상담자가 먼저 이야기를 하고 돌아가면서 발표하는 시간을 가졌다. 식빵에 딸기잼과 초코시럽으로 지금 자신의 기분을 표현해 봄으로써 다양한 표현을 통해 창의성을 깨워 보는 시간을 갖도록 진행했다. 먹는 것에 관심이 많은 표 양은 특히 초코시럽 먹는 것에 욕심을 많이 냈다. 자신이 만든 작품을 한 명씩 발표하도록 하면서 집단원들에게 어떤 느낌인지 발표하게 하였다. 1회기보다 서로의 작품에 대한 다양한 표현들이 생기기 시작하였다. 식빵으로 샌드위치를 만들어 먹는 그 시간을 특별히 좋아하였다.

대상	작품 사진	내 용
푸 양	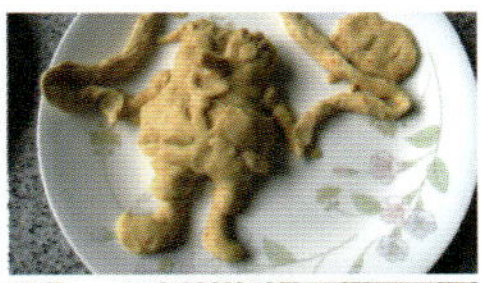 	• 내 모습을 상징물로 표현. • 기분이 우울해서 소극적으로 참여함. • 요리활동 후 말이 많아지면서 자신이 잘하는 요리 등을 상담자에게 계속 말을 했다. • 제어가 필요했다.
드 양	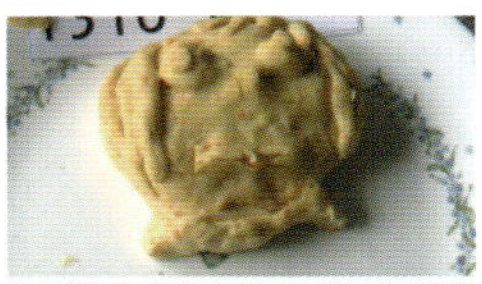 	**제목 : 내 얼굴** • 상징물로 자신의 얼굴을 만듦. **제목 : 팽귄** • 즐거운 마음을 표현함. • 별 특징 없이 상담의 진행순서에 따라 조용히 움직였다. 표현속도는 타집단원들 보다 빠른편이다.

표 양	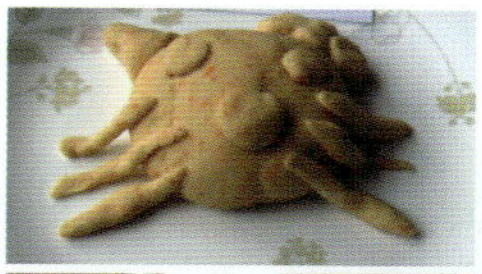 	**제목 : 키티** • 어떤 주제에도 자신이 좋아하는 키티 캐릭터만 표현한다. • 상담자에게 직접적으로 답하지 않고 보조선생님을 통해 의사전달을 한다.
현 양	미참여	
예 양	 	**제목 : 나** • 나의 모습을 표현 **제목 : 내 마음** • 좋은 마음과 싫은 마음 • 순서에 따라 작은 소리로 발표함.

3회기 주제

✲ 국수와 마른재료로 자신을 힘들게 하는 감정 표현하기

✲ 뻥튀기로 힘들게 하는 감정 표현하고 부수기

1, 2회기에서 자기를 이해하고 자기 자신에 대해서 알았던 과정의 연장선에서 자신을 힘들게 하는 감정을 국수와 마른재료로 표현하게 하였다. 1차로 자신이 색마분지를 선택하여 국수와 색깔 파스타 등 마른 재료로 자신을 힘들게 하는 감정을 표현하였다. 2차로 뻥튀기로 자신을 힘들게 하는 감정을 표현하고 부수기를 하였을 때 집단원들은 진지하게 표현하고, 서로 이야기를 나누는 시간에 공감대 형성이 잘 이루어졌던 것 같다. 부수기를 할 때 뻥튀기를 더 달라고 하여서 추가적으로 부수며 스트레스를 해소하는 것을 볼 때 이 시간이 집단원 모두에게 힐링이 되는 시간이 된 것 같다. 감정을 표출한 후 즐거워진 마음으로 비빔국수와 과일빙수를 만들어 먹으며 즐겁게 시간을 마무리하였다. 먹는 것과 함께하는 푸드표현상담은 자

발적으로 이야기를 할 수 있도록 의사소통능력을 증가시키는 촉매작용을 하였다.

대상	작품 사진	내 용
푸 양		**제목 : 엄마의 시끄러운 잔소리** • 엄마는 맨날 공부를 안 한다고 잔소리를 하신다. 다른 애들은 더 공부를 안 하는데, 엄마가 나한테만 잔소리하고 화내는 것이 너무 억울하다. 밥을 먹고 있으면 엄마는 "쳐먹는다"라고 소리 지르면서, 아빠가 계실 때에는 화를 내지 않고 부드러운 목소리로 얘기를 하신다. ("쳐먹는다"고 여러 번 언급) 하루는 너무 화가 나 엄마에게 집 나가겠다고 말했더니 오히려 나가라고 소리를 질러 너무 속상했다. • 어느 정도 라포형성이 된 것 같다. 상담자의 말에 집중하는 태도를 보이고 주제에 대한 이야기도 잘 발표하였다. 혼자 너무 많은 이야기를 하려고 했다.
드 양		**제목 : 오빠와 할머니** • 제일 먼저 도착 친구들이 오기를 기다렸다. 말문이 열림. • 오빠랑 할머니가 맨날 드 양에게만 잘못했다고 뭐라고 해서 너무 속상하고 억울하다고 했다.(발표하면서도 화가 났는지 얼굴이 매우 빨개짐) 오빠의 어른들 앞에서와 둘만 있을 때의 전혀 다른 태도에 대해 억울하고 화남을 표현했다.(오빠는 자신이 혼자 있을 때 나가서 죽으라고 했단다) • 이전 회기보다 적극적으로 활동에 참여하였다. 상담자와 눈을 맞추며 이야기했다. 뻥튀기로 오빠의 모습을 만들었다가 부순 뒤, 부숴진 조각으로 칼을 만들었다. 그 칼로 오빠를 죽이고 싶다는 표현을 했다. 뻥튀기 한 장 더 달라고 하여 가루가 나도록 부순 뒤 화난 마음이 진정되었다.
현 양	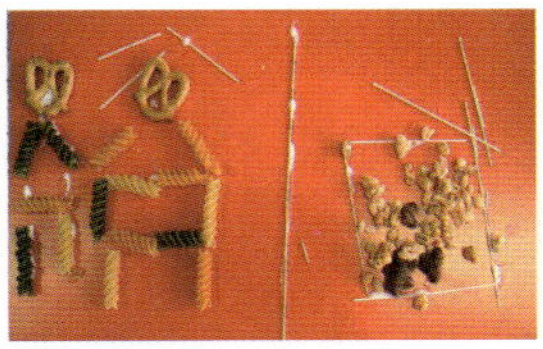	**제목 : 엄마랑 따로 사는 것** • 예전에는 엄마랑 같이 살다가 지금은 엄마랑 따로 사는데, 이것이 너무 슬퍼서 표현했다. 국수로 만든 벽으로 엄마랑 현 양이 떨어져 있는 것을 표현했다고 한다.
예 양	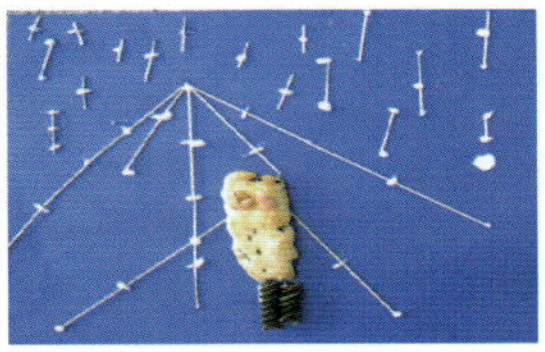	**제목 : 외톨이, 쓸쓸한 나** • 예 양은 초등학교때 따돌림을 당했던 일을 표현했다.(발표를 하지는 않고 보조선생님께 이야기해서, 선생님이 대신 이야기해 주심)

4회기 주제

✻ **라면벽화**(자기의 지금 감정 표현하기)

✻ **쌀로 자기가 좋아하는 사람 표현하기**

1차로 자신의 현재 감정을 라면벽화로 표현하고 나누면서 마음열기를 한 후, 2차로 쌀로 자기가 좋아하는 사람 표현하기를 해 보았다. 지금 자신의 감정을 표현함으로써 자신의 내면의 마음을 들여다보고 자기 안에 있는 감정들을 표현함으로써 타인과의 관계에서 상황에 따라 자유롭게 표현할 수 있는 능력을 향상시키는 시간이었다. 쌀로 자기가 좋아하는 사람을 표현하게 했을 때, 사춘기 소녀들답게 자신이 좋아하는 이성을 표현했고, 회기가 더할수록 타인의 이야기를 들어주는 능력이 향상되는 것을 느꼈으며, 집단원의 개인 발표시간도 늘어났다. 자신의 이야기를 하기 좋아하는 푸 양은 수시로 자신의 이야기만을 하려는 경향이 나타나, 다른 사람들의 이야기를 경청하는 태도에 대하여 설명이 필요했다. 라면을 끓여 과일과 함께 먹으며, 즐겁고 화기애애한 시간으로 마무리 되었다.

대상	작품 사진	내 용
푸 양	집안일로 불참	
드 양	 	**제목 : 라면벽화(없음)** • 구름과 집, 해 등을 표현한 듯하나 그냥 표현했고, 제목은 없다고 함. 자신의 지금 감정을 풍경으로 표현하고는 작품에 대한 설명은 '그냥'이라고만 하고는 입을 닫았다. **제목 : 아수라 오빠** • 자신이 좋아하는 사람의 표현에 오빠를 표현했다. 얼굴 반쪽은 웃고 있고, 반쪽은 찡그린 얼굴의 사람 표현 후 물으니 빙긋 웃기만 하곤 말하지 않았다.
표 양	 	**제목 : 좋아하는 교생 선생님 사랑해요.** • 지금 현재의 감정도 좋아하는 사람 표현에도 모두 같은 교생 선생님만 표현함. • 작품을 만들 때 1~3회기때 보다 적극적으로 표현하고자 하는 태도의 변화를 느낄 수 있었다.

현 양		**제목 : 무덤** • 남친이 죽어서 산소에 다녀왔다. 잘해 주지 못해서 맘이 아프고 우울하다. • 내가 좋아하는 사람 표현에도 전 남친이 죽은 것을 제목으로 표현함. • 3회기부터 발표시간에 말을 하는 시간이 길어졌으며 상담자와 눈을 맞추며 웃으며 이야기하기를 좋아한다. 집단원들을 배려하며 모든 활동에 잘 참여한다.
예 양		**제목 : 사촌오빠 얼굴** • 사촌오빠가 좋다. **제목 : 좋아하는 사촌 오빠** • 사촌오빠와 나는 재미있게 지낸다. 나는 사촌오빠와 같이 있을 때가 제일 좋다.(웃음 띠며 사촌오빠와 지낸 이야기를 계속 함) • 지난 회기와는 달리 활발하게 웃기도 하고 발표도 열심히 하는 변화가 생겼다.

5회기 주제

✲ 쌀가루와 쿠키를 이용하여 자신의 가족관계 표현하기

추석을 앞두고, 쌀가루를 이용하여 송편을 만드는 요리활동이 있어서 쌀가루와 쿠키를 이용하여 자기 가족과 자신의 관계를 표현하는 시간을 가졌다. 자기 이야기하기를 좋아하지 않는 드 양은 가족관계 이야기하기를 좋아하지 않았다. 질문에 침묵으로 답했으며, 상담자는 대답하기 싫은 부분에 대해 편하게 말하고 싶을 때 말할 수 있도록 기다린다고 했다. 쌀가루의 느낌과 자신이 좋아하는 쿠키를 이용한 매체선택은 활동 주제와 잘 부합되어 자신 안에 있는 가족에 대한 긍정적인 마음을 발견하고 표출할 수 있는 좋은 계기가 되었다.

대상	작품 사진	내 용
푸 양		**제목 : 각 방에서 잠자는 가족** • 엄마는 큰방, 아빠는 거실방, 푸 양은 작은방에 있는 모습 표현. 컴퓨터를 못하게 해서 세 명이 싸움이 났는데, 엄마는 욕을 하고 아빠는 소리를 지르고 나는 혼자. 각자 방에서 잠을 잔다. • 마치 소설이나 드라마를 이야기하듯 자신의 가족이야기를 했다. • 오늘은 혼자 말을 많이 하지 않았으며 상담자의 진행에 잘 따라 주었다.
드 양		**제목 : 할머니, 오빠, 나** • 오늘도 드 양은 삼십분 전부터 와서 준비하는 상담자를 도왔다. 할머니와 오빠와 사는 나의 가족표현 후 아무 말도 하지 않았다. • 생각이 많은 듯, 가족 이야기에 힘들어하며 표현을 빨리 마친 후 제목만을 말하고 침묵. • 하지만 송편을 만들고 쪄서 먹는 사이에 친구들과 자연스레 어울려 친구들의 뒷정리까지 도와주며 즐겁게 시간을 마쳤다.
표 양		• 표현에 참석은 하였으나, 작품을 만들어 내지는 못하였다. • 평상시 가족에 대해서 표현하지 않는다.
현 양		**제목 : 엄마, 아빠, 나, 할머니, 할아버지** • 가족관계를 표현한 작품이다 • 엄마가 아빠에게 7월에 이혼하자 하는데 거짓말하는 아빠가 싫어서 이혼하자 하고 있다. 이혼 안하고 같이 살았으면 좋겠다.
예 양		**제목 : 사촌오빠** • 사촌오빠가 제일 좋다. • 다른 가족은 표현하지 않음. • 얼굴에 홍조를 띠며 열심히 이야기를 했다.

6회기 주제

김밥재료로 자신의 꿈과 소망 표현하기

김밥재료로 자신의 꿈과 소망이 담긴 10년 후에 내가 원하는 모습을 표현할 때 화기애애한 분위기와 창의적이고 다양한 표현의 작품이 만들어졌으며, 집단 간의 역동으로 집단원들의 피드백도 긍정적인 말들이 많이 나왔다. 집단의 역동을 확실하게 느낄 수 있는 생명력이 있는 색깔 야채들을 이용한 꿈과 소망 표현하기는 적절한 매체라고 생각되었다. 자신이 만든 김밥과 콩나물국을 먹으면서 즐거워하는 집단구성원들을 보며, 인간의 기본욕구 충족이 동기화가 되어 푸드표현예술치료상담은 그 효과를 극대화할 수 있는 방법인 것 같다.

대상	작품 사진	내 용
푸 양		• 자신의 10년 후의 모습을 표현했다. 자신은 아빠와 효도하며 남편과 산다. 남편은 교통사고를 당해 다리가 불편하다. 그 모습을 본 아빠는 속상해서 이불을 쓰고 뒤돌아 누워서 울고 있다. 그 모습을 본 나는 어쩔줄 몰라 하고 있다. 난 원래 불행하다. 10년 후에도 불행할 것이다. • 삶이란 그런 것이다. 남이 생각하는 불행을 자신의 미래에 아무렇지도 않게 표현하며 이야기하는 모습을 보여주었다. 담담한 태도로...
드 양	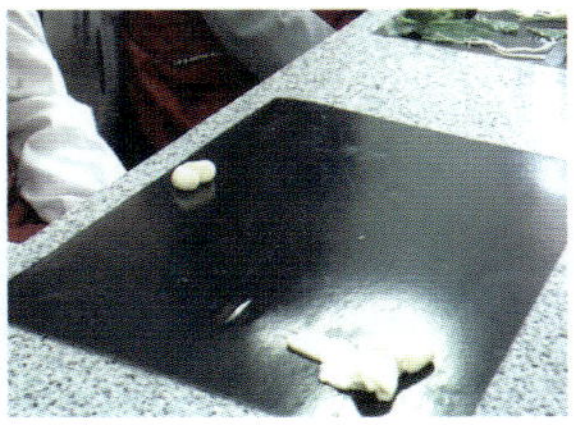	• 자신의 꿈과 희망을 표현하는 시간이었다. 그러나 드 양은 '아무 것도 하고 싶지 않다'하고는 검정색 바탕에 치즈로 표현한 작품 설명에서 10년 후에 하트가 깨져서 바닥에 있고, 사람은 하늘에 있다.'라고 말하고는 힘든 표정으로 책상만 바라보며 말없이 앉아 있었다.
표 양	미참여	
현 양		**제목 : 학교 국어선생님이 되어서 학생을 가르치는 모습** • 10년 후의 자신이 희망하는 모습을 표현한 것으로 자신의 꿈을 구체화하여 표현했다. • 즐거워하며 열심히 표현했고, 행복한 미소를 지으며 작품을 발표했다. • 적극적으로 표현하는 태도의 변화가 느껴졌다.

예 양		**제목 : 피아노 학원 선생님이 되어 있는 나** • 학생들 앞에서 피아노를 가르치며 즐겁게 생활하고 있다. 브로콜리는 학생, 콩나물은 음표. • 시간 내내 행복한 표정으로 열심히 참여했다. 수줍고 소극적인 태도는 이제 사라졌다.

7회기 주제

✲ 미래의 나에게 상장주기

자신의 꿈과 소망을 구체화하여 새로운 나(미래의 나)에게 상장을 주는 시간인 7회기는 상담의 종결부분으로 부정적 감정에 대한 불안을 감소시키고 긍정적인 사고의 확장시간이었다. 다양한 색깔과 모양의 초콜릿, 과자, 캔디 등으로 자신에게 주는 상장을 만드는 활동에서 자신이 좋아하는 색깔의 접시를 고르고, 작품을 만드는 동안 집단원들은 다른 때보다 말을 많이 하고 더욱 즐거워보였다.

대상	작품 사진	내 용
푸 양	불참	
드 양		• 오늘도 일찍부터 와서 기다리다가 조리실 걸레질도 하고 재료준비도 도와 주었다. – 노랑접시에 표현 – 작품은 아무 생각, 뜻 없이 했다고 함 – 본인은 듣고 싶은 말이 없고, 귀를 막았음 – 그래서 다른 친구들이 드 양에게 해 주고 싶은 말을 하게 했음 "드 양은 똑똑하다, 머리가 좋다, 남을 잘 챙겨 준다. 넌 소중하다"말해 주니 배시시 웃는다. 그 뒤 웃으며 음식만들기에 적극 참여하여 즐겁게 시간을 보냈다.

<table>
<tr><td>표 양</td><td></td><td>– 보라색 접시에 표현
– 다른 날보다 말을 많이 하고 즐거워 보임
– 작업하면서 계속 먹으며 즐거워했으나 막상 발표시간에는 가위바위보로 순번을 정하기는 했지만 자기 표현은 하지 않았음</td></tr>
<tr><td>현 양</td><td></td><td>• 미래의 자신에게 주는 상장 표현
– 노랑접시에 표현
– 본인의 행복한 모습을 표현. 즐겁고 행복한 미래의 완성 모습이라고 함.
– "현 양아, 잘했어"란 말을 듣고 싶어 해서 집단원이 함께 말을 해주자 행복해서 눈물을 흘리며 감동했다.</td></tr>
<tr><td>예 양</td><td></td><td>• 미래의 꿈을 이룬 자신에게 주는 상장을 초록접시에 표현
– 옆에 피아노가 놓여 있고, 본인은 비즈를 하는 모습을 표현
– 피아노, 비즈공예선생님으로 "너 성공했구나"란 말을 듣고 싶어 했다.</td></tr>
</table>

8회기 주제

❋ 새해 희망나무 만들기

상담의 마무리인 마지막 시간으로 지금까지 해 온 상담 활동에서 형성된 긍정적이고 미래지향적인 자신에게 희망을 심어 주어, 앞으로의 생활 속에서 보다 향상된 소통능력으로 조금은 적극적으로 자신을 표현하는 자기 자신을 위해 자신에게 주는 성탄카드와 편지를 쓰게 했다. 새해에 이루고 싶은 희망의 글을 적은 희망나무를 만드는 과정에서 서로의 솜씨를 뽐내며 행복하다는 소감을 말하며 자신의 장점을 수줍게 말하는 집단원들을 보며 집단원 한 명 한 명이 성장하고 자신감이 향상되었음이 느껴졌다. 서로에게 해 주는 긍정적인 격려와 지지의 말의 내용도 향상되었다. 자신이 만든 트리를 놓고 촛불을 킨 케익을 가운데 두고 진지한 표정으로 노래를 할 때 정말 감동적이었다.

대상	작품 사진	내 용
푸 양		**제목 : 새해 나의 희망나무** • 자신만을 생각하며 다소 지나치게 자신의 의사표현을 하고 타인에 대한 지나친 관심과 간섭을 하던 태도가 조금은 남을 배려하려는 태도와 함께 집단의 규칙을 잘 지키며 행동하게 되었다. 처음에는 다소 따돌림을 받던 행동들이 조금 줄어든 것 같다.
드 양		**제목 : 새해 나의 희망나무** • 재료를 적절하게 사용하여 예쁘고 화려하게 꾸몄다. • 활동에 적극 참여했으며 즐겁게 친구들과 웃으며 시간을 즐겼다. • 아직 자신의 마음을 표현하려고 하지 않고 있으나 친구들과 함께하는 시간을 즐거워하는 것 같다.
표 양		**제목 : 새해 나의 희망나무** • 보조선생님을 통해서만 하던 의사표현 방법에서 상담자에게 직접 답을 하고 손을 들어 발표도 하는 태도의 변화가 생겼다.
현 양		**제목 : 새해 나의 희망나무** • 열심히 진지하게 나무를 만들었다. • 소극적이고 수줍던 태도에서 적극적으로 발표하는 변화가 생겼다. • 위축되었던 마음이 조금은 변화한 듯 느껴진다.
예 양		**제목 : 새해 나의 희망나무** • 수줍게 다소곳이 앉아 차례가 돌아와야만 말을 하던 소극적 태도에서 손을 들고 먼저 발표하고 싶어 하는 적극적 태도로 변화했다. • 희망나무도 균형 있게 예쁘게 꾸몄다. • 요리시간엔 더욱 적극적으로 참여했다.

3) 축어록(7회기)

✻ **수업주제** : 새로운 나(미래의 나에게 상장주기)

✻ **요리활동** (샤브샤브 만들어 먹기)

✻ **참여학생** : 드, 표, 현, 예 (푸는 결석으로 수업 불참)

상1 : 여러분, 안녕하세요. 오늘은 자신의 꿈과 소망이 이루어 낸 나에게 상장을 주는 시간을 상상해 보고, 그 상장을 과자와 초콜릿으로 표현해 볼 거예요. 그리고 서로 작품을 보면서 이야기를 해 보는 시간입니다. 자~~ 우리 명상을 하면서 우선 자신에게 어떤 꿈이 있는지 생각해 보도록 해요. (♬음악이 흘러나온다.)

상2 : 우리 다 같이 손을 모으고, 눈을 감고, 나는 어떤 꿈을 가지고 있는지, 내소망은 무엇인지 생각해 보세요. 또 그 꿈이 이루어졌을 때 우리 어떤 기분일지도 생각해 봅시다. (3분 정도 시간이 지난 후 음악을 끈다.)

상3 : 우리 친구들, 어떤 꿈을 이루고 싶은지 상상해 보았나요? 그 꿈이 이루어졌을 때, 자신에게 어떤 상장을 주고 싶을까요? 우선 친구들 앞에 있는 색 접시를 골라 보세요.

예 양1 : (웃으면서) 저는 초록색이요. 오늘 초록색이 좋아요.

현 양1 : (노란색을 가르키면서) 나는 저 색으로 할래요.

드 양1 : 언니, 언니 여기(현 양에게 노란 접시를 갖다 준다.). 나도 언니랑 같은 색 해야지.

상4 : 표 양은 무슨 색 하고 싶니?

표 양1 : (손가락으로 접시만 가르킨다.)

상5 : (주황색 접시를 가져다주며) 이 접시를 원하는 거니?

표 양2 : (고개를 좌우로 흔들며 손가락으로 다른 접시를 가르킨다.)

예 양2 : 선생님, 표 양은 오늘 보라색을 하고 싶어하는 것 같아요.

상6 : 표 양아. 보라색 접시에 하고 싶니? 보라색 접시가 맞으면 대답해 볼까?

표 양3 : (고개를 끄덕이며) 네!

상7 : 우리 모두 자신이 원하는 접시를 골랐어요.
그러면 우리 앞에 있는 여러 가지 초콜릿, 사탕, 과자 등이 있어요. 이 재료들을 이용해서 우리 친구들이 생각한 상장을 만들어 볼 거예요.
이 재료들의 색은 어때요?

예 양3 : 알록달록해요.

드 양2 : 음...... 까만색이 많네요. (현 양과 표 양은 말이 없음)

상8 : 이 재료들을 만져 볼까요? 어떤 느낌이 나나요?

드 양3 : 초콜릿은 녹아서 손에서 묻었어요.

예 양4 : 미끄러워요.

표 양4 : (한 쪽에서 초콜릿은 계속 먹고 있다.)

상9 : 현 양은 어떤 느낌이 나요? 어떤 생각이 들어요?

현 양2 : 먹고 싶어요.

상10 : 그렇구나. 우리 이 초콜릿을 손안에 넣고 흔들어 볼까요?

학생들 : (다같이 흔들면서 손을 귀에 가져다 댄다.)

상11 : 어떤 소리가 나나요?

예 양5 : 트라이앵글 소리 같아요.

드 양4 : (눈을 감고) 음...... 종소리가 나는 것 같네요.

상12 : 현 양과 표 양은 어떤 소리가 나는 것 같아요?

현 양3 : 시냇가에 있는 것 같아요.

표 양5 : 몰라요. (책상에 엎드린다.)

상13 : 우리 표 양이 모른다고 말하는 것도 잘한 거예요. 우리 이제 이 재료들을 가지고 자기가 고른 색접시에 우리 친구들이 꿈과 희망을 이뤘을 때 받고 싶은 상장을 만들어 보도록 해요.

〈활동〉

상14 : 여러분 상장을 다 만들었나요?

모두 : 네.

상15 : 이제 우리 친구들이 자기가 만든 작품에 대해서 이야기를 해 볼텐데… 자 누구부터 할까요? (조용한 분위기)

예 양6 : (머뭇거리면서) 선생님, 우리 가위바위보를 해서 발표해요.

상16 : 그러면 우리 가위바위보를 해서 이긴 사람부터 먼저 발표를 하도록 해 볼까요? 예 양과 표 양, 드 양과 현 양 서로 가위바위보를 해요.

드 양5 : 선생님, 제가 이겼어요.

예 양7 : 저도 이겼어요.

상17 : 이긴 친구들끼리는 이긴 친구들끼리, 진 친구들은 진 친구들끼리 가위바위보를 다시 하세요.

예 양8 : 가위바위보.(아쉬워하며) 졌다.

상18 : 현 양과 표 양은 누가 이겼어요?

표 양6 : (손가락으로 현 양을 가리킨다.)

현 양4 : (손을 든다.)

상19 : 표현 순서는 드 양, 예 양, 현 양, 표 양 순으로 할께요. 자 이제 우리 드 양부터 발표해 볼까요? 만들면서 무슨 생각을 했나요?

드 양6 : 그냥 만들었어요.

상20 : 막대 과자 안에 있는 것은 무슨 의미가 있어요?

드 양7 : 아무 의미없어요.

상21 : 드 양은 이루고 싶은 꿈이 있나요?

드 양8 : 없어요.

상22 : 드 양은 생각나는 대로 작품을 표현했대요. 우리 드 양은 자신의 꿈을 이루었을 때 어떤 말을 듣고 싶을까요?

드 양9 : 없어요.(손바닥으로 양쪽 귀를 막는다.)

상23 : 드 양은 듣고 싶은 말이 없대요. 그러면 우리 친구들이 드 양에게 해주고 싶은 말이 있으면 해 볼까요?

현 양5 : 드 양은 잘 도와주고 잘 챙겨 줘요.

예 양9 : 드 양은 머리가 좋아요.

표 양7 : 똑똑해요.

상24 : 우리 친구들이 드 양에게 해 주고 싶은 말은 똑똑하고, 머리가 좋고 남을 잘 챙겨 준다는 것이네요. 오늘 드 양이 일찍 와서 우리 친구들이 수업을 할 수 있도록 선생님을 도와주었어요. 드 양에게 "드 양, 너는 소중한 존재야."라고 말해 줄까요?

현 양6, 예 양10, 표 양8 : 네. 드 양, 너는 소중한 존재야.

드 양10 : (환하게 웃으며)흐흐

상25 : 지금까지 드 양이 표현을 했어요. 이번에는 초록색 접시에 상장을 만든 예 양이 작품에 대해서 이야기 해볼까요?

예 양11 : 이거는 피아노는 가운데는 저에요. 제가 비즈 공예를 하는 모습이에요.

상26 : 예 양은 나중에 피아노와 비즈를 하는 사람이 되고 싶구나.

예 양12 : 네. 저는 피아노와 비즈를 가르치는 선생님이 되고 싶어요.

상27 : 그렇구나. 예 양은 어떤 말을 듣고 싶어요?

예 양13 : 저는 "너 성공했구나."라는 말을 듣고 싶어요.

상28 : 우리 다같이 예 양에게 "성공했구나"라고 말해 볼까요?

드 양11, 표 양9, 현 양7 : 성공했구나

(방긋 웃는다.)

상29 : 이번에는 현 양이 만든 상장에 대해서 이야기해 볼 거예요.
현 양은 무엇을 표현한 건가요?

현 양8 : 즐겁고 행복한 미래 모습이에요.

상30 : 현 양은 즐겁고 행복하게 살고 싶어서 이렇게 표현했대요. 현 양은 친구들에게 어떤 말을 듣고 싶어요?

현 양9 : "현 양아, 잘했어요."

상31 : 우리 다 같이 말해 볼까요?

드 양12, 표 양10 ,예 양14 : 현 양아, 잘했어.

현 양10 : (갑자기 눈물을 흘리면서 흐느낀다.)

상32 : 현 양, 지금 눈물이 왜 나는 거예요?

현 양11 : 행복해요.

상33 : 현 양은 우리 친구들 말을 듣고 행복해서 눈물이 났데요.(현 양 어깨를 토닥여준다.)

상34 : 이번에는 마지막으로 표 양이 발표해 볼게요. 표 양은 어떤 작품을 표현했나요?

표 양11 : (멀뚱멀뚱 눈만 깜빡이며 대답을 하지 않는다.)

상35 : 표 양은 작품에 대해서 표현하고 싶지 않나요?

표 양12 : (고개를 끄덕인다.)

상36 : 그러면 다음시간에는 표현할 수 있을까요?

표 양13 : (고개를 끄덕인다.)

상37 : 자, 오늘 우리 친구들이 자신의 꿈과 소망이 이루어졌을 때 나에게 줄 상장을 상상해 보고 이야기를 해 보았어요. 우리 열심히 한 친구들을 위해서 서로 박수

다같이 : 짝짝짝!

5. 푸드표현상담의 결과

1) 푸드표현 상담 후 사전 사후 결과 비교

(1) 집단원의 개별적 변화

대상	변화내용
푸 양	자신의 표현을 절제할 줄도 알게 되고, 자기표현을 잘하며 작품완성도가 높고 요리활동에 관심이 많고 조리작업을 잘함.
드 양	자신을 표현하는 것을 싫어하지만 만들기와 꾸미기능력이 우수하며 자기의사표현과 발표력이 향상되었고 다른 사람을 배려하고 도우며 요리활동도 적극적으로 참여함.

표 양	한 가지 캐릭터만을 표현하던 것에서 다양하게 표현하게 되었으며, 말 한마디 안하고 눈짓과 보조선생님께 귓속말로 하던 의사표현을 스스로 발표도 하고 적극적으로 의사 표현을 하기도 하여 표현능력이 향상되었으며 요리활동도 책임감 있게 하고 점차 즐겁고 밝은 모습으로 참여함.
현 양	한쪽 손이 불편하면서도 모든 활동에 적극 참여하고 남을 배려하며 만들기도 잘하고 발표도 적극적으로 참여함.
예 양	만들기 활동과 발표를 적극적으로 하며 자신의 미래에 대한 꿈을 구체화하여 자존감이 향상되었으며 요리활동에도 활발하게 참여함.

(2) 푸드표현예술치료 상담 프로그램 내담자의 평가

평가 내용		푸 양	드 양	표 양	현 양	예 양
★오감체험 식생활교실은 ( )이다 ?		가족	–	사랑	음식	공예 예술
★오감체험 식생활교실을 마치며 달라진 점은?						
1	즐거워졌다(12)	3	–	3	3	3
2	집중력이 좋아졌다(7)	3	–	0	2	2
3	마음이 편해졌다(8)	3	–	1	1	3
4	친구들과 사이가 좋아졌다(10)	3	–	3	2	2
5	자신감이 생겼다(5)	3	–	0	0	2
6	나 자신이 좋아졌다 (7)	3	–	0	3	1
7	다른 사람에게 나를 잘 알릴 수 있다(7)	3	–	1	1	2
계		21	–	8	12	15

★오감체험 식생활교육을 마치며 하고 싶은 말...

푸 양 : 다음에 하면 열심히 할 거다.

드 양 : 언니랑 같이 있어서 좋았다.

표 양 : 마음이 좋아졌다.

현 양 : 선생님 내년에도 했으면 좋겠어요. 좋은 추억 만들어서 좋았어요.

예 양 : 내년에 또 하고 싶어요. 내년에도 하면 좀 더 좋아질 것이고 재미있는 요리를 했을 때 재미있었다.

- 프로그램 전체적으로 만족하는 정도는 푸 양이 가장 높게 나타났으며 드 양, 표 양, 현 양, 예 양 순으로 나타났다. 드 양의 경우는 활동은 하면서 답변이 없는 것으로 보아 자기 자신의 생각을 표현하기 싫어하는 것으로 보인다.
- 즐거웠다는 반응이 12점으로 가장 많았고, 그다음으로 친구들과 사이가 좋아졌다는 반응이 10점으로 그 뒤를 이어 두 번째로 많았다. 그다음으로 마음이 편해졌다는 반응이 8점으로 많았다. 그다음으로는 집중력이 좋아졌다, 나 자신이 좋아졌다, 다른 사람에게 나를 잘 알릴 수 있다는 반응이 7점으로 많았다. 자신감이 생겼다가 5점으로 가장 낮은 반응을 보였다.
- 집단원의 개별적 변화에서 푸 양은 자기표현을 절제할 수 있게 되고 작품 완성도가 높은 것으로 평가한 것으로 보아 만족도가 가장 높게 나타난 것은 당연한 결과라 하겠다. 예 양은 전체적으로 고르게 반응한 것으로 보아 많은 변화가 예상된다. 드 양은 자신을 표현하는 것을 싫어하여 답변을 하지 않는 것으로 보아 아직은 마음에 문을 닫고 있는 것으로 보인다. 표 양은 즐겁고 친구들과 사이가 좋아졌다는 것으로 보아 푸드 수업에 사랑을 느끼기 시작하면서 의사표현을 하기 시작하는 것으로 보인다. 현 양은 즐거워졌고, 나 자신이 좋아졌다는 반응이며 적극적으로 발표하는 것으로 보아 자아존중감이 높아진 것으로 평가할 수 있다.
- 즐거웠다〉친구들과 사이가 좋아졌다〉마음이 편해졌다〉집중력이 좋아졌다=나 자신이 좋아졌다=다른 사람에게 나를 잘 알릴 수 있다〉자신감이 생겼다 순으로 평가하였다.
- 전체적으로 재미있고, 좋아졌으며, 기대한다는 반응이어서 효과적인 프로그램으로 인정하고 있는 것으로 나타났으며 자존감도 높아지는 경향을 보이고 있다.

2) 결론

푸드(Food)와 우리의 일상은 너무나 익숙하여 마치 공기가 존재하지만 공기를 인식하지 못하고 살아가는 것처럼 푸드(Food)와 관련해서 우리가 어떤 상호작용을 하며 어떻게 관계 맺고 사는지 생각하지 않고 살아가는 것이 현실이다. 그러나 곰곰이 생각해 보면 푸드(Food)에 대해 우리의 모든 감각은 생생하게 반응하고 있다는 것을 알 수 있다. 즉, 무엇보다도 푸드(Food)는 자연에서 얻는 천연소재라는 것이다. 물론 공산품으로 생산되는 것들도 있지만 그것 또한 최대한 원래의 천연적인 특징을 살려서 상품화하는 것을 생각해 보면 푸드(Food)가 천연소재라는 말이 그다지 억지는 아닐 것이다.

그중에서도 먼저 생각해 보고 싶은 것은 시각적인 효과를 들 수 있다. 시각적인 효과에서 먼저 떠오르는 것은 색과 모양이다. 천연의 색과 자연적으로 만들어진 모양은 그 자체로 예술작품이다. 더 이상 손대지 않아도 될 만큼 완성된 모양으로 놓여 있는 그 모습은 바라보기만 해도 심신의 안정과 휴식을 줌은 물론 상처를 치료해 주고 있다. 그다음으로 생각해 보고 싶은 것은 촉각이다. 자연을 만진다는 것, 자연을 느낀다는 것, 그것도 다름 아닌 살아 있는 생명체를 손 안에서 충분히 체험한다는 것은 다른 어떤 매체를 사용하는 경우와는 비교도 할 수 없는 것이다. 그렇게 살아 있는 생명체로 마음을 표현한다는 것은 다른 어떤 매체도 흉내 낼 수 없는 푸드(Food) 표현예술 치료만의 독보적인 장점이다. 그다음으로 생각하게 되는 것은 후각이다. 인공적으로 만들어 낸 것이 아닌 자연의 냄새는 그 자체로 휴식과 치료의 효과를 갖고 있다고 믿는다. 냄새를 이용하는 아로마 치료라는 것이 있는 것만 보아도 냄새가 갖고 있는 치료효과는 다시 거론하지 않아도 될 것이다. 그다음으로는 청각을 생각해 본다. 푸드(Food) 자체가 소리를 내지 않지만 그것으로 마음을 표현하고자 할 때 사용하는 방법에 따라 그리고 푸드(Food) 재료의 독특함에 따라 여러 가지 다양한 소리를 만날 수 있다. 그렇게 만나는 소리뿐만 아니라 그 소리로부터 상상하여 만나는 소리까지도 우리의 내면세계를 만나게 하고 치유하는 데 중요한 역할을 한다고 본다. 그리고 끝으로 미각을 들 수 있다. 다른 표현기법과는 달리 푸드(Food) 표현 예술 치료에서는 작품을 먹는 순서가 있다. 그것은 작품으로 투사된 나의 분신을 나와 합일하는 과정으로 의미를 부여하기에 따라서는 종교적인 의미를 담을 수 있을 만큼 숭고하고도 깊은 의미를 갖고 있다. 이렇듯이 사람의 오감에 자극을 주는 푸드(Food)표현예술치료의 과정을 따라가다 보면 자신도 모르는 사이에 우리의 모든 감각은 살아나고 활성화된다는 것을 쉽게 이해할 수 있다.

이와 같은 특징을 가진 푸드(Food)표현예술치료를 통해 이번 집단에 참가하는 학생들에게 인간의 본능적인 욕구인(글라써, 1995) 사랑, 소속, 생존, 힘, 자유, 그리고 놀이에 대한 욕구가 충족될 뿐만 아니라 그러한 욕구들이 최대한 발휘되도록 해 주고 싶었다(현실치료의 개념). 그러한 상담자의 의도가 제대로 적용되도록 하기 위해서 집단 활동이 이루어지는 과정에서 믿음과 안전 그리고 비밀보장의 원칙을 철저히 지켰다. 그것은 집단 참가자들과 상담자의 공감대를 형성하고 치료동맹을 맺는 데 중요한 역할을 했다.

게다가 상담자가 믿고 따르는 로저스의 핵심 개념, 즉 진정성, 일치성, 그리고 자아실현 가능성이 온전히 적용되도록 하기 위해서 상담자는 각별한 주의를 기울였다. 이러한 노력과 함께 참가자들의 적극성이 시너지 효과를 내어 집단 상담의 결과는 긍정적인 효과를 거두었다고 보여진다.

그럼에도 불구하고 상담자로서 아직도 아쉬운 점은 푸드표현상담을 하면서 확연하게 달라지는 내담자를 지켜 본 학부모의 바람에도 불구하고 지속적인 상담요구에 응할 수 없었던 점이다. 한 내담자의 아버지는 내담자의 많은 변화를 보며 지금까지 해왔던 어떤 상담보다 내담자의 행동을 변화시키고 장래희망까지 꿈꾸며 집에서도 푸드표현집단상담에서의 활동을 다시 해 보는 모습에 정말 감사하다며 필자의 개인연구소가 있으면 지속적으로 보내고 싶어 했던 경우도 있다.

내담자들 마음 안에만 담아 두었던 상처와 여러 가지 이야기들을 풀어내어 자존감을 향상시켜 보다 즐거운 학교생활을 할 수 있도록 도움을 주고있는 이 시간을 학교에서 제일 좋아하는 시간으로 기다리는 이들의 마음을 반영하여 한 달에 한 번 실시한 프로그램을 주1회로 프로그램을 편성하여 학생들과 담임교사, 보조교사, 학부모의 만족도 높은 집단상담을 필자가 있는 학교에서는 실시하였지만 더 많은 학생들에게 더 많은 기회를 주지 못함은 참 안타까운 일이다.

참고문헌

강봉균, 강웅구, 권준수, 김경진, 김은준, 김종성, 신희섭, 전중환, 정수영(2016). 뇌 = Brain: 모든 길은 뇌로 통한다. 서울: 휴머니스트.

김민용, 김지유(2019). 창의융합적인 맛있는 치유 푸드표현예술치료. 서울: 창지사.

김민용, 김지유(2011). 푸드표현 예술치료–이해와 실제. 경기: 양서원.

김유미(2010). 두뇌를 알고 가르치자. 서울: 학지사.

김지유(2015). 학업 저성취 학생을 위한 푸드표현학습코칭 프로그램 개발과 효과연구. 선문대학교 일반대학원 박사학위논문.

홍유진(1994). 카타르시스–굿과 연극의 심리치료. 경남: 들불출판.

Anderson. J. R.(2014). Cognitive Psychology and its Implications. 심리학과 그 응용(이영애 역), 이화여자대학교출판부.

Carl R. Rogers(2007). 칼 로저스의 사람–중심 상담. [A Way of Being] (오제은 역). 서울: 학지사(원저출판: 1961).

Carl R. Rogers(2009). 진정한 사람되기. [On Becoming a Person–A Therapist's View of Psychotherapy] (주은선 역). 서울: 학지사(원저출판: 1961년).

Marianne Schneider Corey, Gerald corey(2005). 좋은 상담자 되기. [Becoming a helper] (이은경, 이지연 역). 서울: 시그마프레스(원저출판: 2002년).

Marianne Schneider Corey, Gerald Corey, Cindy Corey(2012). 집단상담: 과정과 실제. [Groups : process and practice] (김진숙, 김창대, 박애선, 유동수, 전종국, 천성문 역). 서울: 센게이지러닝코리아(원저출판: 1977년).

McNiff, Shaun. *Art as Medicine*. Boston, Shambhala Publications, Inc., 1992.

William Glasser(1995). 현실치료: 정신치료에 대한 새로운 접근. [Reality therapy] (김양현 역). 서울: 원미사(원저출판: 1965년).

채소

CHAPTER

08

편식 및 식습관 개선을 위한 푸드표현상담

CHAPTER 08

편식 및 식습관 개선을 위한 푸드표현상담

대한소아내분비학회에서 바른성장 캠페인의 일환으로 전국 19개 병원 소아청소년과에 내원한 환자의 보호자 1,370명을 대상으로 설문조사를 실시하였는데 자녀의 성장 관련 문제 중 식습관 관련하여 편식으로 인한 영양 불균형 문제(44%, 592명)를 가장 많이 걱정하고 있는 것으로 나타났다(2015).

초등학생의 영양교육에 따른 채소섭취 행동변화 연구에 의하면 초등학교 4~6학년 아동 중 편식 식습관이 있는지에 대한 조사에서 75.8%의 학생이 편식을 한다고 응답하였고, 편식 종류로는 채소류가 가장 높게 나타났다(이민정, 2009).

실제로 학교 현장에서 학교급식기호도 조사를 하게 되면, 가장 싫어하는 음식으로 1,2위를 다투는 것은 모두 채소 음식이고, 배식지도를 할 때도 아이들은 채소반찬 앞에서는 너 나 할 것 없이 '조금만 주세요.'를 외쳐 댄다. 이와 같이 채소류에 대한 기호도가 낮은 것은 암과 같은 만성질환과 관련하여 매우 우려가 되는 상황이다. 최근 잘못된 식생활의 누적으로 인한 영양불균형 및 어린이 비만, 소아성인병이 급증하면서 국민 건강관리에 큰 위험이 되고 있어 어릴 때부터 올바른 식생활의 확립이 중요하다(이보숙, 2002).

수년간 편식 아동과 비만 아동을 대상으로 영양 교육과 영양 상담을 실시하였지만, 편식이 심한 아동의 경우 지식 교육만으로는 실제 식행동의 변화를 이끌어 내기에는 한계가 있었고, 아동들의 적극적인 참여가 부족한 경우가 대부분이었다. 따라서 최대한 참여 학생이 적극적이고 즐겁게 참여한 가운데 자연스럽게 식행동의 변화를 이끌어 낼 수 있도록 편식 식습관 교정에 푸드표현상담을 적용한 영양상담 프로그램을 계획하게 되었다. 푸드표현상담을 적용한 편식 식습관 교정 프로그램인 푸드 표현 교실에서는 지식의 습득이나 편식 습관 개선의 강요가 아닌 체험활동 위주의 상담 프로그램으로 구성하였다.

기피 채소에 대한 친근감을 기르기 위해 기피 채소를 행복한 기억과 연결시키는 작업을 실시하였는데, 채소를 이용한 자기소개, 행복했던 순간, 내가 잘하는 것, 좋아하는 가족이나 친구 등을 푸드로 표현해 보면서 채소에 대한 친근감을 기르도록 하였다. 또한 자신이 표현한 작품을 소개하면서 말하고 듣는 나누기 과정을 통해 자신감을 키우고 경청하는 태도를 배우고 스스로 몰랐던 자신을 성찰해 가는 시간이 되도록 하였다(김민용, 김지유, 2011).

푸드표현 활동과 함께 편식의 원인이 되는 새로운 음식이나 낯선 음식에 대해 거부감을 느끼는 음식 네오포비아(Food Neophobia)를 극복하기 위해서 푸드 브리지(Food Bridge) 4단계(친해지기, 간접 노출, 소극적 노출, 적극적 노출)를 이용한 단계적인 요리 체험 프로그램을 계획하여 운영하였는데, 음식을 보고 만지면서 친해지고 단계별로 조금씩 기피 채소를 골고루 먹어 보면서 최종적으로 편식하지 않는 건강한 식습관을 가지는데 도움이 되도록 하였다. 여기에서는 초등학교 4학년 아동 8명을 대상으로 하여 12주 동안 이루어진 푸드표현 상담이론을 적용한 편식 식습관 개선 사례에 대해서 소개하고자 한다.

1. 편식 교정과 푸드표현예술치료의 접목

푸드표현예술치료는 음식재료를 매체로 우리의 오감을 자극하는 조형활동을 하며 지금–여기에서의 마음을 표현하는 과정을 통해 스스로 자기통찰을 경험하고 심리·정서적 문제를 치료해 가는 통합적 표현예술치료의 한 장르이다. 자연 소재인 음식재료를 만지고 다듬고 먹으면서 즐거움의 욕구가 충족되고 유희본능이 충족되며 푸드표현활동으로 창작된 작품은 우리의 시각을 통해 만족감과 성취감을 주며 마음속에 각인이 된다(김민용, 김지유, 2019). 학습은 재미와 직접적으로 비례하며 학습의 즐거움은 직접적인 참여에서 온다. 정보, 도구, 기법이 어떻게 쓰이느냐에 따라 참가자가 학습에 능동적으로 참여하는 정도도 달라지고 이는 결국 문제해결을 보다 쉽게 할 것이다(Pike, 2005).

상담 역시 내담자가 상담에 즐겁게 능동적으로 참여했을 때 그 효과는 훨씬 커지게 된다. 지금까지의 영양상담이 이론적인 지식과 운동법에만 의존했다면, 푸드표현교실은 편식상담에 푸드표현예술치료를 접목하여 내담자가 즐겁고 적극적으로 참여하여 영양상담의 효과를 높일 수 있도록 하였다.

푸드표현예술치료는 음식재료라는 친숙한 소재를 활용하므로 다양한 계층의 사람들에게 거부감 없이 쉽고 편안하게 다가갈 수 있으며 놀이처럼 즐겁고 흥미와 재미를 유발하며 행복심리를 갖도록 해 준다(김민용, 김지유, 2019). 아동들에게 친숙하지만 기피하게 되는 채소를 즐거웠던 기억을 떠올릴 수 있는 매체로 사용하고 손으로 조작하는 조형 활동을 통해 상담이 놀이처럼 즐겁고 흥미와 재미를 유발하여 행복 심리를 가지도록 해 주었다. 또한 여기에 초등학생들이 흥미 있어 하는 활동인 요리를 접목하여 채소에 대한 행복 심리와 함께 만들고 먹어 보면서 편식 교정이 효과적으로 이루어지도록 하였다.

〈가장 행복했던 순간 푸드표현〉

큰 오빠와 놀러 갔을 때

푸드표현 하고 요리하는 지금 이 순간

2. 푸드표현상담 이론을 적용한 편식 교정 사례

1) 푸드표현상담을 적용한 편식 교정 영양 상담의 목표와 과정

영양상담 프로그램 기획에 앞서 편식 아동 중 채소 편식 아동을 모집하였는데 그 이유는 매년 실시하는 학교급식만족도 설문조사에서 싫어하는 음식으로 채소가 들어간 음식이 압도적으로 1위를 차지하고 있기 때문이었다. 편식교정을 위해서는 푸드표현 활동뿐 아니라 요리활동이 같이 들어가야 하므로 요리활동이 가능한 4학년을 대상으로 푸드표현교실 참가 희망자를 모집하는 가정통신문을 배부하였다. 모집된 학생 중 채소 편식이 심한 아동 8명으로 매주 수요일 오후 1시~3시 집단상담을 실시하였다. 집단상담 실시 전 채소에 대한 생각과 지식, 채소를 싫어하게 된 동기와 식습관에 관한 학생 설문조사와 자녀의 식습관에 관한 학부모 설문조사를 실시하였다. 푸드표현교실을 마친 후 같은 문항으로 설문조사를 실시하여 푸드표현교실 참여 전과 후를 비교하였다.

기피 채소에 대한 친근감을 기르기 위해 채소를 좋은 기억과 연결시키는 푸드표현활동과 푸드 브리지(Food Bridge) 4단계를 이용한 단계적인 요리체험 프로그램으로 구성하였다. 푸드표현교실에서 한 표현 활동과 요리 활동을 이메일(E-mail)을 통해 학부모와 공유함으로써 가정에서도 채소 편식에 대한 교정 활동이 연계되도록 하였다. 그리하여, 최종적으로 음식 선택에 있어 자연스러운 식행동 변화를 유도함으로써 궁극적으로 건강 유지에 기여할 수 있도록 하였다.

2) 편식 교정 푸드표현 집단 상담 프로그램

제1회 오리엔테이션

✲ **활동 내용**

- 푸드 브리지(Food Bridge) 단계
  ① 친해지기
    – 채소를 만지고 표현하는 과정 중에 채소에 대한 친밀감을 형성하게 한다.
    – 사전 식습관 조사지 작성(학생, 학부모)
- 푸드표현 활동 내용
  ① 집단원 소개하기
    – 푸드표현교실 및 프로그램 안내
    – 채소를 이용한 표현 활동으로 불리고 싶은 별칭이나, 자신의 얼굴을 표현해 본다.
    – 푸드표현 작품을 토대로 집단원들에게 자기소개를 한다.

  ② 집단원 규칙 정하기
    – 서로에게 긍정적이고, 좋은 말을 사용하도록 약속한다.
    – 비밀 유지를 위한 서약서를 적는다.
    – 빠짐없이 참여한다.
    – 적극적으로 각자의 생각과 느낌을 표현한다.

③ 목표 확인하기

– 집단원 모두 돌아가며 자신의 목표에 대해 이야기한다.

제2회 채소에 대한 나의 생각 표현해 보기

✲ 활동 내용

- 푸드 브리지(Food Bridge) 단계

① 친해지기

– 마음에 드는 채소를 관찰해 본다.

– 채소를 이용해서 치킨 또띠아를 만든다.

– 푸드표현교실 참여 전과 후 비교를 위해 채소는 먹고 싶은 것만 넣어서 자유롭게 만들도록 한다.

- 푸드표현 활동 내용

① 지난 시간 정한 규칙 확인하고, 지킬 것 다짐하기

– 집단원 간 별칭 불러 주기

② 채소에 대한 나의 생각 표현해 보기

– 채소하면 떠오르는 이미지에 대해 활동지에 적어 본다.

– 채소에 대해 평소 가지고 있던 생각을 채소를 이용해서 자유롭게 표현해 본다.

– 표현한 작품에 대해서 나누기 활동 후 서로 피드백을 교환한다.

제3회 친구의 첫인상 표현하기, 친구들과 오이 팩 해 주기

✲ 활동 내용

- 푸드 브리지(Food Bridge) 단계

① 친해지기

 - 오이를 관찰하여 색깔, 모양, 만져 본 느낌, 생각나는 것을 활동지에 적어보며 채소에 대한 거부감을 줄인다.
 - 오이를 썰어 보고, 다지는 활동을 하면서 오이의 시원함, 촉감, 향을 거부감 없이 무의식 중에 느껴 볼 수 있도록 한다.
 - 집단구성원들끼리 서로 팩을 해 주는 활동을 하면서, 기피하는 채소가 즐거운 활동에 사용되도록 하여 채소와 집단원 간에 친근감을 가질 수 있도록 한다.

- 푸드표현 활동 내용

① 지난 시간 규칙 확인하고, 지킬 것 다짐하기

 - 집단원 간 별칭 불러 주기

② 친구의 첫인상 찾아서 표현해 주기

 - 친구의 첫인상이나 인상 깊었던 모습을 찾아서 채소로 표현해 본다.
 - 집단원 간에 서로 인상 깊었던 점을 찾기 위해 노력하는 과정 중에 서로에 대해 긍정적인 마음을 가지며 생각과 감정을 이완시킨다.
 - 집단원에 의해 채소로 표현된 자신의 첫인상에 대해서 보고, 들으며 자신의 이미지와 채소를 연결하여 채소에 대해 친근감을 가질 수 있도록 한다.
 - 표현한 작품에 대해서 나누기 활동 후 서로 피드백을 교환한다.

제4회 채소즙 반죽으로 내가 좋아하는 것 자유표현해 보기

✻ 활동 내용

- 푸드 브리지(Food Bridge) 단계

① 간접노출

- 채소즙 색깔과 향을 맡아 보며 어떤 채소로 만든 채소즙인지 알아맞혀 본다.
- 여러 가지 색깔의 채소즙을 각각 밀가루에 섞어 주무른다.
- 반죽을 이용하여 여러 가지 모양의 수제비를 만들어 끓여 먹는다.
- 먹는 것을 강요하지 않고 먹고 싶은 대로 먹도록 한다.

- 푸드표현 활동 내용

① 지난 시간 규칙 확인하고, 지킬 것 다짐하기

- 집단원 간 별칭 불러주기

② 채소즙 밀가루 반죽을 이용해서 내가 좋아하는 것 자유롭게 표현해 보기

- 내가 좋아하는 것이 어떤 것인지 생각해 보고 활동지에 적어 본다.
- 채소즙 밀가루 반죽을 이용하여 내가 좋아하는 것을 자유롭게 표현해 본다.
- 표현한 작품에 대해서 나누기 활동 후 서로 피드백을 교환한다.

채소즙과 밀가루 반죽하기

용사

제5회 내가 잘하는 것 채소로 표현해 보기

✲ 활동 내용

- 푸드 브리지(Food Bridge) 단계

  ① 간접노출

  - 채소에 대해 관찰해 보기
  - 시금치즙과 당근즙으로 핫케이크를 만들어 핫케이크에 채소색을 입혀 구워 본다.
  - 시금치, 당근을 곱게 다져 핫케이크 가루에 넣어 시금치, 당근이 보이도록 핫케이크를 만들어 본다.

- 푸드표현 활동 내용

  ① 반갑게 인사 나누기

  - 집단원 간 별칭 불러 주기

  ② 나의 특기, 잘하는 점을 탐색하여 채소로 표현해 보기

  - 내가 좋아하는 것이 어떤 것인지 생각해 보고 활동지에 적어 본다.
  - 표현한 작품에 대해서 나누기 활동 후 서로 피드백을 교환한다.
  - 나의 특기나 잘하는 점을 탐색하여 서로 발표하고 긍정적인 피드백을 해 주는 가운데 자아존중감을 향상시킨다.

제6회 내가 가장 자랑스러웠던 순간 표현해 보기

✲ 활동 내용

- 푸드 브리지(Food Bridge) 단계

  ① 간접노출

  - 맘에 드는 채소 관찰해 보기(색깔, 모양, 촉감, 냄새, 생각나는 것 등 적어 보기)

- 채소가 우리 몸에서 하는 일 알아보기
- 채소를 5회기보다 크게 잘라 피자를 만들어 먹어 본다.

• 푸드표현 활동 내용

① 반갑게 인사 나누기

- 지난 일주일 간 나에게 있었던 일 중 즐거웠던 일 돌아가면서 이야기하기

② 내가 가장 자랑스러웠던 순간 채소로 표현해 보기

- 내가 가장 자랑스러웠던 순간을 상기하여 채소로 표현해 본다.
- 표현한 작품에 대해서 나누기 활동 후 서로 피드백을 교환한다.
- 가장 자랑스러웠던 순간에 대해 서로 발표하고 긍정적인 피드백을 해주는 가운데 자신감을 향상시킨다.

제7회 좋아하는 가족이나 친구 채소로 표현해 보기

✲ 활동 내용

• 푸드 브리지(Food Bridge) 단계

① 소극적 노출

- 채소를 깨끗이 씻고 관찰해 보기
- 여러 가지 채소와 쇠고기 볶은 것을 이용해서 김가루 주먹밥을 만들어 본다.
- 아동들이 선호하는 쇠고기와 김가루를 사용하되 채소의 맛도 느껴질 수 있도록 하여 채소의 맛에 익숙해지게 한다.

• 푸드표현 활동 내용

① 반갑게 인사 나누기

- 지난 일주일 간 나에게 있었던 일 중 즐거웠던 일 돌아가면서 이야기하기

② 내가 좋아하는 가족이나 친구를 채소로 표현해 보기

- 채소를 이용하여 자신이 좋아하는 가족이나, 친구를 표현하는 푸드표현활동을 통해 채소에 대해 친근감을 형성한다.
- 표현한 작품에 대해서 나누기 활동 후 서로 피드백을 교환한다.

제8회 가장 행복했던 순간 채소로 표현해 보기

✲ 활동 내용

- 푸드 브리지(Food Bridge) 단계

① 소극적 노출

- 채소를 깨끗이 씻어 보고 관찰해 보기
- 7회기보다 크게 자른 여러 가지 채소를 이용하여 부침개를 만들어 먹어 보며 채소의 맛에 익숙해지게 한다.

- 푸드표현 활동 내용

① 반갑게 인사 나누기

- 지난 일주일 간 나에게 있었던 일 중 즐거웠던 일 돌아가면서 이야기하기

② 내가 가장 행복했던 순간 채소로 표현해 보기

- 채소로 가장 행복했던 순간을 표현해 보면서 행복했던 순간과 채소를 연결 지어 채소에 대하여 좋은 기억을 가질 수 있도록 한다.
- 눈을 감고 내가 가장 행복했던 순간을 떠올려 본다. 어떤 작품을 표현할지 생각해 본 후 가장 행복했던 순간을 채소를 이용하여 표현해 본다.
- 자신의 작품에 제목 붙여 주기
- 서로의 작품을 보고 친구의 가장 행

놀이동산에서 놀이기구 탈 때

복했던 순간 예상해 보기

– 표현한 작품에 대해서 나누기 활동 후 서로 피드백을 교환한다.

제9회 좋아하는 사람에게 선물해 주고 싶은 것 채소로 표현해 보기

✲ 활동 내용

- 푸드 브리지(Food Bridge) 단계

① 소극적 노출

– 채소를 씻고 관찰해 본다. (모양, 색깔, 만져 본 느낌, 냄새, 생각나는 것 적어 보기)

– 채소의 맛이 좀 더 직접적으로 느껴질 수 있도록 생채소를 이용하여 카나페를 만들어 보며 채소의 맛을 느껴 볼 수 있도록 한다.

- 푸드표현 활동 내용

① 반갑게 인사 나누기

– 지난 일주일 간 나에게 있었던 일 중 즐거웠던 일 돌아가면서 이야기하기

② 내가 좋아하는 사람에게 선물해 주고 싶은 것 채소로 표현해 보기

– 서로의 작품을 보고 선물 예상해 보기

– 자신의 작품에 제목 붙여 주기

– 표현한 작품에 대해서 발표해 보고 친구 작품에 긍정적인 피드백해 주기

– 좋아하는 사람을 생각하고, 그 사람에게 선물해 주고 싶은 것을 생각하며, 표현하는 과정 중에 채소에 대한 긍정적인 생각을 가지게 한다.

– 표현한 작품에 대해서 나누기 활동 후 서로 피드백을 교환한다.

제10회 미래의 내 꿈 채소로 표현해 보기

✻ 활동 내용

- 푸드 브리지(Food Bridge) 단계

① 소극적 노출

– 채소를 씻고 관찰해 본다. (모양, 색깔, 만져 본 느낌, 냄새, 생각나는 것 적어 보기)

– 채소를 채 썰어 채소가 주재료인 비빔밥을 만들어 먹어 봄으로써 채소의 맛을 직접적으로 느껴 볼 수 있도록 한다.

- 푸드표현 활동 내용

① 반갑게 인사 나누기

– 지난 일주일 간 나에게 있었던 일 중 즐거웠던 일 돌아가면서 이야기하기

발명가

② 미래의 꿈 채소로 표현해 보기

– 20년 후의 내 모습을 상상해 본다.

– 내가 꿈꾸는 미래의 내 모습을 채소를 이용해 표현해 보면서 긍정적인 자아상을 확립할 수 있도록 한다.

– 내가 꿈꾸는 미래의 꿈을 이루기 위해서 내가 노력해야 할 것들 생각해 보기

– 표현한 작품에 대해서 발표해 보고 친구 작품에 긍정적인 피드백해 주기

제11회 친구 장점 찾아서 채소로 표현해 보기

✲ 활동 내용

- 푸드 브리지(Food Bridge) 단계

① 적극적 노출

– 채소를 이용해서 치킨 또띠아를 만든다.

– 채소는 먹고 싶은 것으로 넣어서 자유롭게 먹도록 한다.

- 푸드표현 활동 내용

① 반갑게 인사 나누기

– 지난 일주일 간 나에게 있었던 일 중 즐거웠던 일 돌아가면서 이야기하기

② 친구의 장점을 찾아서 채소로 표현해 보기

– 집단원 속 친구의 장점을 찾아서 표현해 본다. (소외되는 아동이 없도록 주의한다.)

– 서로의 장점을 찾아 칭찬해 주며 친구가 다른 사람 앞에서 자신의 장점을 표현한 것을 발표하는 과정 중에 자아존중감을 향상시킬 수 있다.

– 친구가 자신의 장점을 채소로 표현한 모습을 사진으로 남겨 간직한다.

제12회 평가 및 마무리-채소에 대한 나의 마음 표현해 보기

✲ 활동 내용

- 푸드 브리지(Food Bridge) 단계

① 적극적 노출

– 삼겹살파티를 하면서, 채소 본연의 맛을 느낄 수 있도록 상추, 오이, 당근 등을 쌈장에 찍어 먹어 본다.

– 사후 식습관 설문지를 작성하여 식습관 변화와 자아존중감 변화를 비

교한다.

- 푸드표현교실 참여 전과 후 아동의 채소 편식 습관 변화에 대해 학부모 설문지를 받는다.

- 푸드표현 활동 내용

① 지난 시간 돌아보기

- 지난 회기 동안 기억에 남는 일, 기억에 남았던 요리에 대해 이야기 나누기

② 채소에 대한 나의 마음 표현해 보기

- 채소에 대한 나의 생각 표현하기를 해 보면서 푸드표현교실에 참여 후 채소에 대한 집단원들의 생각 변화를 알아본다.
- 채소에게 편지를 써 보면서, 채소 편식 식습관 교정을 위한 실천 의지를 다짐한다.

3. 편식 교정 푸드표현 영양 상담 실제 사례

다음에 언급되는 사례는 편식교정 집단 상담 사례 12회기 중 일부 아동의 사례를 소개한 내용이다. ekdma 사례를 통하여 푸드표현예술치료와 푸드 브리지(Food Bridge)를 활용한 영양상담으로 인해 내담자가 어떻게 채소에 대한 생각이 변화되었는지 알 수 있다.

1) 채소 편식 교정을 위한 푸드표현예술치료

채소에 대해 심한 거부감을 가진 초등학교 4학년 아동 중 푸드표현교실 참가 희망자로 구성이 되었으며, 본인이 원해서 상담에 참여한 아동도 있었지만, 부모님

의 권유로 억지로 참여한 아동도 있었다. 푸드표현교실 참가 동기로는 편식을 고치고 싶어서, 부모님이 권해서, 요리활동을 하고 싶어서, 채소와 조금이라도 가까워지기 위해서 등이었다. 좋아하는 음식으로는 탕수육, 물냉면, 햄버거, 스파게티 등으로 육류나 면 등을 선호하였다. 채소를 싫어하는 이유나 싫어하게 된 동기로는 쓰고 맛이 없어서, 채소를 씹을 때 물컹거리는 촉감이 싫어서, 버섯을 씹을 때 나오는 즙이 싫어서, 먹고 토해서 등으로 답하였다. 채소하면 떠오르는 느낌이나 생각으로는 '약 같다, 쓰다, 토할 것 같다. 우웩, 맛 없음' 등으로 표현하였다. 싫어하는 채소에는 모든 채소가 싫다고 하여 대부분의 채소를 싫어하였고, 푸드표현교실에 참가한 아동 중에는 담임이 식사 지도에 어려움을 겪어 특별히 부탁한 아동도 있었다.

2) 회기별 상담 내용

1회기 채소로 자기 소개하기

자기소개를 통해 집단원 간의 신뢰감을 쌓고, 푸드표현에 대한 친밀감을 형성할 수 있도록 채소로 자신을 표현하여 발표하도록 하였다. 채소에 대한 거부감이 심한 아동들이기에 처음에 채소를 만지는 것조차 싫어하며, 한참을 주저하여 이유를 물으니 "선생님 이거로 표현하고 마지막에 먹어야 하는 거지요? "라고 하였다. 채소를 가지고 표현만하고 먹는 것은 선택사항이니 자유롭게 모든 채소로 표현을 하라고 하니 몇 번을 확인 후 모든 아동이 표현을 하기 시작했다. "우리 엄마가 음식 가지고 장난치지 말랬는데. "라고 하며, 조심스러워 하는 아동이 있는 반면 칼로 채소를 자르고 하니 어른이 된 것 같다고 하며, 채소를 만지고 칼로 자르는 활동 자체에 흥미를 느끼는 아동들도 있었다. 표현을 잘하지 못하면 어쩌나 하는 것은 상담자의 기우에 불과하였다. 일단 푸드표현을 시작하니 아이들은 거침없이 표현을 하기 시작했다. 미술재료가 아닌 음식으로 표현을 해 보니 어땠냐고 기분을 물어 보자 음식으로 작품을 만들 수 있다는 것을 처음 알았다고 했고, 채소와 조금은 가까워진 것 같다고 하였으며 채소를 좋아할 수는 없어도 친해질 수는 있다는 것을 알게 되었다고 답하였다.

2회기 채소에 대한 나의 생각 표현해 보기

2회기에는 마음에 드는 채소를 골라 관찰해서 관찰한 것을 학습지에 적어 보게 하였다. 냄새도 맡아 보고 만져도 보며 관찰을 한 후 학습지에 거칠하다. '색깔이 초록색이다.' 등으로 관찰한 것을 기록해 보았다. 채소를 관찰한 후에는 채소에 대해 어떻게 생각하는지 자유롭게 채소를 이용해서 표현해 보라고 하였다. 지난 시간에 채소로 표현만 하고 먹는 것을 강요하지는 않는다는 것을 알아서인지 이번 회기에는 망설임 없이 채소를 집어 들어 자유롭게 표현하기 시작하였다. 자신이 표현한 작품에 대해서 채소를 보고 우는 모습, 채소만 보면 갑자기 피하고 싶어서 눈을 가려 버리는 모습, 맛 없는 토마토를 봐서 안 좋은 얼굴, 채소는 토할 것 같은 냄새가 난다, 맛없는 채소샐러드를 들고 있어 기분이 안 좋다, 채소를 보고 우웩 토하는 모습 등을 표현하였다. 푸드표현을 통해 집단원 모두 채소에 대해서 매우 부정적인 생각을 가지고 있음을 알 수 있었다.

요리 활동으로는 채소를 이용하여 먹고 싶은 대로 치킨 또띠아를 만들어 보라고 하였다. 그러자 아동들은 "채소 조금이라도 넣어야 하지요?", "정말 채소 하나도 안 넣어도 돼요?" "정말 먹고 싶은 대로 내 맘대로 만들어 먹어도 돼요?"라고 물어보며 눈치를 보기 시작했다. 그래서 상담자가 채소를 넣어 먹고 싶지 않으면 또띠아에 치킨만 넣어서 먹어도 좋다고 이야기해 주니 자유롭게 치킨 또띠아를 만들기 시작하였다. 눈치를 보며 아주 조금 채소를 넣어 먹는 아동도 있는가 하면 또띠아에 치킨과 소스만 넣어서 먹는 아동도 있었다.

아동들은 활동 후 소감으로 매번 어른들에게 야채랑 같이 먹기를 억지로 강요받았는데, 이곳에 오니 채소를 만지고 놀기만 하고 먹으라고 강요하지 않아 좋다고 하였다. (2주차 치킨 또띠아 사진은 11주차에 비교 사진으로 집어 넣음)

채소를 보고 우는 모습

채소만 보면 갑자기 피하고 싶다

맛 없는 토마토를 보니 안 좋은 얼굴

채소는 토할 것 같은 냄새가 난다.

맛 없는 채소샐러드를 들고 있어 기분이 안 좋다.

우웩~ 토하는 모습

3회기 친구의 첫인상 표현해 보기

3회기에는 푸드표현상담에 참여한 친구들끼리 서로 첫인상에 대해서 채소로 표현해 주는 활동을 하였다. 서로의 첫인상에서 느껴지는 좋은 점을 찾기 위해 노력하는 과정 중에 서로에 대해 긍정적인 마음을 가지며 구성원 간에 친근감을 갖도록 하였다. 친구들이 자신의 첫인상에 대해서 채소로 표현하고 발표하는 것을 보고 들으며, 자기긍정성을 확장시켰다.

푸드 브리지 단계 채소와 친해지기 활동으로는 비교적 익숙한 채소이지만 집단원들이 특히 거부감을 가지고 있는 오이를 가지고, 서로에게 팩을 해 주면서 집단 구성원과 채소에 대해 친근감을 기르도록 하였다. 먼저 오이를 관찰하여 색깔, 모양, 만져 본 느낌, 생각나는 것들을 활동지에 적어 보도록 하였다. 그 후 오이를 자유롭게 썰기도 하고 다지기도 하면서 친구들에게 오이팩을 해 주도록 하였다. 오이 냄새만 맡아도 토할 것 같다고 말했던 아동도 오이가 다져지는 과정 중에 오이 향기가 많이 났지만 거부감 없이 활동을 즐겼다.

활동 후 소감으로는 '채소를 좋아할 수는 없어도 친해질 수는 있다는 것을 알게 되었다, 채소가 친근하게 느껴지고 푸드표현 활동이 재미있다.'라고 하였다.

4회기 채소즙 반죽으로 내가 좋아하는 것 자유표현 해 보기

채소즙을 넣은 밀가루 반죽을 이용하여 자신이 좋아하는 것에 대해 자유 표현해 보기를 하였다. 아동들은 채소즙을 보고 "이게 뭐에요?" 하며 관심을 보였으나, 냄새를 맡아 보더니 곧 '우웩'하며 토하는 시늉을 하였다. 하지만, 채소즙을 넣고 밀가루반죽을 조물거리더니 색깔이 예쁘고 만지는 촉감이 좋다고 하며 밀가루반죽으로 표현하는 것을 매우 즐거워하였다.

요리 활동으로는 채소즙 반죽을 이용하여 수제비를 만들어 먹었는데, 수제비에서 채소향이 나서인지 집단원들은 일반 수제비가 더 맛있다고 하였다. 하지만 한 아동은 보라색 수제비만 골라 먹어 왜 그런지 이유를 물었더니 다른 수제비는 채소향이 많이 나서 먹기 싫은데, 보라색 수제비는 채소향이 나지 않는다고 하였다. 보라색 수제비는 적채즙을 넣고 만든 밀가루 반죽이었는데, 상담자가 느끼기에는 보라색 수제비가 가장 채소향이 심하게 났었고, 다른 아동 역시 보라색 수제비를 가장 먹지 않았었다. 하지만 그 아동은 보라색 수제비가 본인이 만든 수제비여서 더 애정이 가 채소향이 나지 않는 것으로 느껴지는 것 같았다.

아동들의 편식 식습관 교정에 요리활동이 많은 도움이 됨을 알 수 있었다.

병아리

채소즙을 넣은 수제비 반죽을 떼어낸 모습

5회기 내가 잘하는 것 채소로 표현해 보기

5회기에는 내가 잘하는 것을 채소로 표현해 보며 자신의 장점을 탐색해 보는 시간을 가졌다. 내가 잘하는 것을 채소로 표현하고 표현한 작품에 대해서 나누기 활동을 하며 서로 긍정적인 피드백을 해 주는 과정 중에 자아존중감을 향상시키도록 하였다. 채소와 자신이 잘하는 것을 연결하여 채소에 대해 긍정적인 생각을 가질 수 있도록 하였다. 자신이 잘하는 것에 실험, 기타 치기, 사격, 로봇 만들기 등의 모습을 표현하였다.

요리 활동으로는 아동들의 기호도가 높은 핫케이크에 채소를 잘게 다져 넣어 채소핫케이크를 만들어 먹었는데, 활동 후 소감으로 '채소가 좋을 때도 있다. 채소가 좋다. 맛있으니까'라고 표현하였다. 4회기까지는 채소를 만져 보고 표현하는 것에 대한 소감이 주를 이루었다면, 5회기부터는 채소의 맛에 대해서 긍정적인 표현을 하기 시작하며 조금씩 채소에 대한 거부감이 줄어드는 것을 알 수 있었다.

비이커로 실험하는 모습

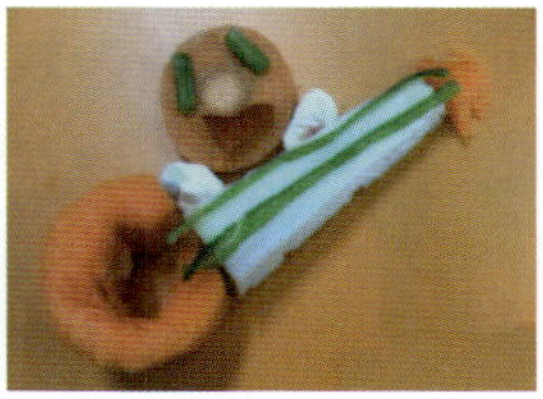

기타 치는 내 모습

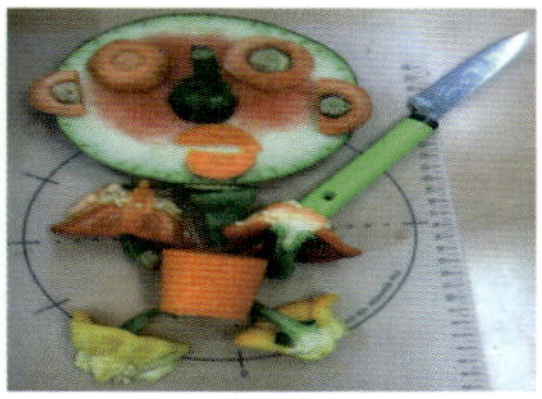

로봇 만들기

6회기 내가 가장 자랑스러웠던 순간

6회기에는 기피하는 채소로 내가 가장 자랑스러웠던 순간을 표현해 보며 채소를 좋았던 기억과 연결시켜 채소에 대해 긍정적인 감정을 가질 수 있도록 하였다.

아동들은 가장 자랑스러웠던 순간으로 피아노 대회에 나가 트로피 받았을 때, 학교에서 상 받았을 때, 부모님과 여행을 가서 지갑을 주웠는데 주인을 찾아줘서 칭찬 받았을 때 등을 각각 표현하였다. 아동들은 작품에 대해 발표할 때 그 순간이 떠오르는 듯 들떠서 이야기를 했고 서로 피드백하는 과정 중에도 스스로를 자랑스러워하고 친구들의 자랑스러웠던 순간에 대해 칭찬해 주기도 하였다. 요리활동으로는 5회기 때보다 좀 더 크게 채소를 잘라 아동들이 좋아하는 피자를 만들어 먹어 보았다. 활동 후 소감으로는 '버섯이 맛이 없어 먹기 싫었지만, 피자를 만들어 먹어보니 맛있었다. 내가 만들어서 그런지 채소도 맛있다.' 등으로 채소의 맛에 관심을 가지기 시작했다.

피아노 대회에서 트로피 받았을 때

학교에서 상 받았을 때

피자 만들기

7회기 좋아하는 가족이나 친구 표현해 보기

7회기에는 채소로 좋아하는 가족이나 친구를 표현해 보며 채소에 대한 친근감을 기를 수 있도록 하였다. 좋아하는 가족이나 친구로는 우리 아빠, 우리 집 강아지, 이순신 장군, 작은 오빠 등을 표현하였다. 아동들은 표현하는 과정 중에 "우리 아빠는 뭐든지 잘하신다.", "난 우리 오빠가 나랑 놀아 줄 때가 제일 좋아" 라고 하면서 표현 대상자에 대해 생각하고 말로도 표현을 하며 푸드표현을 하였다.

요리활동으로는 지난 회기보다 좀 더 채소의 맛이 느껴질 수 있는 채소주먹밥을 만들어 보았다. 아동들이 선호하는 김가루와 쇠고기 볶은 것도 함께 넣고, 채소의 종류를 늘려서 채소주먹밥을 만들어 보았는데, 아동들은 큰 거부감 없이 맛있게 만들어 먹었다.

활동 후 소감으로는 '주먹밥을 채소랑 섞어서 만들어 먹으니 더 맛있다. 채소를 넣어도 맛있다는 것을 알았다. 만드는 것이 재미있다.' 등으로 표현하였다.

우리 아빠

우리 집 강아지

채소 주먹밥

8회기 가장 행복했던 순간 표현해 보기

8회기에는 가장 행복했던 순간을 채소로 표현해 보며, 채소와 행복한 기억을 연결시켜 채소에 대해 좋은 기억을 가질 수 있도록 하였다. 많은 아동들이 가장 행복했던 순간으로 놀이동산에서 미끄럼 탈 때, 놀이기구 탈 때 등을 표현하였고, 그밖에도 큰오빠와 놀러갈 때 부모님과 놀러갈 때 등을 표현하였다. 특히 한 아동은 푸드표현교실에서 활동하고 있는 지금 이 순간이 가장 행복하다고 하며, 요리하고 있는 모습을 표현하여 상담자가 보람과 행복을 느낄 수 있었다.

요리 활동은 7회기보다 크게 자른 채소를 이용하여 부침개를 만들어 먹어 보며 채소의 맛에 익숙해지게 하였다. 활동 후 소감으로는 '부추가 싫어서 안 먹었었는데 먹어 보니 맛있었다. 맛이 환상적이었다. 채소가 여러가지로 유용하다.'라고 하였다.

큰 오빠와 놀러갈 때

푸드표현교실에서 요리하는 지금 이 순간

9회기 좋아하는 사람에게 선물해 주고 싶은 것 표현해 보기

9회기에는 좋아하는 사람을 생각하면서 좋아하는 사람에게 선물해 주고 싶은 것을 채소로 표현해 보는 시간을 가졌다. 좋아하는 사람으로 대부분 엄마, 아빠를 떠올렸으며, 주고 싶은 선물로는 반지, 꽃, 가방 등을 선물로 주고 싶다고 하였다.

요리활동으로는 채소카나페를 만들어 보았는데, 지난 회기까지는 익힌 채소를 사용하였다면, 이번 회기부터는 생채소를 사용해 보기로 하였다. 아동들은 볶은 채소보다 생채소에서 채소 고유의 쓴맛을 더 강하게 느끼고 거부감을 가지는 경우가 많아 생채소를 시도하면서 걱정을 많이 하였지만, 다행히 치커리를 처음 먹어 본다고 하면서도 먹기를 거부하거나 하지는 않았다. 활동 후 소감으로는 '맛없는 것을 맛있게 먹을 수 있다는 것을 알았다. 보기엔 맛없어 보였지만 먹어 보니 맛있었다. 치커리도 맛이 괜찮았다. 채소들이 예쁘다. 이상할 것 같은 치커리가 맛이 좋아 다른 채소도 먹어 보게 되었다.'라고 표현하였다.

엄마에게 주고 싶은 반지

엄마에게 주고 싶은 꽃

채소 카나페

10회기 미래의 내 꿈 표현해 보기

10회기에는 미래의 내 꿈이 무엇인지 생각해 보고, 미래의 모습을 채소로 표현해 보는 시간을 가졌다. 미래의 내 꿈 표현으로는 발명가, 멋있는 회사원, 모델, 가수 등을 표현하였다. 꿈을 구체화하여 채소로 표현해 보고, 서로 발표하고 피드백하는 과정 중에 자신의 꿈에 대해서 깊이 생각해 보는 시간을 가졌고 서로에게 응원의 메시지를 전하면서 자기 효능감을 상승시켰다. 첫 회기를 시작할 때는 "돼지야", "그게 뭐야." "에이 이상해" 등으로 서로에서 부정적인 말을 했던 아동들이 회기를 거듭하며 서로에게 긍정적인 말을 해 주는 모습을 보니 푸드표현교실은 편식교육 뿐 아니라 인성교육적인 면에서도 효과가 있음을 느낄 수 있었다. 꿈이 가수인 친구는 꿈이 모델인 친구에게 같이 듀엣으로 활동하자고 하기도 하고, "너는 실험하는 것을 좋아하니까 멋있는 발명가가 될 거야." 라고 하며 서로의 꿈에 긍정적인 메시지를 전하며 서로의 꿈을 응원해 주었다.

푸드표현 후 비빔밥을 만들어 먹어 보았는데 활동 후 소감으로는 '매운 맛을 첨가하면 채소도 먹을 만하다. 새싹 채소가 조금 쓰지만 맛있다. 채소는 비벼 먹어도 맛있다. 라고 표현하였다. 2회기에 채소만 보면 토할 것 같다고 말한 아동이 채소가 비벼 먹어야 맛있다고 하는 것이 아닌 비벼 먹어도 맛있다.'라고 표현한 것에 상담자로서 매우 흐뭇했고, 아동들의 채소에 대한 생각이 긍정적으로 변화된 것을 알 수 있었다.

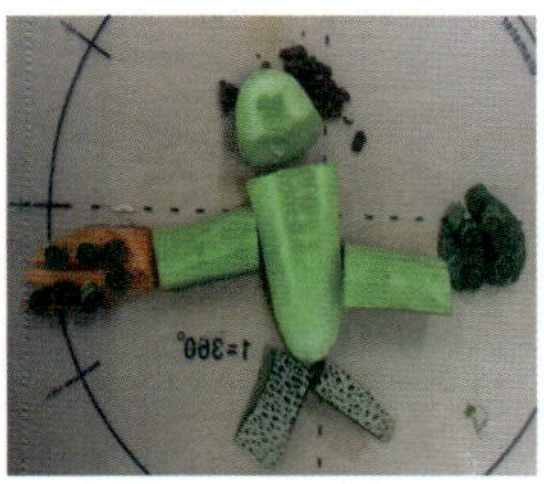
멋 있는 회사원

모델

가수

11회기 친구 장점 찾아주기, 먹고 싶은 대로 또띠아 만들어 보기

11회기에는 서로의 장점을 찾아 칭찬해 주기를 하였다. 모두가 인기 있는 친구의 장점을 찾는다고 하면 어떻게 하나 걱정되었는데, 다행히 아동들은 서로 소외되는 아동 없이 각각 짝을 지어 표현을 하기 시작하였다. 아동들은 친구가 표현해 준 자신의 장점을 흐뭇하게 바라보며 자신에 대한 긍정성을 확장시켰고, 아동들 중에는 표현된 작품을 사진 찍어서 엄마에게 보내 달라고 상담자에게 요청하기도 하였다. '친구들이 자신의 장점을 표현해 주고, 다른 사람 앞에서 발표하는 것에 대해 기분이 좋았다. 나에게 이런 장점이 있는지 처음 알았다. 자신감이 생겼다.' 등으로 소감을 전하기도 하였다.

요리 활동으로는 2회기 때와 같은 재료를 사용하여 먹고 싶은 대로 치킨 또띠아 만들어 보기를 하였다. 주제는 둘 다 먹고 싶은 대로 치킨 또띠아 만들어 보기였지만, 2회기 때는 채소를 넣지 않고 치킨과 또띠아, 소스만으로 만들었던 아동들이 11회기에는 또띠아에 채소를 조금이라도 더 얹어서 먹는 모습을 볼 수 있었다. 활동 후 소감으로는 '처음으로 채소를 다 먹어 보았다. 파프리카가 들어가서 썼지만 조금 더 발전한 것 같다. 예전보다 채소를 더 많이 먹게 되었다.'라고 표현하였다.

〈먹고 싶은 대로 또띠아 만들어 보기. 2회기와 11회기 비교 사진〉

아동1 2회기

아동2 2회기

아동3 3회기

아동4 4회기

아동1 11회기

아동2 11회기

아동3 11회기

아동4 11회기

아동5 2회기

아동6 2회기

아동7 2회기

아동8 2회기

아동5 11회기

아동6 11회기

아동7 11회기

아동8 11회기

12회기 채소에 대한 나의 마음 표현해 보기

마지막 회기인 만큼 채소에 대한 아동들의 변화된 모습을 보기 위해 채소에 대한 본인의 마음을 표현해 보라고 하였다. 아동들은 맛있게 먹는 채소를 표현하기도 하고, 채소로 요리하는 사람, 맛있는 채소 등을 표현하였다. 또 한 아동은 제목을 '일심동체'라고 표현하여 이유를 묻자 채소로 계속 표현하고 같이 놀다 보니 채소와 일심동체처럼 느껴졌다고 하였고, 한 아동은 표현 후 '채소도 음식이다. 음식은 먹으라고 있는 것이다.'라고 제목을 붙여 그 의미를 물어보니 '푸드표현교실 참여 전에는 채소는 음식으로 생각하지 않고 먹지 않았으나 푸드표현교실 참여 후에는 채소도 먹는 음식이다.'라고 생각이 바뀐 것을 표현한 것이라고 하였다.

채소들에게 편지 써 보기에서는 채소들을 처음 보았을 때는 정말 싫고 맛이 없다고 편견을 가졌는데, 푸드표현교실에 참여하면서 채소들로 표현도 해 보고 요리도 해 보니 채소들과 친해지고 편해진 것 같아 채소와 같이 놀고 싶다는 내용을 적어 채소에 대한 친근감이 참여 아동 모두 늘어났음을 알 수 있었다.

맛있게 먹는 채소

일심동체

채소로 요리하는 사람

맛있는 채소

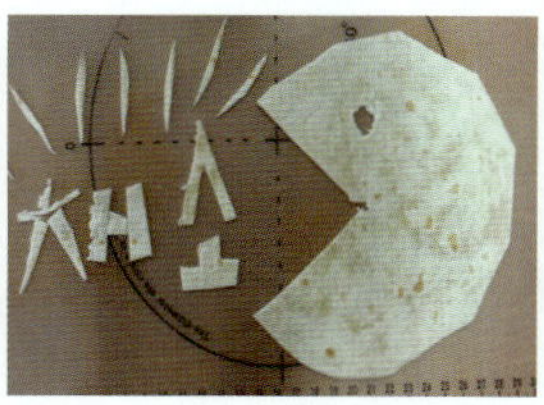

채소도 음식이다. 음식은 먹으라고 있는 것이다.

채소로 또띠아 만드는 모습

4. 맺음말

푸드표현교실은 채소에 대한 편식이 매우 심한 아동을 대상으로 모집하였기에 처음 목표는 채소에 대한 공포심을 지우고 채소에 대해 친근함을 길러 주는 것만으로 잡았었다. 특히, 푸드표현교실 초반 아동들의 채소에 대한 나의 생각 표현해 보기를 통해 채소에 대해 가지고 있던 아동들의 푸드표현 작품을 봤을 때는 과연 편식교정이 잘 될 수 있을지 걱정하는 마음이 앞서기도 하였다.

하지만 푸드표현교실이 진행되면서 푸드표현을 통해 채소를 가지고 놀아 보고, 푸드 브리지 단계에 맞춘 요리활동으로 채소에 대한 친근감뿐 아니라 편식 교정에도 기대 이상의 효과를 거두었다. 실제로 참여 아동 사후 설문지에서도 참여 아동 모두 음식을 골고루 먹기 위해 노력하겠다고 답하여 편식 식습관 교정에 푸드표현교실 활동이 많은 도움이 되었다.

또한, 사후 학부모 설문지에서 학생들의 푸드표현교실 참여 후 채소에 대한 인식 변화에 대한 질문에 예전에는 토하거나 했던 좋지 못한 기억들 때문에 손도 대지 않고 무조건 거부하던 채소를 참여 후에는 채소도 먹어 보려는 노력을 하였으며, 채소에 대한 선입견을 버리고 싫어하던 채소가 들어 간 음식의 맛을 궁금해 하며 다양한 조리법에 따라 달라지는 맛을 느끼려고 노력한다고 하여 푸드표현교실에 참여한 모든 아동이 채소에 대한 인식 변화와 함께 편식 교정에 대한 의지가 생겼음을 알 수 있었다.

푸드표현교실은 참여 아동들에게 채소와 친해지는 시간과 흥미를 가지게 해 주었을 뿐 아니라 상담 초반 서로에게 부정적인 말이나 놀리는 말을 사용한 아동들이 푸드표현교실에서 긍정적인 말만 서로에게 해 주기로 한 것을 서로 상기해 가며 회기 막바지에는 서로에게 긍정적인 언어로 응원해 주는 학생들의 모습을 볼 수 있어 편식교정뿐 아니라 인성교육면에서도 긍정적인 효과를 나타내었음을 알 수 있었다.

푸드표현교실에 대한 만족도 조사에서는 학부모와 학생 모두 매우 만족하였으며, 푸드표현교실이 끝남을 아쉬워하여 상담자에게도 매우 보람 있었던 시간이었다.

참고문헌

김민용, 김지유(2011). 푸드표현예술치료 이해와 실제. 경기: 양서원.

김민용, 김지유(2019). 건강하고 맛있는 창의융합, 푸드표현예술치료. 서울: 창지사.

이민정(2009). 경남 일부 초등학생의 영양교육에 따른 채소섭취 행동변화 연구. 경남대학교 석사학위논문.

이보숙(2002). 건강체중을 위한 학교급식의 역할. 한국학교보건학회, 15(2), 157-167.

하이닥 https://www.hidoc.co.kr/

EBS제작팀(2008). 〈아이의 밥상〉 아이의 식생활. 지식채널.

Robert W. Pike(2004). 밥 파이크의 창의적 교수법. [Creative training techniques handbook] (김경섭, 유제필 역). 경기: 김영사(원저출판: 1989년).

CHAPTER

09

문제해결이론을 적용한 푸드표현상담

1. 문제해결치료의 이해
2. 문제해결치료의 푸드표현예술치료
3. 문제해결치료의 푸드표현예술치료 사례 적용

CHAPTER 09

문제해결이론을 적용한 푸드표현상담

1. 문제해결치료의 이해

1) 심리치료 역사의 조망과 문제해결치료

문제해결치료는 인지행동치료 범주로 분류되는 치료법이며 우리가 살아가는 삶 속에서 만나게 되는 크고 작은 다양한 문제 상황에 대해 대처하는 개인의 능력을 기르는 데 초점을 둔다. 따라서 문제해결치료에서는 문제해결에 관한 긍정적 관점과 기술훈련을 강조한다(Nezu, Nezu, D'Zurilla, 2012).

문제해결치료는 1960년대 말에 개발되어 1970년대부터 주목을 받기 시작했고 개인이나 집단상담, 가족치료 등의 임상 장면뿐만 아니라 예방 및 유지를 위한 개입법으로 여러 장면에 적용되었고 현재는 다양한 임상집단에 대해 그 효과성이 입증되고 있다.

문제해결치료의 역사적 발전 및 출현은 네 가지 흐름이 크게 기여하였다. 첫째는 창의적 문제해결을 포함하여 창의성의 본질 및 창의성 교육에 대한 관심의 증대, 둘째, 적극적인 임상 개입의 증대, 셋째, 행동치료에서 인지과정 및 자극 통제의 중요성 인식, 넷째, 스트레스에 관한 Lazarus의 관계 모형출현이다. 이들 모형에서는 부정적 인지평가와 대처능력 결함을 스트레스 및 스트레스 관련 장애의 주요 원인으로 간주하였다(D'Zurilla, Nezu, 2007).

다시 말해 문제해결치료는 삶에서 발생할 수 있는 스트레스가 많은 사건의 부정적인 영향을 효과적으로 관리하도록 돕는 심리 치료를 말하는 것이다. 구체적으로 이러한 스트레스 요인은 이혼, 사랑하는 사람의 죽음, 직장을 잃거나 암이나 심장병과 같은 만성 질환을 앓는 것과 같이 다소 클 수 있다. 부정적인 스트레스는 또한 지속적인 가족 문제, 재정적 어려움, 지속적으로 교통 체증에 대처하거나 동료 또는 상사와의 긴장된 관계와 같은 여러 "사소한" 사건의 누적으로 인해 발생할 수 있다. 스트레스의 많은 문제가 심리적 문제를 일으키거나 암에 대처하거나 약물 요법을 준수하는 데 어려움을 겪는 것과 같은 기존 의학적 문제를 악화시킬 때, 문제 해결 요법은 단독 개입으로 또는 다른 접근법과 함께 도움이 될 수 있다.

2) 주요 개념

주요 개념의 정리는 D'Zurilla와 Nezu(2007)가 제시한 내용을 정리하였다.

(1) 문제해결

자연환경에서 벌어지는 문제해결은 일상생활에서 만나는 구체적인 문제를 효과적으로 해결하기 위해 노력하는 자기-주도적 인지-행동 과정으로 정의된다. 이러한 인지-행동 과정은 ① 특정 문제에 대한 다양한 해결책을 생성해내게 하고, ② 이렇게 생성된 여러 대안(해결책) 중에서 가장 효과적인 해결책을 선택할 확률을 높여 준다. 즉, 문제해결이란 의식적이고 합리적이며 노력을 요하는 한편 의도적 활동이다. 이러한 활동의 목적은 문제 상황을 개선하는 것일 수도 있고, 그런 문제 상황에서 야기된 정서적 스트레스를 줄이는 것일 수도 있으며, 이 두 가지 모두 일 수도 있다.

(2) 문제

문제(problem) 또는 문제 상황(problematic situation)은 효과적인 반응이 요구되는데도 불구하고, 장애 때문에 효과적인 반응을 하지 못하고 있는 일상생활 속 장면 또는 과제(예: 과제의 객관적 요구)일 수도 있고 개인(예: 개인의 목표, 욕구)일 수도 있다. 문제해결을 어렵게 하는 장애에는 신기성, 애매성, 예측불가, 갈등 유발 자극, 기술 결함, 자원 부족 등이 포함된다. 문제는 즉시 발견될 수도 있고, 반복적 시도가 실패한 후에야 발견되기도 한다. 문제는 일회성 사건(예: 기차를 놓쳤거나 급성 병에 걸리는 것)일 수도 있고, 유사하거나 관련된 사건의 연속(예: 사사로운것부터 반복적이고 비합리적인 요구를 받는 것, 십대인 딸이 계속해서 귀가 시간을 어기는 것)일 수도 있으며, 만성적으로 지속되는 상황(예: 계속되는 고통, 외로움, 질병)일 수도 있다.

문제는 환경의 특징만으로 설명되지 않고 또 개인의 특징만으로도 설명되지 않는다. 문제는 사람과 환경과의 관계 속에서 생기는 요구와 그 요구를 감당할 능력 간의 괴리나 불균형에 대한 인식으로 묘사되어야 한다. 그리고 문제는 매우 개별적인 특성을 지니기 때문에 어떤 사람에게는 문제가 될 수 있는 일이 다른 사람에게는 전혀 문제가 되지 않을 수 있다.

(3) 해결책

해결책(solution)이란 문제해결과정을 특정 문제 상황에 적용하였을 때 생성되는 상황-구체적 대처반응 또는 반응양상(인지적 그리고/ 혹은 행동적)으로 정의된다. '효과적'인 해결책이란 부정적인 결과는 최소화하고 긍정적인 결과는 최대화하면서, 문제해결과정의 목표(예: 상황을 개선하거나 문제에서 오는 고통을 줄이는 것)를 성취하는 그런 해결책을 일컫는다.

(4) 문제해결 대 해결책 실행

문제해결은 특정 문제의 해결책을 찾는 과정인 데 반해, 해결책 실행은 실제의 문제 상황에서 해결책을 행동으로 옮기는 과정이다. 따라서 문제해결기술은 일반적인 기술이지만, 해결책 실행기술은 문제와 해결책의 유형에 따라 달라지는 기술이다. 해결책 실행기술에는 우리 각자가 처한 환경 속에서 효과적인 삶을 영위하는 데 필요한 모든 인지-행동 기술이 포함된다.

3) 문제해결치료의 효과

일반적으로 문제해결치료는 다음과 같이 행동하거나 인식하는 데 도움이 된다 (Nezu & Nezu, 2019)

- 어떤 유형의 스트레스 요인이 슬픔, 긴장, 분노와 같은 감정을 유발하는 경향이 있는지 식별한다.
- 부정적인 감정을 더 잘 이해하고 관리한다.
- 삶의 어려운 문제를 다룰 수 있는 능력에 대해 더 희망적이 된다.
- 해결할 수 없는 문제를 더 잘 받아들일 수 있다.
- 스트레스가 많은 문제를 해결하려는 방식에서보다 계획적이고 체계적이다.
- 문제가 발생하면 문제를 덜 피하고 직면할 수 있다.
- "빠른 해결" 솔루션을 원하는 것에 대해 덜 충동적이 된다.

문제해결치료는 다음과 같은 광범위한 문제에 효과적이다.

- 주요 우울 장애
- 범 불안 장애
- 정신적 고통
- 자살 관념
- 관계 문제
- 특정 성격 장애
- 암이나 당뇨병과 같은 의학적 질병과 관련된 삶의 질 저하 및 정서적 고통

4) 문제해결치료의 임상적 고려 사항

다음의 임상적 고려 상황은 D'Zurilla와 Nezu(2007), Nezu, Nezu와 D'Zurilla(2007)의 설명을 정리하였다.

(1) 훈련전략

① 강의법

PST의 상담 부분은 심리교육적 지식교육으로 구성되어 있다. 이 교육에는 강의와 유인물이 이용된다. 강의법으로 질문과 토론을 강조하는 소크라테스식 질문법을 이용함으로써 집단 구성원들에게 스스로 생각하고, 자신들만의 추론을 도출해 보며, 자신들만의 결론도 지어 보게 한다. 이러한 교수법이 생산적 사고의 독자적 수행능력을 촉진한다는 PST의 목표와 일치하기 때문이다.

② 코칭

코칭은 주로 유도질문, 암시, 지시 등 언어적 독려로 제공된다. 예를 들어, 치료자는 브레인스토밍을 처음 시작할 때 해결책 생성과정이 용이하게 전개되도록 하기 위해 말이나 암시로 구성원들을 부추길 수도 있다.

③ 모델링

모델링은 가상적인 문제나 실제 문제를 해결해 나가는 과정이 글이나 말로 제공된다. 이 모델링은 치료자가 제공할 수도 있고, PST가 집단형식으로 이루어진다면 집단 구성원들이 제공할 수도 있다. 그리고 영화나 그림을 통해 제공할 수도 있고 또는 역할연기를 통해 제공할 수도 있다. 학습을 촉진시키기 위한 수단으로 가끔씩은 문제해결 원칙을 적용할 때 그릇된 방법을 적용해 보는 것도 중요하다. 그렇게 하면 참여자들이 옳고 그런 적용방식을 더 효과적으로 변별하게 될 것이다.

④ 조형

조형은 구체적인 훈련을 실시할 때 문제해결의 과정에 맞추어 단계별로 실시하는 것으로, 각각의 새로운 단계는 앞 단계를 성공적으로 완수한 후에야 도입된다. 문제가 매우 심각하거나 복잡하면 그 문제를 위계화시키는 것이 도움이 될 수 있다. 이렇게 하면 훈련 초기에는 덜 심하거나 덜 복잡한 문제를 보기로 사용할 수 있을 것이다. 일단 내담자가 일정한 문제해결기술에 익숙해지면 그 다음에는 더 어려운 문제를 공략할 수 있다.

⑤ 리허설

리허설은 문제해결 연습과 숙제로 구성된다. 유인물을 이용한 연습과 숙제 외에도 역할연기, 상상연습 및 실제 문제 장면에서의 실습 등이 포함된다. 어떤 기술이든 기술을 익히는 데는 숙제가 반드시 필요하다. 연습을 하지 않으면 실생활에서 문제해결기술을 실행하는 능력을 떨어질 것이다.

⑥ 수행 피드백

수행 피드백은 문제해결 자기-감시법이나 다른 숙제 또는 연습 등을 이용하는 자기-감시나 자기-평가를 통해서 제공되지만, 내담자에게 직접 제공하는 것이 중요하다.

⑦ 정적 강화

정적 강화에는 치료자의 칭찬과 다른 집단구성원들의 칭찬이 포함된다. 실생활 문제의 성공적 해결은 자연적 강화요인으로 작용할 것이다.

(2) 긍정적 치료관계형성

① 따뜻하고 공감적이고 진실할 것

긍정적 치료관계를 촉진시키는 치료자의 세 가지 특성은 따뜻함과 공감과 진실성이다. 친근감을 갖고, 참여자의 행복에 관심을 가졌다는 사실을 보여 주고, 참여자를 대할 때는 친절하고 공손한 미소로 따뜻하게 접대하라. 참여자가 자신의 문제나 고민을 이야기할 때는 신중하게 들어주고, 그들의 느낌을 읽어 주고, 그들의 생각을 말로 정리해 주고, 그들의 느낌을 여러분의 얼굴에 반영함으로써 여러분이 그들을 이해하고 있다는 사실을 알려 줌으로써 공감을 표현한다. 진실함을 보여주기 위해서는 적절할 때 자기를 노출시키고, 참여자의 질문과 고민거리를 듣고도 생색을 내거나 깔보는 일 없이 솔직하고 존경하는 마음으로 그 문제나 고민의 해결책을 모색하고 답한다.

② 열정적이고 낙천적일 것

문제해결치료가 효과적인 삶을 영위하는 데 중요하다는 사실을 강조함으로써, 참여자의 마음속에 최대한의 희망과 기대를 갖게 한다. 문제해결능력이 향상되면 스트레스성 일상사를 더 효과적으로 다룰 수 있게 되고, 또 정서적 · 신체적 행복에 미치는 스트레스의 부정적 결과가 줄어들 것이라고 설명한다.

③ 참여를 권장할 것

훈련을 실시할 때는 참여자 각자의 적극적 가담을 최대화할 수 있는 기법을 활용한다. 참여자의 적극적 가담을 독려하는 주요 훈련 기법으로 시연과 숙제가 자주 이용된다.

(3) PST에서 유의할 점

① PST를 기계적인 방식으로 실행하지 말 것
② PST를 내담자나 집단의 특성에 맞출 것
③ 숙제를 낼 것
④ 치료뿐만 아니라 내담자에게도 초점을 맞출 것
⑤ 피상적인 문제에 초점을 맞추지 말 것
⑥ 해결책 실행에 초점을 맞출 것
⑦ 문제-중심 대처방식을 문제-해결 대처방식과 동일시하지 말 것

⑧ 훈련과 함께 유인물을 사용할 것
⑨ 문제해결과정에서 나타나는 내담자의 강점과 약점을 충분히 평가할 것: 모든 환자가 똑같다고 가정하지도 말고, PST를 모든 환자에게 동일한 방식으로 실시해서도 안 된다.

2. 문제해결치료의 푸드표현예술치료

PST는 주요 스트레스 사건뿐만 아니라 일상생활 속에서 겪는 사소한 문제에 대해 보다 효과적으로 대처할 수 있도록 돕기 위해 인지행동치료의 원리를 적용하여 문제해결에 대한 긍정적인 태도와 합리적인 문제해결기술을 학습하도록 하는 개입방법이다(Nezu, Nezu, D'Zurilla, 2012). PST는 1971년 D'Zurilla와 Goldfried(1971)에 의해 처음 제시되었고, 그 이후 D'Zurilla와 Nezu를 중심으로 여러 동료들에 의해 지속적으로 수정 · 보완되어 왔다. D'Zurilla와 Nezu는 문제해결 모형을 크게 문제지향(problem orientation)과정과 문제해결스타일(problem solving style)로 보았다. 하위 단계로는 첫째, 합리적 문제해결(rationalproblem solving)스타일, 둘째, 충동/부주의(impulsive/careless)스타일, 셋째, 회피(avoidant)스타일로 보았다(D'Zurilla, Nezu, 2007). 그에 따라 문제지향이 긍정적일 때 합리적 문제해결의 가능성이 높고 긍정적인 결과가 나오며, 부정적인 문제지향일 경우 충동/부주의적, 혹은 회피로 인해 부정적/부적응의 결과가 나올 가능성이 많다고 보았다. D'Zurilla와 Nezu(2007)가 제시한 문제해결 모형은 [그림 9-1]과 같다.

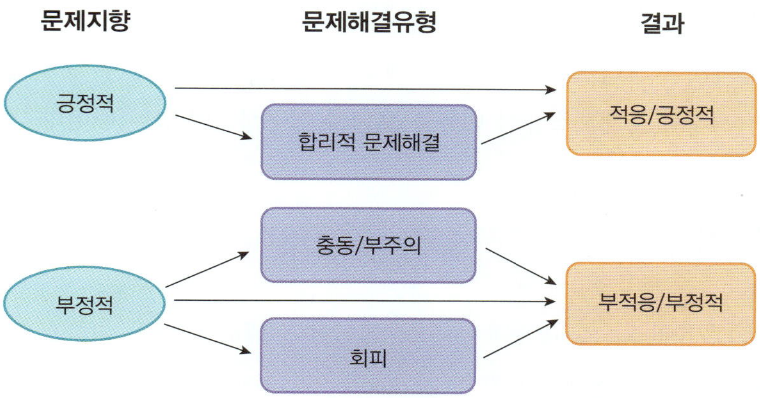

[그림 9-1] 문제해결모형

D'Zurilla, Nezu와 Nezu(2007)는 합리적 문제해결을 향상시키기 위해 5단계의 훈련과정(ADAPT)을 설명하였다. 첫 번째 단계는 태도(Attitude), 둘째는 정의(Define), 셋째로 대안(Alternatives), 넷째로 예측(Predict), 마지막 단계는 실행(Try out)이다. 푸드표현예술치료를 모든 부분에 접목하는 것이 아니다. 인지적인 부분을 좀 더 명확화하는 데 도움이 되는 부분에서 푸드표현예술치료 기법을 적용하였다. 문제해결치료를 위한 5단계를 간단히 정리하여 설명하면 아래와 같다.

ADAPT : 문제를 해결하는 5단계

A : **Attitude(태도)** – 문제와 자신의 문제 해결 능력에 대해 긍정적이고 낙관적인 태도를 취함

D : **Define(정의)** – 긍정적인 태도를 취한 다음에는 관련 정보를 모으며 목표 달성을 방해하는 장애물을 파악한 후, 현실적 목표를 명시함

A: **Alternatives(대안책)** – 정의된 문제를 바탕으로 확인된 장애물을 극복하고 문제해결의 목표를 달성하기 위한 여러 가지 대안 생성

P: **Predict(예측)** – 생성된 해결책 각각에 대해 긍정적 결과와 부정적 결과를 예상해 보고, 이득은 최대로 하고 손실은 최소화하면서 문제 해결의 목표를 달성할 가능이 가장 큰 해결책 선택

T: **Try out(실행)** – 선택된 해결책을 실생활에서 실행해 보고 스스로 그 효과를 확인 → 제대로 되지 않을 경우에는 Attitude 단계로 환류

앞에서 언급된 단계를 토대로 상담의 진행 방법에 대해 살펴보도록 하겠다. 또한 다음 내용에서 표로 만들어진 것은 이 책을 활용하는 독자들을 위해 문제해결치료 전문가인 저자가 문제해결중심 내용을 토대로 재구성하여 만든 것이다.

1) 문제지향

초기에 D'Zurilla와 Goldfried(1971)는 문제지향에 대해 일반적 지향(generalorientation)이란 용어를 사용하였다. 그 후 D'Zurilla와 Nezu(1982)는 문제지향(problem orientation)이란 용어로 바꾸었다. 문제해결과 관련된 전반적인 동기요소로서 한 개인이 문제 상황에 처음 직면했을 때 보이게 되는 반응 혹은 태도들로 보았다. 여기에는 개인이 문제 상황에서 보이는 태도, 문제에 대한 민감도, 개인 자신의 일반적인 문제해결 능력에 관한 일련의 신념, 가정, 평가, 그리고 기대들이 포함되어 있다.

Maydeu-Olivares와 D'Zurilla는 문제지향 과정을 긍정적 지향(positive orientation)과 부정적 지향(negative orientation)으로 구분하였다. 긍정적 문제지향은 긍정적 정서, 접근 경향성, 건설적 문제해결활동, 불확실성이나 좌절에 대한 인내심 그리고 지속적인 노력 등이 포함된다. 부정적 문제지향은 부정적 정서와 회피경향을 보이고, 건설적이지 못한 걱정과 염려, 불확실성이나 좌절에 대한 인내나 노력을 적게 하는 것으로 정서적인 요인이 포함된다. 이후 D'Zurilla와 Nezu(2007)는 이러한 관점을 계속 유지 발전시키고 문제지향의 중요성을 강조하였으며, 15단계의 문제해결 훈련 프로그램에서 8단계까지 문제지향의 긍정적 측면을 중요하게 다루었다. 부정적인 행동을 멈추고 합리적 생각을 하도록 하거나 과거의 성공경험 등을 탐색하도록 하여, 문제는 해결 가능성이 있으며, 문제는 자신을 파괴하는 문제로 인식하는 것이 아니라 누구나 경험할 수 있고, 그러한 경험을 통해 성장되고 도움이 된다는 사실을 강조하였다.

문제해결의 강점과 약점을 찾기 위해서는 문제해결검사를 하는 것이 좋다. 검사 문제는 다음과 같다.

① 전혀 그렇지 않다 ② 조금 그렇다 ③ 보통이다 ④ 그렇다 ⑤ 매우 그렇다

1. 해결해야 할 중요한 문제가 생겼을 때 두려움을 느낀다.( )
2. 의사결정을 할 때, 내가 가지고 있는 많은 선택권에 관해 신중히 생각한다.( )
3. 중요한 결정을 해야 할 때 긴장되고 자신이 없어진다.( )
4. 문제를 해결하기 위한 나의 첫 번째 노력이 실패할 때, 해결책을 찾는 것이 너무 어려워서 빨리 포기한다.( )
5. 때때로 어려운 문제들은 오히려 나의 생활을 긍정적인 방향으로 나아가게 하는 방법이 될 수 있다.( )
6. 만약 문제를 회피하면 대부분 저절로 해결될 것이다.( )
7. 문제해결에 성공하지 못한다면 매우 좌절할 것이다.( )
8. 하려고만 한다면 나는 어려운 문제를 효과적으로 해결하는 것을 배울 수 있다.( )
9. 문제에 직면했을 때, 어떻게 할지 결정하기 전에 분류하고 분석하며 정의함으로써 왜 그것이 문제인지 신중하게 이해하려고 한다.( )
10. 일상생활에서 문제를 회피하기 위해 할 수 있는 일은 무엇이든지 하려고 한다.( )
11. 어려운 문제들은 나를 매우 감정적으로 만든다.( )
12. 의사결정을 할 때, 실행에 앞서 시간을 가지고 가능한 각 선택에 대해 긍정적인 결과와 부정적인 결과를 예상해 본다.( )
13. 문제를 해결하려고 할 때, 마음속에 가장 먼저 떠오르는 생각을 선택한다.( )
14. 당황하면 혼자 있고 싶어 한다.( )
15. 스스로 중요한 결정을 내릴 수 있다.( )
16. 문제에 관한 모든 사실을 알기 전에 종종 먼저 반응해 버린다.( )
17. 문제를 해결하는 방법을 생각해 낸 다음에 성공적으로 실행하기 위한 계획을 세운다.( )
18. 문제해결을 할 때 가능한 한 많은 생각을 한다.( )
19. 실제로 문제해결을 위한 것보다 걱정하는 데 더 많은 시간을 보낸다.( )
20. 문제해결에 관한 나의 목표는 가능한 한 빨리 부정적인 생각을 멈추는 것이다.( )
21. 문제를 최소한으로 유지하기 위해 다른 것들과의 마찰을 피하려고 애쓴다.( )
22. 누군가가 나를 화나게 하거나 내 감정을 상하게 할 때, 나는 항상 같은 방식으로 반응한다.( )
23. 문제를 이해하려고 노력하는 것은 상황을 파악하는 데 도움이 된다.( )
24. 개인적인 문제에 대해 체계적이고 계획적인 사람은 너무 차갑거나 사무적으로 보인다.( )
25. 부정적인 것일지라도 정서는 문제해결을 위한 노력에 도움이 될 수 있음을 이해한다.( )

문제 수용 태도는 긍정적 문제 수용 태도와 부정적 문제 수용 태도로 나누어지고 문제해결 스타일은 합리적 문제해결 스타일, 충동적 스타일, 회피적 스타일로 나누어진다.

앞 검사의 해석 방법은 아래와 같다.

문제해결의 강점 척도

긍정적 태도 점수 : 5, 8, 15, 23, 25번 항목의 합
긍정적 태도 총점(1) :

합리적 문제해결 기술 점수 : 2, 9, 12, 17, 18번 항목의 합
합리적 문제해결 기술 총점(2) :

해석 방법

- 12점 이하 : 문제해결력 향상을 위한 훈련 필요
- 12점 초과 18점 이하 : 어느 정도 강점을 가짐, 훈련을 하면 더 좋아질 수 있음
- 18점 초과 : 매우 긍정적인 태도와 합리적인 문제해결 기술을 가짐

문제해결의 약점 척도

부정적 태도 점수 : 1, 3, 7, 11, 16번 항목의 합
부정적 태도 총점(3) :

충동성 점수 : 4, 13, 20, 22, 24번 항목의 합
충동성 총점(4) :

회피성 점수 : 6, 10, 14, 19, 21번 항목의 합
회피성 총점(5) :

해석 방법

각 점수가 12점 이상을 나타내면 부정적 사고, 조심성이 부족, 문제 회피 경향이 있음

긍정적인 수용 태도를 갖는 데 방해되는 장애물은 자기 비하, 부정적인 생각, 부정적인 감정이 있다. 이 세 가지 장애물을 극복하는 것이 매우 중요하다.

(1) 자기 비하 극복

프랭클 박사는 그의 저서 『삶의 의미를 찾아서』에서 '실존에 있어서 가장 어려운 순간에 우리를 구원하는 것'은 미래를 시각화하는 개인의 능력이라 하였다. 성공을 시각화하는 방법은 다음과 같다.

① 현재 어려운 문제를 선택하기
② 그 문제가 말끔하게 해결된 상황을 시각화하기
③ 문제가 해결된 것과 관련하여 모든 긍정적인 결과를 상상하기
④ 자신의 경험과 반응에 대해 날짜를 적어 두기

시각화 부분에서 자신의 긍정적인 결과를 푸드로 표현해 보며 보다 구체적인 경험을 할 수 있게 된다.

우리집 최고 영양사

나의 자리에서

(2) 부정적 생각 극복하기

부정적 생각을 극복하기 위해서는 건강한 생각 규칙을 가지면 된다. 건강한 생각 규칙을 갖는다면 스트레스를 받을 때 앞일을 낙관하게 되므로 생기를 찾게 된다. 실생활에서 이러한 규칙을 적용하게 되면 더 현실적이고 객관적으로 생각되어 감

정적인 고통이 줄어들게 된다.

[규칙 1] 느끼는 방식은 생각하는 방식에 따라 달라진다. 상황을 어떻게 느끼는가 하는 것은 그 상황을 어떻게 생각하는가에 따르는 것이다. ABC 모델

A 실제 사건 혹은 상황	B 믿음	C 정서적 결과

[규칙 2] 100% 완벽한 것은 없다. 문제는 인생의 정상적인 부분이다. 우리가 아무리 애쓰더라도 세상을 전부 통제할 수는 없다.

⇒ 바람의 방향은 바꿀 수 없지만, 돛을 조정할 수 있다.

[규칙 3] 모든 인간은 실수를 한다. 나조차도...

주변 혹은 유명한 사람들의 실수 사례 적어 보기...

[규칙 4] 부정적인 생각 때문에 불필요하게 소모하는 시간이 많아지면 긍정적으로 생각하는 데서 얻게 되는 즐거움은 그만큼 작아진다.

[규칙 5] 나쁜 관계 혹은 갈등은 두 사람이 만드는 것이다.

⇒ 최소한 어느 한 쪽도 30%의 책임은 가지고 있다.

[규칙 6] 승리는 잊어라, 배움은 더 오래 지속된다. 문제를 위협이 아니라 도전이라고 생각하라.

⇒ 역경이 존재하지 않으면 성장의 기쁨을 알지 못한다.

기분 좋은 날

날다

(3) 부정적인 감정 인식하기

부정적인 감정을 단지 좋지 않은 기분이라고만 느끼지 말고, 이것은 문제가 존재한다는 신호 혹은 단서로 활용할 수 있다. 부정적인 감정이라는 단서를 통해 문제를 제대로 인식하기가 쉬워진다.

[1단계] 하루 중 스트레스를 받거나 신체적으로 불편할 때는 언제든 멈추어 서서 당신이 어떻게 느끼는지 그리고 그러한 느낌이 얼마나 강한지를 주시하라.

감정을 단어로 쓰고 그 내용을 적어 보세요.

감정	내용

[2단계] 이러한 느낌을 가장 많이 경험할 때가 어떠한 상황인지 확인하기

신체적 반응	
이에 따른 생각	

[3단계] 멈추고 생각하라.

⇒ 일단 하던 행동을 멈추고 좀 전의 감정을 자신의 의도대로 느껴 본 후 그것의 느낌을 써 봅시다.

느 낌	

[4단계] 감정과 생각 합쳐 생각해 보기

[5단계] 감정이 나에게 말해 주는 것을 알기

느 낌	느낌이 말해 주는 것	정보가 드러내는 것
두려움	위협 혹은 위험이 가까이 있다고 느낀다.	무엇을 두려워하는가? 신체적 손해, 웃음거리가 되는 것, 열등감을 느끼는 것, 거부당하는 것, 해고 등?
분노	원하는 어떤 것을 얻는 것이 차단되어 있다.	무엇을 원하는가? 성공, 관계 맺기, 성취, 사랑 받는것?
슬픔	의미 있는 어떤 것을 잃었다.	무엇을 잃었는가? 친구, 애인, 파트너, 권력, 지위, 역할, 하고 싶은 것, 자신의 중요성?
당황스러움	타인이 자신의 부족함, 실수 혹은 문제를 발견할 것이라고 믿는다.	그들이 무엇을 발견하는가? 지적인 약점, 감정, 허물?
죄책감	후회하는 어떤 일에 초점을 두고 있다.	무엇을 후회하는가? 타인에게 상처를 준 것, 당신이 그들에게 상처를 줬다고 말하는 사람이 있는가?

[6단계] 할 수 있는 것에 대해서는 적극적인 행동하여 바꾸어 나가고 할 수 없는 것은 보다 현실적인 태도를 가짐

내가 할 수 있는 것	내가 할 수 없는 것	나의 선택

2) 문제정의와 공식화

문제정의와 공식화 단계의 목적은 문제의 독특한 성질을 명확히 하고 이해하는 데에 있다. 사회적 문제 상황은 애매하고 모호하며 비구조화되어 있어 문제 상황을 구체적이고 조작적인 용어로 정의 내리고, 주된 목적을 파악하며 하위 목표들을 구체화함으로써 문제들을 다루기 쉽도록 세분하는 작업이 필요하다.

문제정의와 공식화단계에서는 일반적으로 문제에 대해 충분한 사실들 없이 다른 대안들을 살펴보지 않고 임의의 추론을 하거나, 어떤 사실에 대해 중요한 정보나 상황의 계기에 대해 개인적으로 한 부분만을 선택해서 생각하고 가정하여 확신하는 등의 선택적 추상을 하기도 한다. 상황이나 사람들에 대해 한 가지의 사건을 통해 일반적 특징으로 가정하는 등의 과잉화나 문제에 대해 개인적인 가치, 영향, 중요성을 확대하거나 감소시켜 축소하거나, 문제에 대해 그 원인과 결과를 극단적으로 생각하는 등의 잘못된 귀인이 없는지를 살펴보아야 한다. 이로써 문제에 대한 정확한 정보를 통해 누가 관련되었는지, 어떤 일이 일어났는지, 어디에서, 언제, 왜 그런 일이 생겼는지, 문제 상황에 대한 행동, 사고, 느낌의 반응은 무엇인지 등 문제에 대한 정확한 이해를 통해 문제정의를 내리게 되고 분명한 목표를 설정할 수 있다. 보다 구체적으로 살펴보면 문제 정의는 ① 확인 가능한 사실을 찾아내기 ② 분명한 언어로 사실을 기술하기 ③ 사실과 추측을 구별하기 ④ 현실적인 목표 세우기 ⑤ 극복해야 할 장애물 확인하기, 5단계로 나타낼 수 있다.

(1) 확인 가능한 사실 찾아내기

문제를 해결하기 위해서는 사실을 제대로 파악을 할 수 있어야 한다. 이에 사실 확인 목록표를 적어 확인하는 것이 필요하다.

발생한 사건	사실 목록	응답
	관련된 사람은 누구인가?	
	무슨 일이 일어나서 혹은 일어나지 않아서 귀찮은가?	
	어디에서 일어난 일인가?	
	언제 일어난 일인가?	
	왜 그런 일이 일어났는가?	
	그 상황에서 나는 어떻게 생각하고, 행동하고, 느끼고 반응 하는가?	

(2) 분명한 언어로 사실을 기술하기

불분명한 언어	사실적 언어
예) 엘리베이터를 타는 것이 악몽 같아요. 제가 죽거나 어떻게 될 것만 같아요.	제 불안은 엘리베이터를 탈 때 가장 강렬해져요. 문이 열리고 제가 엘리베이터로 들어가면 심장이 빨리 뛰고 피부는 땀에 젖은 듯 끈적거리고 심장병 가족력이 떠올라 죽을 것만 같은 생각이 들어요. 엘리베이터에서 나오자마자 바로 안심이 되고 심장박동이 정상으로 돌아오는 것 같아요.

(3) 사실과 추측을 구별하기

언어	사실	추측
예) 저 그림을 보니 붉은 색 옷을 입은 사람이 먼 곳을 보고 있는 것 같아요.	사람이 붉은 색 옷을 입고 있다.	먼 곳을 바라보고 있다.

(4) 현실적인 목표

내가 바라는 목표

↓ ↓

문제중심 목표	정서중심 목표

↓

가능한 목표

특히 내가 바라는 목표나 가능한 목표를 글로 쓴 것을 푸드 표현으로 나타내면 보다 구체적으로 시각화시킬 수 있다.

새로운 시작

함께 성장하는 우리

(5) 극복해야 할 장애물 확인하기

가능한 목표

상황파악 질문	장애물
현재의 상황에서 받아들일 수 없는 것은 무엇인가?	
이 조건이 어떻게 변하기를 바라는가?	
어떤 장애물 때문에 현재 상태를 원하는 상태로 바꾸지 못하는가?	

3) 대안 생성

이 단계의 주된 목적은 유용하고 창의적인 대안들을 찾는 것이다. 창의적인 대안을 막는 가장 큰 장애물은 습관과 관습이다. 과거의 문제해결 상황에서 학습된 효과적인 반응이 유사한 문제 상황에 일반화될 때, 습관은 사회적 문제해결에서 유용할 수 있다. 그러나 개인이 새로운 문제 상황에 대하여 그것의 적합성이나 적용 가능성에 대한 검토 없이 자동적으로 반응할 때 습관은 효과적인 문제해결에 방해가 된다. 따라서 문제해결에 있어서 효율성을 최대화하기 위해 사람들은 낡은 습관에 전적으로 의존할 수 없으며 다른 창의적인 방법들을 찾아야 한다. 이러한 창의적인 대안을 생성하기 위해 브레인스토밍의 방법을 활용한다. 브레인스토밍의 3가지 원칙으로, 첫째, 양(quantity)의 원칙으로 더 많은 대안을 생성하면 할수록 더 좋은 대안의 가능성이 있게 된다.

가능한 목표

해결 방법

둘째, 판단보류(deferment of judgement)로 결정적인 해결책에 대한 판단을 나중에 하는 것으로, 생각들을 결정하거나 그 생각에 대해 판단하게 되면 다른 창조적인 생각의 대안에 방해가 될 수 있다. 따라서 판단은 많은 창조적인 생각과 대안들이 탐색된 이후 그 결과에 대해 판단을 하는 것이 유익하다.

셋째, 다양성(variety)의 원칙으로 해결책의 범주가 다양할 수록 좋은 아이디어와 창조적 대안의 탐색이 가능해진다는 것이다.

전략	전술

4) 의사결정

이 단계에서는 실제적 문제 상황에서 이용 가능한 대안들을 평가, 판단, 비교하고 그중에서 실행하기에 가장 적합한 것을 선택하는 단계이다. 탐색된 대안들 가운데 가장 효율적이고 효과적인 대안을 선택하기 위해 가능성과 가치성에 대한 두 가지 측면을 살펴보아야 한다. 우선 대안의 실현이 목표를 이룰 것이라는 것과 문제해결의 최적의 방법이라는 가능성을 예측해야 한다. 그리고 감정에 대한 효과, 소비되는 시간과 노력, 물리적인 안녕감, 심리적 안녕감(우울, 불안, 자존감 등), 경제적 안녕감, 자기증진(업적, 지식 등)등 다양한 개인적 가치와 가족이나 친구, 사회적 평판 등의 사회적 가치평가들을 통해 가치성을 평가하고 예측해 보아야 한다. 이러한 평가에 있어 장기적으로나 단기적으로 그 결과에 대한 긍정적, 부정적 측면을 충분히 살펴보고 예측함으로 대안을 선택하게 된다. 효과적인 선택하기 위해서는 다음의 4가지 방법을 활용해 보는 것이 좋다.

① 명백하게 비효과적인 해결책 걸러 내기
② 가능한 결과 예상하기
③ 해결책 성과 평가하기
④ 효과적인 해결책을 확인하고 계획 수립하기

(1) 명백하게 비효과적인 해결책 걸러 내기

전략	전술	타당성 (O,X)

(2) 가능한 결과 예상하기

대안	결과 예측 목록	미치는 영향
	이 해결책이 나의 목표 달성에 도움이 될 것인가?	
	내가 이것을 실행할 수 있겠는가?	
	정서적으로 행복할 것인가?	
	투자한 시간과 노력이 적절한가?	
	신체적, 정신적 건강은 양호한가?	
	경제적 안정감을 주는가?	
	자기 성취감을 주는가?	
	기타 개인적 목표, 가치 활동에 긍정적인가?	
	중요한 주변 사람들의 개인적 혹은 사회적 행복에 어떠한 영향을 주는가?	
	다른 사람들의 권리에 어떤 영향을 주는가?	
	중요한 대인관계의 영향은 어떠한가?	
	개인적 또는 사회적 지위 평가	

(3) 해결책의 성과 평가

대안	이 해결책이 그 문제를 해결할 수 있는가?	내가 이 해결책을 수행할 수 있는가?	장 · 단기적으로 나에게 미칠 전반적 영향은 무엇인가?	장 · 단기적으로 타인에게 미칠 영향은 무엇인가?

5) 실행과 확인

이 단계에서는 실제 생활 내에서 자신이 선택한 대안의 효율성을 평가하는 단계이다. 대안을 실행한 후에 문제해결을 위한 목표는 성취되었는지 살펴보고 성취되었다면 문제해결과정을 종료하며, 문제해결을 위한 목표가 성취되지 못했다면 다시 문제해결의 과정적인 방법상의 문제인지 아니면 대안에 따른 계획의 실행상의 문제인지 평가해야 한다. 과정의 문제라면 한두 과정을 되돌아가서 다시 수정 보완하여 실행할 수 있도록 하며, 대안의 계획 실행상의 문제라면 해결책의 실행을 개선하도록 노력하며, 대안 실행 시 특정한 기술의 부족이라면 이를 위한 훈련을 연습하도록 한다. 또한 실행, 관찰, 평가 외에도 자기강화의 요소를 지닌 행동평가와 자기통제 과정이 포함된다. 해결책대로 실천하도록 스스로를 부추기기가 필요하다. 동기부여 이행표를 활용해 보는 것도 좋다.

문제를 해결하지 않았을 경우에의 득실		주어진 목표를 달성했을 때에의 득실	
이득		이득	
손실		손실	

최종 실천하고 난 뒤의 마음을 푸드로 표현하여 내적 동기화를 보다 구체적으로 다지고 자신의 마음가짐을 확인할 수 있다.

국시를 앞둔 나의 심정의 변화

다예의 삶

문제해결치료 상담에서 푸드표현예술치료가 전적으로 활용되지는 않는다. 하지만 내담자가 자신의 생각을 정리하고 시각화 및 구체화를 시킬 때에는 보다 도움이 된다. 이에 상담을 하다가 상담자의 필요에 따라서는 본 장에서 언급한 방식을 변형해서 진행을 하여도 괜찮다.

3. 문제해결치료의 푸드표현예술치료 사례 적용

이 부분에서는 앞에서 제시된 내용 ADAPT를 보다 구체적으로 사례를 적용하여 안내하고자 한다. 사례의 내담자는 30대 여성이며, 상담의 주된 호소는 환경이 다른 시어머니와의 관계를 개선하고 싶어 하는 것이다. Attitude(태도) 단계에서는 자신에 대해 바라보는 관점과 자신의 긍정적인 부분에 대해 살펴보도록 하였다. 이에 문제해결강점척도의 실시와 함께 자신의 긍정적인 문제해결 능력이 잘 발휘될 때가 언제인지를 탐색하도록 하였다.

아빠와 동네 한 바퀴

엄마와 함께

Define(정의) 단계에서는 자신이 진정으로 생각하는 문제가 무엇인지를 살펴보도록 하였다. '현실적으로 문제가 되는 것은 무엇이라고 생각하는가?'라는 부분을 각인시켜 문제를 명확하게 인지하도록 하였다.

성장하는 아이 모습

시어머니와의 갈등

Alternatives(대안책) 단계에서는 정의된 문제를 바탕으로 확인된 장애물을 극복하고 문제해결의 목표를 달성하기 위한 여러 가지 대안을 제시하도록 하였다. 내담자는 남편과의 대화와 시어미니와의 쇼핑 등의 여러 대안을 제시하였다.

남편과의 대화

시어머니와의 쇼핑

Predict(예측) 단계에서는 여러 가지 대안들 중 긍정적인 것과 부정적인 것을 고려한 후 자신에게 가장 손실이 적고 목표에 도달할 수 있는 최종의 대안을 선택한다. 내담자는 가족과의 진지한 대화를 하고 해결책으로 제시하였다.

가족과의 대화

Try out(실행) 단계는 실행을 한 것이다. 이 단계를 하고 난 뒤의 기분을 표현하도록 하였다.

행복의 가능성

참고문헌

D'Zurilla, T. J., Goldfried, M. R. (1971). Problem solving and behavior modification. *Journal of Abnormal Psychology, 78*, 107–126.

D'Zurilla, T. J., & Nezu, A. M. (1982). Social problem solving in adults. In P. C. Kendall(Ed.), *Advances in cognitive-behavior research and therapy,* 1, 202–274. New York: Academic Press.

D'Zurilla, T. J., & Nezu, A. M. (2007). *Problem-Solving Therapy: A Positive Approach to Clinical Intervention.* New York: Springer Publishing Co.

Nezu, A. M., & Nezu, C. M. (2019). *Emotion-centered problem-solving therapy.* New York: Springer Publishing Co.

Nezu, A. M., Nezu, C. M., & D'Zurilla, T. J. (2007). *Solving life's problem: A 5-step guide to enhanced well-being.* New York: Springer Publishing Co.

Nezu, A. M., Nezu, C. M., & D'Zurilla, T. J. (2012). *Problem-Solving Therapy: A Treatment Manual.* New York: Springer Publishing Co.

MEMO

선생님
감사
합니다

CHAPTER

10

마음 안아 주는 푸드표현상담

1. 개인상담 사례
2. 마치면서

CHAPTER 10

마음 안아 주는 푸드표현상담

1. 개인상담 사례

수학이 정말 싫어요

1) 상담개요

- **내담자 정보** : 여자 초등4 나이 11세. 1남 1녀 중 맏이
  - 부 42세 회사원
  - 모 43세 전업주부
  - 남동생 4세 유치원
- **내방경위** : 공부방 선생님 소개로 ○○이는 수업시간에 수학 문제가 조금만 어려워도 울기부터 시작해서 못하겠다고 함. 상담경험 없음
- **주 호소 문제** : 부모가 보는 아동의 문제는 1학년 때부터 학교만 가면 쉬는 시간에 큰 소리로 울면서 친구들이 안 놀아 주고 놀린다고 울며 전화 옴. 수

학에 대한 어려움으로 무조건 큰 소리 내서 울기 시작함

- **발달 및 생육사** : 결혼 초 맞벌이 부부로 ○○이가 태어나서 곧바로 친정어머니가 생후 24개월까지 키워 줌. 주 1회 주말에 데리고 왔다가 월요일 아침 출근하면서 친정에 맡김. 아이가 많이 울었고 엄마를 안 떨어지려고 해서 24개월부터 엄마가 회사를 그만두고 직접 양육을 했지만 갑작스런 남편의 교통사고로 6개월간 병원에 입원해 있어서 다시 친정어머니께서 많이 돌봐 주심. 만 3세 되던 해에 어린이집 보냈는데 그때도 2개월 이상을 아침마다 많이 울었음.
- **내담자 강점** : 나이에 비해 언어구사력이 좋고 밝고 적극적인 성격
- **가족관계**
  - 어머니(43) : 목소리가 크고 서글서글한 인상에 부부사이가 좋다고 함. 어릴 적에 직접 키우지 못한 것에 대한 미안함도 크고 본인이 어릴 적부터 언니에게 많은 양보를 하고 자랐으며 자기 주장을 많이 할 수 없었던 것에 대한 아쉬움이 있어서 딸에게는 될 수 있는 대로 원하는 것을 해 주려고 하지만 노력만큼 잘 되지 않는다고 함. ○○이에게 자신도 모르게 엄하고 딸의 잘못에 대해 화를 많이 내게 된다고 함.
  - 아버지(42) : 소심한 성격으로 사고로 인해 병원생활을 오래 하다 보니 예민하고 가끔 소리 지르고 화를 내서 내담자가 무섭다는 말을 하기도 함. 가족들과 캠핑을 자주 다님.
  - 동생(4) : 부모님의 사랑을 독차지 함. 고집이 세고 밝고 명랑하고 귀여운 인상, 누나에게 지지 않으려고 해서 늘 다투는 편.
  - 외할머니(69) : 첫 손녀에 대한 애정이 많지만 규제가 많은 편.
- **현재 힘듦의 원인** : 태어나자마자 가장 중요한 대상이 가정 환경으로 인해 엄마가 아닌 외할머니였으며 외할머니 집과 부모님 집을 오가며 생활하는 과정 중에서 정서적으로 불안정하고 유기 불안이 생길 수 있었고 온전한 정서적 안정감을 경험하기 힘들었을 가능성이 크다. 애착이 형성되는 공생기 시기에 아빠의 사고 그리고 공생기 시기에 온전하게 받았어야 하는 사랑과 보

살핌이 불안정한 상태에서 어린이집에 다니게 됨으로써 애착 형성과 분리불안이 생긴 가능성이 커 보임. 그로 인해 학교에서 또래 관계에서의 자신감이 떨어지고 새로운 과제 앞에서 자신 없어 하며 불안한 마음에 해결해 가고자 하는 의욕이나 자신감보다는 힘들어 하고 무서워하며 포기하는 것에 익숙해져 있음

- 상담목표
  - 가정에서 정서적인 안정감을 경험할 수 있다.
  - 친구들과 어울릴 수 있다.
  - 울지 않고 자신의 생각과 감정을 말할 수 있다.

2) 상담과정

1회기 오리엔테이션. 소금으로 놀아요 (오감 느끼기. 내 마음대로 해도 돼)

어느 상담이든 상담의 첫 회기는 상담 장면에서 아주 중요한 회기라 할 수 있다. 상담자는 상담자대로 내담자는 내담자대로 서로를 알아 가기 위해 민감한 탐색전이 펼쳐진다. 특히 아동일 경우 비자발적인 경우가 많기 때문에 각별히 더 주의를 한다. 하지만 ○○이는 들어오면서부터 옆에 학원을 다니고 있어서 늘 이 상담실이 궁금했다며 아주 밝게 들어왔고 호기심 있게 상담실 내부를 돌아다니며 적극적인 모습을 보인다. 이곳에 왜 왔는지 알고 있느냐는 상담자의 질문에 아주 흥쾌히 "저는요, 잘 울고요 그리고 저는 과학자가 되고 싶은데 수학을 너무 못하기 때문에 과학자의 꿈을 포기 했어요" 라고 남의 이야기하듯 가볍게 이야기하며 웃어 보이는 모습이 인상적이다. ○○이에게 여기 오면서 뭐가 좀 달라지고 싶은지 물었고 이내 "수학은 포기했으니까 괜찮고 친구들이 나를 안 놀리면 좋겠어요." 라고 한다.

간단하게 앞으로 이곳에서 재미있게 이야기도 하고 여러 가지 재료를 가지고 놀 수 있다는 안내와 함께 실내에 비치된 여러 가지 재료에 대해 안내하고 쟁반과 소

금을 준비물로 내놓았다. 하고 싶은 대로 해 봐도 된다는 상담자의 말에 기다렸다는 듯이 쟁반에 소금을 가득 붓고는 "이런 거 정말 해 보고 싶었어요. 집에서는 엄마가 음식가지고 장난치면 안 된다고 혼나거든요" 하며 마음대로 해도 괜찮은지 묻는다.

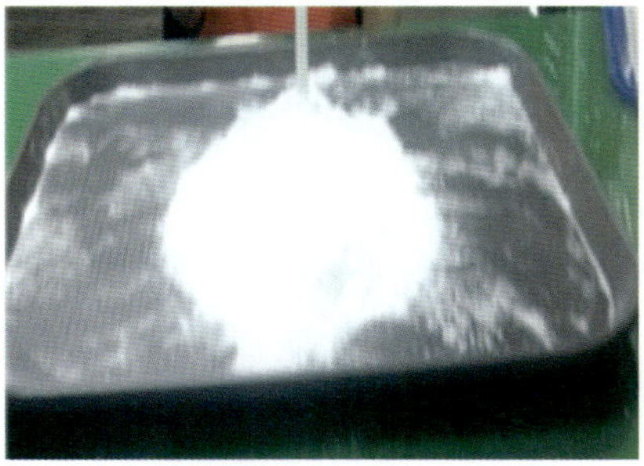

내 마음대로 하고 싶어

- **나누기** : 여기 오니까 좋고 학원 선생님은 싫은데 여기 선생님은 좋다. 소금 가지고 놀아서 좋다. 또 하고 싶다. 내일 또 오고 싶다.
- **평가** : 처음 접하는 공간임에도 적응이 빠르며 한시도 가만 있지 않을 만큼 작업 중에도 말을 많이 한다. 무엇인가 상담자에게 요구를 하고는 상담자의 반응이 있기도 전에 '아니에요'라며 취소를 하고는 어색하게 웃는다. 말하는 단어 선택이 어른들이 하는 말을 사용함(하고 싶다고 다 되는 게 인생이 아니죠 등). 정서적으로 불안해 보이며 조금 산만해 보임. 시간이 너무 빠르다며 더 하고 싶다고 말하고는 이내 "아뇨, 다음에 또 오죠 뭐" 라며 가겠다고 한다.
- **부모 코칭** : 원가족 탐색 및 양육 과정 탐색 / 현재 부모가 느끼는 아동에 대한 정서 탐색 / 심리검사 분석 / 상담에 대한 구조화 작업 주 1회 모 상담 제의

2회기 소금으로 놀아요

○○이는 약속된 시간보다 30분 먼저 와서는 "오늘 뭐해요"라고 묻는다. "오늘도 소금하면 안되요. 아뇨 그냥 시키는 대로 할게요"라며 소금이 있는 곳으로 간다. 소금놀이 또 하고 싶으냐는 말에 이내 "네네" 라며 "제발요" 라고 애원하듯 한다.

소금으로 무엇을 해 보고 싶으냐는 말에 "그냥 이렇게 만지고 있으니까 좋아요." 무엇을 만들거나 완성하기보다는 만지고 비비고 손바닥으로 문지르고 등의 잠시도 가만히 있지 않고 여러 가지 자신의 이야기들을 한다. (과학자가 되고 싶은데 수학을 못해서 포기했다. 학교에서 친구들이 나랑 놀아 주지 않아서 슬프다. 하지만 내가 노력하면 될 꺼니까. 괜찮다 등의 이야기를 혼자 말하고 혼자 답을 찾아가는 식의 이야기를 많이 함) 소금으로 놀면서 소금을 벽에 뿌려 보고 싶다는 이야기를 하더니 이내 "아니에요 그러면 바닥이 난장판이 되고 치우기도 힘들고 음식가지고 그러면 죄 받죠" 라고 한다. 해 보고 싶으면 해 봐도 된다는 말에 정말이냐며 네 번을 확인한 후 처음에는 살짝 던지고는 상담자의 눈치를 살핀다. 괜찮다고 허용을 했지만 조심스러워 한다. 상담자가 나가고 혼자 마음껏 해 보라는 말에 좋다고 한다. 소금 1kg이 모두 바닥에 흩어져 있다. 바닥이 도화지가 되어 맨발로 밟고 부비고 다시 앉아서 소금 위에 그림을 그린다. "속이 시원하다. 이런 경험 처음이다. 그런데 음식을 가지고 이렇게 장난을 쳐서 미안하기도 하다" 라는 말을 한다.

정리는 어떻게 하면 좋겠느냐는 말에 좋았던 기분이 사라질 것 같다며 정리하고 치우는 게 힘들다며 이내 울상을 짓는다. 같이하면 어떻겠냐는 제의에 다시 기분이 좋아졌다며 빗자루로 함께 정리한 후 다시 쟁반위에서 다양한 표정을 그리며 논다.

소금으로 놀아요

소금으로 놀아요

- **나누기** : 음식 가지고 놀면 혼났는데 오늘은 안 되는 걸 해 보는 느낌과 규칙을 어겨도 되니 기분이 좋음. 내 맘대로 해서 좋아 여기 매일 오고 싶어요.
- **평가** : 오감을 통해 내면에 쌓인 억압된 정서를 해소하기 위해 소금을 벽에 던져 보면 어떻겠냐는 말에 "그건 안돼죠. 먹는 음식인데"라며 웃는다. 엄하고 규칙적인 부모의 양육태도와 외할머니와 생활 속에서 경직된 정서가 어른의 눈치를 봐야 함으로써 마음대로 하고 싶은 내면의 공격성을 억압하는 모습을 보임. (송곳으로 과자를 살짝살짝 찌르고 부숴지면 얼른 입으로 넣고는 상담자를 바라봄) 정리 하는 것에 대한 부담을 가지고 있음.
- **부모면담** : 1학년 때부터 친구관계를 힘들어 했으며 학교에 가서도 쉬는 시간에 느닷없이 전화 와서는 소리 내며 친구가 안 놀아 준다고 우는 경우가 많았다. 처음에는 달래 보기도 했지만 매번 그러는 게 힘들어 야단도 치고 달래기도 했지만 달라지지 않았다. 자신감을 갖게 하려고 서예 학원에 한자를 배우러 보냈다. 매사에 하겠다고 하고는 끝까지 하거나 뒷마무리가 안되서 집에서도 야단을 쳐도 안 된다.
- **부모코칭** : 자녀의 행동 관찰하기.(그동안 부모의 안경으로 봤다면 이제부터는 있는 그대로의 모습을 관심을 가지고 관찰하기. ○○이가 자주 하는 행동, 자주 하는 말, 밥 먹는 모습 등)

3회기 못하는 게 아니라 아직 친하지 않아요

30분 일찍 와서 기다림. 오자마자 "오늘은 뭐해요"하고 묻기. 과자 종류의 재료를 보고 아주 좋아하면서 배고프다는 말 먼저 함. 먹어도 되냐고 물어보며 먹는 것에 관심을 많이 보임. 주사위 게임으로 과자 종류를 가져갈 수 있고 그 재료로 작품(나를 소개해요)을 만들 수 있다는 말에 아주 강한 승부욕을 나타내며 지면 어떻게 하지라며 불안해한다. 연필과 종이를 주며 주사위의 숫자를 더 할 수 있도록 하는데 어느 순간부터 적지 않고 암산으로 상담자의 숫자와 본인의 숫자를 정확히 관리하고 있었다.

상담자 : 잠깐 ㅇㅇ아 내가 듣기로는 지난 시간에 너는 수학을 못하고 수학만 보면 눈물이 나온다고 했는데 그래서 그렇게 좋아하는 과학자의 꿈도 포기했다고 한 것 같은데 맞니?

내담자 : 네.

상담자 : 그런데 너 지금 우리가 게임하는데 더하기를 적지 않고 암산으로 하네? 그런데 하나도 안 틀리고 척척 해내는데?

내담자 : 아~암산은 쉬워요, 수학을 못해서 그렇지.

상담자 : 그래? 그러면 지금 네가 이렇게 척척 잘하는 덧셈은 수학 아니고 영언가(ㅎ)?

내담자 : 하하하 그러네요. 덧셈도 수학이네요. 그런데 글자 많이 나오고 글로 푸는 수학은 정말 어려워요. 더하기 빼기 곱하기는 잘해요.

상담자 : 아 ~더하기, 빼기, 곱하기는 잘하는데 문장으로 나오는 수학은 어렵다는 거지?

내담자 : 네에~~ 그래서 포기했어요. 수학을 잘해야 과학자가 된다고 했는데 엄마한테 수학 때문에 많이 혼나고 맞고 했는데 그래도 안되더라구요.

상담자 : 에구~ 그렇게 좋아하는 과학을 수학 때문에 포기해야 했다면 정말 속상했겠다. 그런데 ㅇㅇ야, 너는 수학을 못하는 게 아니라 수학 중에서 더하기 빼기 곱하기는 잘하는데 문장식으로 된 문제는 아직 좀 어렵다는 거지, 수학 전체를 다 못하는 게 아닌 거 같은데 너는 어때?

내담자 : ... 그러네요. 나는 전부 다 못한다고 생각했는데 그게 아니네요.(웃음)

상담자 : 그러네. 넌 수학을 못하는 게 아니라 수학 중에서 어느 부분만 좀 어려워하는 거네? 맞니?

내담자 : 네.

상담자 : 그럼 다시 말해 볼까? ㅇㅇ이는 수학을… ?

내담자 : 다른 건 다 잘하는데 문장으로 된 문제는 못해요.

상담자 : 못하는 걸까? 어렵다고 생각해서 더 노력하기 싫은 걸까?

내담자 : 노력하기 싫었어요. 그 문제만 자꾸 틀린다고 엄마가 나 보고 머리가

나쁘다고 했거든요. 엄마가 난 수학이 안된다고 했어요. 공부방 선생님도 난 가르치기 힘들다고 했거든요.

상담자 : 그랬구나~. 그래서 너도 네가 수학을 못한다고 생각했구나. 속상했겠다.

내담자 : 속상하죠. 과학은 완전 재미있거든요. 그렇게 좋아하는 과학자의 꿈을 수학 때문에 접었잖아요.

상담자 : ○○야. 넌 너 자신에게 수학을 못하는 아이라고 생각한 거니?

내담자 : 네.

상담자 : 그게 정말 네가 원하는 말이었어?

내담자 : 아뇨.

상담자 : 그럼 너에게 어떻게 말을 다르게 해 줄래?

내담자 : ...모르겠어요. 그럼 난 수학을 잘 하나? 히히.

상담자 : 내 생각엔 넌 수학 중에서 더하기 빼기 곱셈하고는 아주 친한데 문장으로 된 문제는 좀 안 친한 것 같아. 그래서 어렵다고 생각했고 그렇게 생각하니까 머릿속에서 어려우니까 '포기 할래' 라고 생각하고 그래서 또 너는 관심을 안 준 거 같은데 넌 어때?

내담자 : 그럼 내가 수학을 못하는 게 아니라 문장으로 된 것만 못한다는 건가요?

상담자 : 못하는 게 아니라 조금 덜 친한 거지. 더하기 빼기는 아주 친하니까 암산으로도 척척하잖아.

내담자 : ...

상담자 : ○○야. 너 그 친구랑 친하고 싶지 않니, 그 친구(문장 문제)랑만 친하면 네가 좋아하는 과학자의 꿈을 포기하지 않아도 될 것 같은데?

내담자 : 정말요! 아~ 그런데 시험만 치면 거기서 틀리는데 될까요?

상담자 : 그 친구랑 친해져서 시험칠 때 동그라미 맞고 싶은 거지?

내담자 : 네. 그렇게 되면 얼마나 좋겠어요.

상담자 : 내 생각엔 그 친구랑(문장문제) 친해지고 싶은 마음이 크면 도전하면 될 것 같은데 조금씩 조금씩 친해지는 방법을 찾아가 보면 될 것 같은 생각

이 나는 드는데 넌 어때?

내담자 : 생각해 보니까 그 문제만 나오면 해 보지도 않고 머리가 띵해서 열심히 안했어요. 그런데 해 보는 데까지는 해 봐야겠네요. 우리 엄마가 도전하는 사람이 성공한다고 했거든요.

상담자 : 네 말은 지금부터 조금씩 조금씩 도전해 보고 싶다는 거지?

내담자 : 네.

상담자 : ㅇㅇ야~너 정말 멋지구나. 어떻게 그렇게 도전해 볼 생각이 생겼어?

내담자 : 나는 수학을 못하는 줄 알았거든요. 근데 그게 아니여서 도전해 보려구요.

상담자 : 멋지다. (하이파이브) 수학에 대한 네 마음 표현해 볼 수 있겠니?

내담자 : 해 볼래요. 도전!

못하는 것이 아니라 안 친해요

- **나누기** : 수학이랑 친해진 것 같고 어렵지만 포기하지 않고 도전해 볼래요. 과학자도 되고 싶어요.
- **평가** : 할머니랑 생활한 시간이 많다 보니 말귀도 잘 알아듣고 초등3학년보다 훨씬 높은 수준의 의사소통이 가능한 케이스다. 자신에 대한 왜곡된 자아상이 실패나 포기에서 도전으로 전환된 시간이었다. 앞으로 자신을 발견해 가면서 긍정성을 찾아 지지해 주고 수용의 경험을 느끼게 해 줌으로써 좋은 엄마의 경험을 자신의 자신감으로 이어질 수 있도록 도움 필요.

4회기 공부방(수학)에서 울지 않았어요.

여전히 30분 일찍 와서 "오늘 뭐해요?" 라며 적극적인 모습을 보인다. 약속 시간이 될 때까지 기다려 달라는 말에 좋다고 하며 가방에서 과학책을 꺼내 읽는다. 그리고는 아주 기분 좋게 "선생님 오늘 수학 공부방에서 안 울었어요"라고 한다. "생각하기 나름인가봐요. 히히 수학을 못한다고 포기한 게 수학에게 미안하다는 생각을 하니까 더 노력해서 친해져야겠다고 생각했어요.", "대단한데". "전에 도전하자고 약속했잖아요. 엄마도 좋아했어요. 내 마음대로 여기 있는 거 다 써도 되요?" 라며 식빵과 비스켓 초코시럽 등의 재료를 챙긴다. 즐겁게 콧노래도 부르며 재밌고 여기 오면 마음이 편안하고 좋다며 "매일 오고 싶은데 그건 안되겠죠?" 라며 웃는다. 오늘 작품은 수학에게 주는 선물과 상담자에게 고맙다며 선물을 주고 싶다고 한다.

감사해요

- **나누기** : 수학이랑 친해지는 것 같아서 기분 좋고 수학점수도 잘 받고 싶다고 함
- **평가** : 틀에 짜여진 학교생활이나 학원 그리고 가정에서의 심리적인 쫓김이늘 긴장해야 하고 잘 안되면 울음으로 표현해 왔던 패턴이 작업 과정을 통해 조금씩 긴장이 풀리는 이완의 과정을 경험함으로써 스스로 도전이라는 단어

를 사용하게 되고 자신감을 회복해 가는 과정에 있다.

- 부모코칭
  - ○○이가 말 할 때 얼굴 바라 보며 들어주기
  - 평가나 지시적인 말 보다는 지지하고 수용적인 태도로 들어주기

5회기 친구도 도전하면 되나요?

공부방에서 선생님께 칭찬 들었다고 좋아한다. 수학이 별로 어렵지 않고 잘 모를 때는 문장을 하나씩 읽어 가면서 하니까 별로 어렵지 않다고 한다. 수학과 친해지고 있어서 좋은데 걱정은 친구들과 친하고 싶은데 잘 안되고 친구들이 놀 때 자신을 제외시키는 것에 대해 울먹인다. 1학년 때부터 친구들이 잘 안 놀아 주고 그래서 화가 나서 싸우기도 했다고 하며 "수학처럼 도전하면 친구도 많아질까요?"라며 묻는다. ○○이가 느끼는 친구관계와 친해지고 싶은 친구 그리고 가장 힘들게 하는 친구가 누구인지 또 그럴 때 어떻게 하는지 등 전반적인 학교생활에 대해 탐색하는 시간이었다. ○○이의 장점은 울먹이다가도 금새 좋은 방법이 생기면 도전해 보겠다고 의지를 보이며 덧니를 보이며 웃는 모습이다. 작업은 "친구들과 사이좋게 놀고 싶어요"이다.

사이좋게 놀고 싶어요

- **나누기** : 수학은 도전에 성공한 것 같은데 친구는 어려울 것 같아요. 하지만 친구도 도전하면 되겠죠, 해 보고 싶어요. 기분 좋아요. 긴장되요.
- **평가** : 포기도 빠르고 도전도 어려워하지 않는 것은 많이 힘들어 했던 수학에 대한 자신감 덕분인 것 같다. 유아기에 엄마와의 공생기 속에서 주고받음의 경험이 적었고 외할머니랑 생활하면서 어른들에게 익숙해 있다 보니 또래 관계에서의 경험 부족이 학교 생활에서 친구관계에 힘들어 하고 있다고 본다. 상담실에서도 상담자와는 소통이 쉬운데 다른 또래 아이들과 하는 작업에서는 자주 갈등상황이 벌어지고 말보다는 손이나 발이 먼저 나가는 경향이 잦은 걸로 보아 학교생활 역시 자신을 잘 표현하고 타인을 받아들이며 협상하는 것에 어려움을 겪을 수 있을 것이라고 예측할 수 있다.
- **부모코칭** : 밖에서 자녀의 행동이 친구들 사이에서 외면당하고 있는 이유에 대해 잘 모르고 계신다. 집에서 관찰해 보라는 말을 듣고 동생과 노는 모습을 보니 한 번씩 절대 양보하지 않고 동생과 똑같이 하려고 하는 모습이 보인다. 엄마가 안 볼 때는 심하다 할 정도로 동생에게 함부로 하는 걸 보고 놀랐다.
  - ㅇㅇ이가 자신의 욕구를 표현할 때 정확하게 표현 할 수 있도록 기다려 주고 감정표현 해 주기

6회기 친구 때문에 슬펐어요

오자마자 눈에서 눈물이 글썽인다. 친구 집에서 놀기로 약속했고 시간 맞춰 가서 친구 집에 벨을 눌렀는데 문을 안 열어 줘서 여러 번 눌렀는데 친구가 나오더니 시간이 없어서 놀 수 없다며 문을 쾅 닫았다. 기분이 안 좋아서 그냥 서 있었는데 내가 갔는 줄 알고 친구들 웃는 소리가 났고 "ㅇㅇ이가 있으면 재미없지" 라는 소리가 들렸는데 거기에는 나랑 친한 친구도 있었다고 하면서 너무 슬펐고 친구에게 화가 났다고 한다. 분명히 나와 먼저 약속을 했는데 약속을 지키지 않은 친구도 나쁘고 그래도 나랑 친한 친구가 그곳에 있다는 것도 너무 실망했다며 집에 와서 울

었다고 한다. 이 회기에서 힘들었던 마음에 대해 함께 나누고 더욱이 믿었던 친구에 대한 섭섭함도 나누는 시간이었다.

친구들에 대한 감정을 보게 하려고 작업을 시작했다. 내가 원하는 모습은 쉽게 표현하는 데 반해 제일 힘들게 하는 친구와 단둘이 마주해 보자는 말에 한참을 망설이다 친구를 등지고 서 있는 모습을 보인다. 마주 보면 어떻겠냐는 말에 그러고 싶지 않다고 한다. 그러면 ○○이가 그렇게 속상하고 억울한데 이 친구에게 할 말 좀 하고 하고 싶은 대로 다 하면 좋겠다고 하니 그런게 무슨 소용 있냐며 눈물을 쏟는다. 지켜보던 상담자가 대신 ○○이가 되어 친구를 두드리며 내가 얼마나 속상한지 말로 화를 풀어 내는 모습을 보여준다. ○○이는 자신이 해 보겠다고 하더니 마구 두드리며 "내가 뭘 잘못했는데 내 친구도 다 뺐어가니, 난 너를 죽이고 싶다"며 다시 눈물이 쏟아진다. "엄마한테 말하지 마세요. 엄마는 내가 말 함부로 하는 것 싫어하고 내가 이런 거 알면 속상할 수 있어요…"라고 조심스러워 한다.

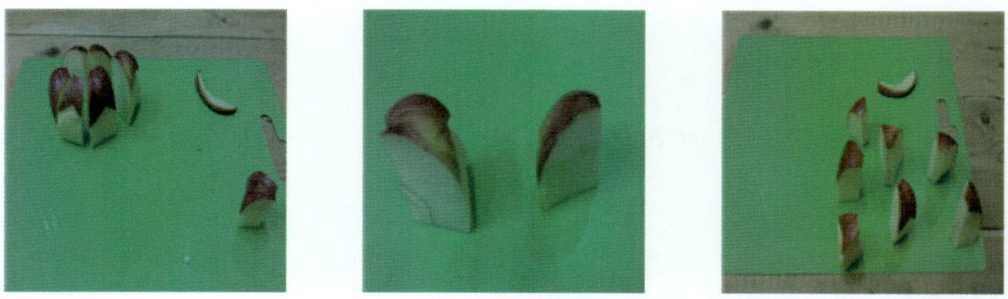

친구와의 관계 모습

- **나누기** : 친구들 이야기할 때는 화가 났는데 이렇게 만들면서 하니까 촉감도 좋고 기분도 좋아지는 것 같아요.
- **평가** : 친구들과의 관계에서 따돌림을 당하고서도 자기감정을 표출하는 것에 대해 죄책감을 느낄 만큼 자신 없어 하는 모습이 안쓰러웠다. 상담자가 먼저 욕하고 행동하는 모습에 용기를 내어 표출하고는 이내 엄마가 알까 봐 눈치 보는 모습도 보인다. 다음 회기에는 다른 친구들과 모둠 수업시간에 참여시켜서 어울리는 모습을 관찰해 보기로 했다.

7회기 집단참여

○○이의 또래 관계 속에서의 모습을 좀 더 객관적으로 관찰하기 위해 집단 활동에 참여시켰다. 여러 가지 재료에 대해 각자 뽑기로 짝지를 정하고 각자 할 수 있는 역할이 정해졌는데 ○○이는 다른 친구들과 달리 모든 역할에 대해 참견을 하고 의견을 물어보지도 않고 본인이 하고 싶은 걸 다 하려고 하는 모습이 보인다. 이렇게 일방향적인 행동은 집단 속에서 항의를 받게 되고 은근히 다른 친구들에게 거부감을 느끼게 하는 행동들이었다. 이와 같이 매사에 자기중심적이고 이기적인 행동이 학교에서도 이루어지고 있다면 당연히 친구들 사이에서 환영받지 못할 수 있다는 예측이다. 다음 회기부터는 의사소통에 대해 구조화된 작업이 필요하다.

- 부모 코칭
  - 학교 가기 전에 꼭 안아서 보내자.
  - 학교 다녀오면 하던 일 멈추고 먼저 안아 주자. ○○이가 하는 말에 눈높이로 들어주자.
  - 밤에도 자기 전에 꼭 안아 주자.

8회기 친구가 말할 때 잘 들었어요

집단에 참여한 후 ○○이의 행동에 대해 이야기 나누는 시간을 가졌다. 호기심 많고 잘해 보고 싶은 마음에 대해 충분히 공감하고 인정, 지지하고 난 후 그런 행동은 처음에 한 약속을 어기는 것이며 그런 행동을 했을 때 친구들 입장에서 생각해 보기 그리고 친구들이 나와 놀기 싫어 할 때의 내 마음과 내가 친구들에게 양해를 구하지 않고 침범하는 행동 등에 대해 객관화시키며 다양한 감정에 대해 느끼고 이야기 나누는 시간이었다. 간단하게 나-전달법과 너-전달법 등의 의사소통에 대한 훈련도 주고받았던 회기이다.

이야기 듣기

- **나누기** : 내 생각만 한 것 같아 미안해요 다음부터는 친구 생각도 해 보고 행동해야겠어요.
- **평가** : 나이에 비해 네 것과 내 것에 대한 분리가 정확하지 않아 보이며 자기 감정에 충실하다 보니 상대 입장을 생각할 여유가 없었다. 상황에 대해 객관화시켜 주고 분리시켜서 보게 하고 감정에 대해 나누는 시간이었고 간단한 의사소통을 재미있어 하며 학교에 가서 친구들에게 꼭 사용해 보고 싶다고 하며 웃는 모습이 천진하고 사랑스럽다.
- **부모코칭** : 작은 아이는 늘 부비고 안았는데 큰 애는 안아 준 적이 오래된 것 같다. 처음엔 아이가 엄마가 안아 주니까 몸을 조금 뒤로 가며 어색해 하는 것 같았고 나도 그런 것 같아 재워 놓고 남편이랑 이야기하면서 많이 울었다.
  – 가정에서 꾸준히 스킨쉽과 함께 규칙 정해서 함께 실천할 수 있도록 돕기

9회기 우리 엄마가 좀 이상해요

"엄마가 이상해 진 것 같아요. 요즘 나에게 잘해 줘요. 소리도 안 지르고 때리지도 않아요." 라고 한다. "우리 엄마도 상담받으니까 좋네요. 그런데 저러다 언제

또 소리칠까 좀 두렵기도 한데 지금은 고마워요…"

"학교 갈 때도 엄마가 동생보다 내가 먼저라고 나 먼저 안아 줘요. 어떨 때는 지각할 것 같은데 막 뛰어나와서 잠깐만 하고는 안아 줘요. 우리 엄마가 착해졌어요... 나도 동생한테 짜증 잘 안낸다고 엄마가 고맙다고 했어요. 학교에서 요즘은 친구들하고 좋아지는 것 같아요. 내가 노력 많이 해요. 엄마가 나 보고 친구들이 나를 좋아할 거라고 했거든요."

- **나누기** : 내 표정이 밝아졌대요. 도전하니까 되요.
- **부모코칭** : 무슨 일이 있어도 ○○이를 안아 주고 눈높이에 맞춰서 들어주는 것을 강조하고 부탁드렸는데 어머니께서 잘 실천하고 계신 덕에 ○○이가 표정도 밝아지고 학교 생활에 변화가 많아졌다. 전에는 "나는 잘못한 게 없는데 친구들이 그냥 그래요" 라고 했는데 요즘은 "내가 친구들 말 끝날 때까지 들어줘요. 그리고 내가 양보하려고 해요" 등등의 말을 한다. 일방향적인 관계에서 쌍방향적인 관계를 알아 가고 친구들 간의 소통이 시작되고 있다. 어머니의 노력이 고맙다.

10회기 친구가 내 이름 불러 줬어요

친구들과 어울리는 횟수가 늘었다고 한다. 모둠별 수업에서 처음으로 친구들이 내 이름을 불러 주면서 같이 모둠하자고 했다며 많이 행복해했고 역시 도전하면 안 되는 것이 없다고 함박웃음을 짓는다. 살짝 사춘기가 시작되는지 엄마에 대한 불만을 조금씩 내보이며 같은 반 남자친구에 대해 이성적인 감정이 생겼다고 한다. 엄마한테 자꾸 짜증이 난다고 하고 어떨 때는 엄마에게 욕하고 싶은 생각도 든다고 한다. 그리고는 절대 엄마에게 비밀이라고 안전을 약속 받는다.

그럴 때는 어떻게 하는지의 질문에 "방에 들어가서 살짝 속으로 욕을 해요. 그런데 아무리 내가 좋아하는 선생님이지만 절대 그건 말할 수 없어요." 라고 웃는다.

내 마음

- **나누기** : 마음대로 해도 된다고 해서 욕했는데 살짝 후련했고 금방 엄마에게 미안했어요.
- **평가** : 어머니의 꾸준한 스킨십과 정서적인 접촉과 관심이 아이로부터 부정적인 정서를 받아들일 수 있게 하고 살짝 표현도 하게 하는 안전함을 갖게 했다. 무엇보다 친구들 관계에서 모둠 수업에 같이하고 싶다는 선택을 받은 것에 대해 기뻐하며 행복해하는 모습에 자신감을 얻은 것 같다.
- **부모코칭** : 자녀를 위한 일이어도 꾸준하게 스킨십하며 자녀에게 집중하기 쉽지 않음에도 잘하고 계신 어머니께 감사하고 어머니의 사랑에 대해 나누는 따듯한 시간이었다.

11회기 수학 100점 맞았어요

학교 마치자마자 전화가 왔다. "선생님 수학 100점이에요. 완전 기분 좋아요. 눈물 날 것 같아요." 축하한다는 말이 끝나고 10분쯤 있으니 시험지를 들고 집보다 상담실에 먼저 와서 시험지를 보여 주고는 엄마도 보여 줘야 한다며 이내 가버리고는 다시 상담 시간에 맞춰 시험지를 들고 왔다. 기분 좋음을 표현하고 싶다며 작업을 시작한다. 수학과 완전히 친해져서 기분이 좋다고 하면서 앞으로 포기했던 것들을 도전해 보고 싶다고 하며 매운 것 못 먹고 김치 못 먹고 뜨거운 것 못 먹는 것 등등 상담 시간 내내 혼자 신나서 이야기하는 회기였다.

기분 좋은 내 마음

도전과 성공

- **나누기** : 완전 기분 좋음. 할 수 있다. 포기하지 않고 도전하면 성공한다.
- **전체평가** : 욕구는 많고 엄마 품에 온전히 안겨 본 정서적 안정감의 부족으로 매사에 불안해하고 자신 없어 포기가 빨랐고 울음으로 표출되었던 아동이 자신에 대해 다시 탐색하고 자신을 찾아가며 도전이라는 이름으로 한발 한발 다가가며 제일 무서워 울던 수학과 친해짐으로써 고맙게 좋은 결과를 얻은 케이스다. 백점이 성공이라고 하기보다 앞으로 하고 싶은 것에 대해 조금씩 다가가며 노력함으로써 좋은 엄마를 가져 본 정서적 경험들이 자신감으로 이어지고 있다. 아동을 만나고 작업하는 것도 중요하지만 아동 상담에 있어서는 반드시 부모상담을 통해 아동의 상황에 맞는 코칭과 부모 자녀 관계의 소통을 훈련시킴으로써 가정과 상담기관 그리고 아동의 삼위일체로 아동의 변화를 가져올 수 있었다. 푸드라는 매체가 아동의 호기심을 자극했으며 심리적인 안정감을 찾아갈 수 있었다. 무엇보다 심리적인 허전함과 불안함이 산만하고 배고픔으로 이어진 것으로 보인다. 푸드라는 매체를 대상으로 마음껏 선택하고 표현하고 이야기 나누는 시간을 통해 심리적으로 좋은 엄마를 느낄 수 있음으로 포만감과 따뜻한 사랑을 만나는 계기가 되고 있다. 그로 인해 ○○이는 정서적 안전함과 자신의 감정을 조절할 수 있고 좋은 친

구 관계에 도전할 수 있는 자신감으로 이어지고 있는 과정이다. 다음 회기에는 친구와의 갈등에 기복의 과정을 반복하고 있는 부분과 억압되어 있던 엄마에 대한 감정에 대해 다뤄보고자 한다. 이 상담은 진행 중이다.

2. 마치면서

인간은 욕구 덩어리다. 자신이 원하는 것이 이루어지지 않을 때 우리는 좌절하고 힘들어한다. 상담센터를 찾는 대부분의 내담자들의 특성은 건강하다는 것이 상담자의 논리며 내담자를 바라보는 관점이다. 이들과 함께 내면을 찾아가기에는 자발적인 내담자들 조차도 자신을 찾아가는 길은 쉽지 않다. 이럴 때 우리는 매체라는 도구를 사용한다. 다양한 매체 중 푸드라는 매체는 인간의 몸과 마음을 이완시키는 매력적인 도구이다. 특히 비자발적인 아동이나 청소년에게는 더할 나위 없는 끌림이 있다. 푸드는 생명과 일치한다. 오감을 자극하는 푸드의 매력은 닫힌 마음을 열게 하고 굳어 있던 마음을 춤추게 하며 많은 이야기를 풀어 내게 한다. 즉, 자연스럽게 자신과 만나고 감정을 느끼며 표현함으로써 내면의 잠자고 있던 에너지를 깨어나게 하며 행동의 변화를 가져오는 긍정에너지로 이어지게 한다. 푸드의 가장 큰 매력은 먹는다는 것이다. 먹으며 작품을 만드는 동안 에너지가 충족되고 마음이 이완되고 만나는 과정을 통해 문제 해결과정을 거친다는 것이 푸드라는 매체의 큰 장점이다.

CHAPTER

11

NLP와 푸드표현예술치료의 통합적 접근

1. NLP와 푸드표현상담의 만남
2. NLP의 인간관
3. NLP의 기반
4, 변화와 성장의 단계
5. NLP의 기법
6. NLP를 적용한 푸드표현예술치료 집단상담프로그램

CHAPTER

11

NLP와 푸드표현예술치료의 통합적 접근

현대 사회는 도시화, 소비화, 산업화 및 급격한 사회변화가 동반되면서 개개인의 삶을 대하는 자세와 태도가 점점 중요해지고 있다. 또한 우리는 일인 가족화, 핵가족화되는 등의 가족구조 변화와 더불어 한 사람 한 사람의 행복한 삶이 중요한 시대에 살고 있다. 이와 같이 개인의 성장과 발전이 가족의 성장에 미치는 영향이 그만큼 중요하고 의미 있는 사회가 된 것이다.

우리는 관계 안에서 살아간다. 상처받은 관계는 회복되어야 하며, 그러기 위해서는 개개인의 변화와 성장은 행복한 삶을 위해 필수적이다. 그러나 자신의 과거에 받은 상처들로 인해 자기 감정과 지각을 조절하지 못해 상호 소통을 통한 정서적 친밀한 유대감과 연결감의 열망은 좌절된다. 그럼에도 불구하고 우리는 좌절한 보편적 소망인 열망을 회복할 수 있다. 행복할 아름다운 이유가 많듯이 회복할 필요와 방안은 너무나 많다.

우리 각자는 새로운 삶, 최고의 인생, 놀라운 삶을 누릴 수 있는 잠재력을 가지고 있다. 그리고 우리 자신은 행복으로 이끌 수 있는 열쇠를 가지고 있다. NLP는 우리가 조금 더 쉽게 그 목적지에 다다를 수 있도록 돕고, 힘들고 지칠 때 우리 각자의 목적에 무사히 도착할 수 있도록 용기와 지혜를 가르쳐 줄 것이다. NLP는 인간에 대한 긍정적인 믿음을 전제로 한다는 점에서 인간중심적이다. 상담에서 내담자 내면에 이미 변화하고 성장할 씨앗과 자원이 있는 것이다.

우리는 그 숨겨진 자원을 발견하고 표현하는 회복 과정을 통해 성장과 변화가 일어날 수 있다. 이것이 실현될 수 있는 NLP이론에 일상에서 음식을 먹으며 몸과 마음을 건강하게 변화시켜 줄 수 있는 푸드표현예술치료이론을 적용한 NLP푸드표현상담기법을 간략하게 소개하고자 한다.

1. NLP와 푸드표현상담의 만남

NLP는 Neuro–Linguistic Programming의 약자이다. NLP는 구체적이고 바람직한 목표를 달성하기 위하여 어떻게 마음을 변화시켜서 탁월하고 긍정적인 변화와 성취를 할 수 있는지에 관한 모델과 기법이다. 즉, 인간의 우수성과 탁월성 창출을 위한 기술에 대한 연구라고 할 수 있다. NLP는 삶의 질과 효과성 증대를 위한 수단이고, 사람의 행동에 영향을 미치는 사고 패턴을 확인하고 사용하는 것에 초점을 맞추는 의사소통 모델이며, 인간의 의미와 그들이 사는 세상의 인지적 이해를 묘사, 재구성하고 변형하기 위한 시스템이기도 하며, 내재되어 있는 잠재능력의 탁월성을 개발하는 새로운 접근 방법으로서 원하는 것을 쉽고 빠르게 실현할 수 있도록 하는 변화와 성장모델이다. NLP의 중심에는 인간의 탁월성을 모델링하고 성취하는 것이 있다. 인간은 이미 필요한 자원을 가지고 있다는 입장인 NLP는 인간에 대한 긍정적인 믿음을 기본으로 한다.

NLP의 N(Neuro)은 우리의 뇌와 신경 시스템을 통해 오감(시각, 청각, 신체감각, 미각, 후각)으로부터 정보를 처리하는 방법과 관련 있으며, 오감을 중심으로 하는 신경계를 통해 경험하고 행동한다는 것을 의미하며, L(Linguistic)은 언어를 통해 부호화, 조직화되어 의미부여가 이루어지며, 언어와 비언어를 사용하여 생각과 행동을 명령하고 의사소통하는 것을 의미한다. P(Programming)는 컴퓨터 용어로서 언어에 의해 유발된 신경반응은 특별한 방식으로 체계적으로 프로그램화되어 나타난다는 것을 의미한다(Bandler & Grinder, 1975, 1976; 유철민, 2010).

푸드표현예술치료는 음식 재료를 매체로 하여 오감을 자극하여 푸드작품 창작제작 활동을 통해 지금-현재의 심상을 음식 재료로 표현하면서 내담자 스스로 자기통찰을 경험하고 미해결된 문제들을 치료하는 표현예술치료의 한 장르이다(김민용, 김지유, 2019). 이 치료의 목적은 자연스러운 자기-치유와 자신 안의 본래의 건강함을 되찾게 하는 것이다.

음식 재료는 사람의 생명을 유지하는 가장 중요한 요소 중 하나이다. 문화에 따라 음식 재료는 다양하다. 음식 재료의 모양, 색깔, 크기, 내용까지 그 형태와 용도는 문화에 따라 발달되어 온 독특한 배경을 갖고 있다. 그리고 같은 공간에 사는 사람들은 유사한 음식 재료에 대해 폭 넓게 공유하는 의미가 있다. 그만큼 음식 재료는 친숙하고 친근감을 주며, 누구나 쉽게 구할 수 있는 매체이다. 또한 어릴 때부터 성인이 될 때까지의 성장 과정에서 접했던 음식에 대한 향수와 추억을 떠오르게 하고 정서적으로 깊게 연결된 인간관계를 연상시킬 정도로 우리의 삶과 떨어질 수 없는 것이다. 음식 재료는 우리의 삶에 가장 친근한 생명들이다.

푸드표현예술치료는 음식 재료라는 친숙한 소재를 활용하므로 나이, 성별, 심리적 어려움을 겪는 사람들 등 다양한 사람들에게 쉽고 편안하게 다가갈 수 있으며, 놀이처럼 흥미와 재미를 유발하고 행복 심리를 갖도록 해 준다. 그리고 누구나 쉽게 작품을 만들 수 있다. 아동부터 노인까지, 심리적 부담을 느끼는 사람들, 신체적 고통을 겪는 사람들에게도 적용이 가능해진다. 특히 참가자 스스로가 예술창작 활동에 참여함으로써 역동적인 치료방법을 이끄는 치료 활동의 주인이 된다. 그 과정에 자신 내면의 에너지를 끌어내고 마음 안에 이미 있던 필요한 자원과 잠재력인 창의성을 이끌어 낸다.

오감 체험 활동은 자신의 감정이나 느낌을 작품으로 표현하여 다양한 자기표현 경험을 통해 자기를 이해할 수 있다. 창의성과 표현력을 향상시켜 억제되어 있는 감정 표현을 자유롭게 확장할 수 있게 도와줄 수 있다. 내담자와 치료사 간에 상호주관적 의미를 공유하고, 새롭게 재구성해 가는 과정에서 모두에게 내적인 성장이 이루어진다. 푸드표현 작품활동을 통해 작품을 만들어 내는 자신에 대한 긍정적 의미와 가치를 높이며, 자연소재의 음식 재료를 오감을 통해 보고, 맛보면서 심리적 안정감과 친밀감, 신뢰감을 형성하고 자신을 자연스럽게 개방할 수 있는 푸드표현예술치료의 장점과 NLP의 강점을 활용해 자신이 탁월한 삶을 살아가기 위해 무엇을 원하는지, 어떻게 그것을 얻을 수 있는지 알 수 있도록 도울 수 있다.

자신이 더 강력하고 더 깊이 있는 관계를 형성하도록 도우며, 자신감과 자부심과 다른 사람들과 연계할 수 있는 능력을 강화시키며, 우리 각자를 자기 인생의 운전석에 앉히고 더욱 더 효과적이고 설득력 있는 의사소통을 할 수 있게 한다. 푸드로 표현하는 작품에 자신의 바람과 욕구를 체감각계를 활용해 적극적으로 상상하고 그것을 말로 표현하며 먹는 활동을 통해 우리의 세포 속에 자신의 희망이 각인(앵커링)될 수 있다. 우리는 음식을 먹을 때마다 자신이 원하는 삶의 주인공으로, NLP상담을 통해 우리는 우리 자신이 생각하고 느끼고 행동하는 방식을 조절할 수 있도록 스스로를 도우며 개인적이고 전문적인 목표를 성취하도록 셀프코칭 할 수 있다.

샌드위치 속에 자신의 바람직한 미래의 모습을 담고 적극적인 상상을 통해 신체에 각인시킨 후 우리는 그 샌드위치를 음미하며 먹게 된다. 셀프 토크를 하며 미래의 꿈이 담긴 행복샌드위치를 먹는 동안 우리의 두뇌는 미래의 꿈을 현재로 가지고 와 두뇌에 적극적으로 새기게 된다. 미래의 꿈을 먹는 이 순간 기쁨과 충족감이 넘치며 뇌간에서 망상 활성화 체계(Recticular Activating System, RAS)가 작동하게 되어 우리의 사령관의 두뇌인 전두엽을 조절하는 역할을 하게 된다.

[자신의 미래 꿈을 먹는 행복 샌드위치]
미래의 모습을 적극적으로 상상한 뒤 그 느낌을 샌드위치로 만들어 먹으며 셀프토크를 하고 옆 짝에게 자신의 꿈을 현재형으로 생생하게 이야기한다.

2. NLP의 인간관

NLP에는 많은 전제가 있다. NLP의 기초 원리와 근본적인 신념을 통합하는 것으로 오늘날 NLP의 핵심이 되고 있다. 인간의 마음과 두뇌 작용에 관한 NLP 전제라고 할 수 있는 인간관은 크게 두 가지를 중심으로 기술하면 다음과 같다(O'Conner & McDermott, 1996; 유철민, 2010).

1) 인간에 대한 존엄성을 소중히 한다

첫 번째, 사람들은 현실 그 자체가 아닌 현실을 그린 지도에 반응한다. 지도는 영토가 아니다. 인간은 외부세계 그 자체를 통해 반응하는 것이 아니라 자신 스스로가 만들어 놓은 심리적 지도에 따라 반응한다. 즉, NLP는 현실 자체가 아닌 그것을 반영하는 지도를 변화시키는 기술이다.

두 번째, 인간은 세상에 대한 독특한 모델 안에 살고 있다. 우리는 서로가 같다고 생각하는 경향이 있다. 우리 각자는 세상에 대한 자신의 독특한 내적 모델을 갖고 있다. 우리는 각자가 지도가 다르며, 각자의 지도는 똑같이 정당하다.

세 번째, 경험에는 구조가 있다. 인간의 생각과 기억에는 일정한 구조가 있다. 우리의 경험을 구조화하는 방식을 이해하기만 하면 변화를 도울 수 있다. 즉, 그 구조나 틀을 변화시키면 인간의 경험은 자동적으로 변화된다.

네 번째, 다른 사람에게 가능한 것은 나에게도 가능하다. 누군가가 어떤 것을 할 수 있다면 나는 그것을 배울 수 있다. 즉, 타인의 탁월성을 자신의 것으로 만드는 것은 가능하다. 사람들은 탁월한 사람들이 이뤄 낸 경험들을 바탕으로 그들의 마음속의 지도를 모방하여 그것을 자신의 것으로 만들 수 있다.

다섯 번째, 삶, 몸과 마음은 하나의 체계다. 정신과 육체는 상호 작용을 하며 서로 영향을 미친다. 우리의 몸, 사회 그리고 우주는 각각 상호 작용하고, 상호 영향을 주는 복잡한 생태 시스템과 하위 시스템 모두를 형성한다.

여섯 번째, 사람은 누구나 자신에게 필요한 자원을 가지고 있다. 자원이 없는 사람은 없다. 다만 자원이 없어 보이는 상태가 있을 뿐이다. 필요한 자원은 사람들의 경험에서 구축된 것이며 마음 안에 유용한 것으로 이미 갖고 있고, 풍부하고 넘치는 내적 자원을 사용함으로써 변화를 가져올 수 있다.

일곱 번째, 사람의 모든 행동에는 긍정적 의도가 있다. 우리의 행동은 언제나 스스로에게 가치 있는 무엇인가를 성취하고자 한다. 사람은 행동 그 자체가 아니다. 어떤 행동이 부정적으로 보이는 것은 우리가 그 목적을 알지 못하기 때문이다. 그러므로 행위 그 자체와 행위 이면에 보여지는 의도나 목적을 구분할 수 있어야 한다.

여덟 번째, 무의식은 선의적이다. 무의식은 의식의 균형을 잡아 주며, 본래 악의적인 것이 아니다. 무의식이 갖고 있는 놀라운 자원들을 발굴하고 자신 속에서 힘을 찾기 시작할 수 있다. 상호 존경과 신뢰, 그리고 그 메시지에 주의를 기울임으로써 무의식과 친구가 될 수 있다.

아홉 번째, 사람들은 자신에게 유용한 최선의 선택을 한다. 어떤 행동이 비록 이상할지라도 그때 그 순간에는 그 사람에게는 유용한 최선의 선택이다. 사실은 자신을 포함한 많은 사람들이 그때 할 수 있는 최선을 다하며, 그들에게 유용한 다른 선택이 있다는 것을 깨달을 때만 더 나은 행동을 할 것이다.

열 번째, 사람들은 나름대로 완벽하게 일한다. 개인의 긍정적인 자아 가치를 인간과 인간 행동에서 만들어지는 분명한 특징을 가진 불변 사항으로 간주한다.

열한 번째, 실패는 없고 오직 피드백만 있다. 사람들 대부분은 실수를 꺼려 하고 실패를 감수하려 하지 않는다. 새로운 것을 배울 때는 실패라는 감각은 없다. 그저 시도할 뿐이고 다른 것을 하지 않은 한 취할 때까지 그 과정을 반복한다. 실패를 많이 하면 할수록 더욱 많이 배운다. 그래서 학습을 위한 한 가지 전략은 더 자주 실패해 보는 것일지 모른다.

2) 의사소통이란 상대방의 의욕을 이끌어 내는 것이다

첫 번째, 의사소통은 언제나 일어나고 있다. 즉, 의사소통하지 않을 수 없는 것이다. 언어만이 의사소통방법이 아니다. 사실 우리의 모든 행동이 주변 사람들에게 영향을 준다.

두 번째, 내 의사소통의 의미는 내가 받는 반응의 결과이다. 나의 지도로는 받아들여질 것 같은 것이 다른 사람에게는 그렇지 않을 수 있다. 우리의 의사소통에는 실패란 있을 수 없다. 단지 상대방으로부터 어떤 반응과 피드백을 얻느냐 하는 것만 있을 뿐이다. 사람들은 상대방이 말하고 행하는 것을 인지한 후에 자기의 심리적 지도에 반응하고 행동으로 나타낸다. 그러므로 다른 사람이 나의 의사소통방식을 제대로 알게 된다면 보다 나은 의사소통이 가능하다.

3. NLP의 기반

NLP에는 여러 가지 원리가 있는데, 그중에서 라포, 목표설정, 감각적 민감성, 행동의 융통성, 모델링, 실천 등이 대표적이다(설기문, 2003; 전경숙, 2003; O'Connor,& Seymour, 1990).

첫 번째 원리인 라포(rapport)는 상담과 심리치료에서 내담자가 상담자를 믿음으로써 이루어지는 신뢰 관계를 의미한다.

두 번째 원리는 달성하기를 원하는 것, 즉 자신의 목표(goal)를 아는 것이다. 성공은 원하는 것 또는 목표를 달성하는 것이다. NLP는 결과(outcome)가 잘 구성된 것이 되도록 다듬기 위한 하나의 종합적인 프로세스를 제공한다.

세 번째 원리는 감각적 민감성이다. 이것은 자신의 감각기관을 사용하는 것을 의미한다. 이 감각적인 경험에서 얻은 피드백을 통하여 자신의 방향을 수정할 수 있게 된다. 그리고 타인과의 관계에서 보다 효과적으로 목표를 달성할 수 있게 된다.

네 번째 원리는 행동의 유연성이다. 일반적으로 다르게 행동할 수 있는 선택의 범위가 넓을수록 성공의 확률은 더 커진다.

다섯 번째 원리는 모델링이다. NLP의 궁극적인 목적은 타인의 탁월성을 모방하여 성취하는 것이라 할 수 있다. NLP 또한 모델링의 산물이다. John Grinder와 Richard Bandler가 Perls와 Satir 그리고 Erickson의 탁월한 심리 및 행동구조와 반응양식을 분석하고 모방함으로써 NLP를 개발할 수 있었다.

여섯 번째의 원리는 실천이다. 훌륭한 아이디어가 있고 좋은 목표를 설정했다 하더라도 실제 행동으로 옮겨지지 않으면 아무런 소용이 없다. NLP를 통하여 변화를 촉진하고 목표를 달성하기 위해서는 실천이 무엇보다 중요하다. NLP를 행동과학이라고 부르는 이유이기도 하다.

4. 변화와 성장의 단계

1) 배움의 4가지 단계

NLP는 변화 방법이다. NLP는 인간이 경험하는 방식을 그대로 활용한다. 말과 경험으로 변화를 만들어 무의식적 습관을 변화시키는 것이다(신용협, 2017). NLP에서는 사람이 무엇인가를 배워 그것을 몸에 익히는 과정을 네 가지 단계로 나누고 있다. 무의식/무능력 의식, 의식/무능력 의식, 의식/능력 발휘, 무의식/능력 발휘의 4단계이다. 이해를 돕기 위해 자전거 타게 되는 과정을 배움의 4단계에 적용하면 이해하는 데 도움이 될 것이다.

첫 번째 단계, 무의식/무능력 단계로 아직 무엇을 하고 싶은지 정해지지 않았고 자신의 능력도 모르는 상태이다. 자전거에 대하여 흥미가 없으므로 당연히 타고 싶은 마음도, 탈 수도 없는 단계이다.

두 번째 단계, 의식/무능력 단계로 무엇인가 하고 싶은 것을 정했지만 행동을 시작하지 않았으므로 아직 능력이 발휘하지 못하는 상태이다. 자전거를 타고 싶다고 생각하여 자전거를 사서 타보려고 의식하지만 아직 탈 수 없는 상태이다.

세 번째 단계, 의식/능력 발휘 단계로 하고 싶은 것을 정하여 배운 내용을 의식하면서 반복하여 사용하는 상태이므로 필요한 능력이 발휘되는 상태이다. 자전거를 탄다고 의식하면서 연습하는 가운데 실제로 탈 수 있게 되는 상태이다.

네 번째 단계, 무의식/능력 발휘 단계로 배운 것이 몸에 익어 무의식적으로 자연스럽게 그것을 사용할 수 있는 상태이다. 자전거 타기에 몸에 익숙해지면 몸이 알아서 기억하여 자전거를 타는 각 동작을 일일이 의식하지 않아도 자연스럽게 탈 수 있는 상태가 되는 것과 같다.

NLP를 배우는 과정에도 이 4단계를 거치게 된다. NLP를 계속해서 배우면 그 기본 전제가 몸에 붙어 기법들을 자연스럽게 사용할 수 있게 되는 것이다. NLP를 무의식/능력 발휘 단계까지 발전시키면 내담자와 자연스럽게 라포를 형성하고 깊은 상호의사소통을 할 수 있게 되고, 의식을 변화시키는 것도 할 수 있게 된다.

2) NLP 변화와 성장의 단계와 수준(강종우, 2019)

단계	수준
의식성장 단계	10. 내 안의 참나(본질, 순수의식 등)가 이끄는 대로 살 수 있다.
관계회복 단계	9. 이웃사랑을 실천할 수 있다. 8. 상대방과 관계를 회복할 수 있다. 7. 상대방의 입장에서 생각하고 이해할 수 있다.
습관변화 단계	6. 내가 바라고 원하는 모습을 그릴 수 있다. 5. 과거 부정적 경험으로부터 벗어날 수 있다. 4. 불편한 감정을 자신의 긍정 경험으로 다룰 수 있다.
인식변화 단계	3. 내가 바꿀 수 있다고 인식할 수 있다. 2. 내 불편한 감정은 상대방 때문에 일어난다고 생각한다. 1. 관계의 갈등이 무의식적으로 반복되고 있다.

5. NLP의 기법

NLP는 지금도 개발되고 있고, 그만큼이나 다양하다. 그중에서 본 프로그램에 적용한 기법을 중심으로 중요한 기법을 소개한다.

1) 라포

자신과 타인과의 관계에서 서로의 협력을 얻기 위해서는 상호 간의 신뢰와 이해를 바탕으로 한 관계를 맺을 필요가 있다. 그와 같은 관계를 맺고 유지할 수 있는 비밀이 라포이다. 특히 자신과의 라포(Rapport)는 모든 치료의 핵심이 되고 더욱 큰 내적 평화를 경험할 수 있다. 즉, 자신을 먼저 신뢰하고 친밀감을 쌓고, 있는 그대로 인정하고, 사랑하는 것, 자신의 몸과 마음을 자신이 사랑하는 것이다. 타인과의 라포 형성을 위해서는 맞추기, 유도하기, 거울 반응하기, 백트래킹 기법, 캘리브레이션 등과 같은 것이 있다.

2) 표상체계

NLP에서는 특정한 환경이나 행동에 대한 정신적인 지도들을 시각, 청각, 촉각, 미각, 후각의 오감으로부터 얻은 정보로 만들어 간다고 본다. 촉각, 미각, 후각을 묶어서 신체 감각이라 하며, 시각, 청각, 신체 감각을 표상체계(Representation system)로 사용한다. 표상체계 중에 우선적으로 사용하는 것을 선호 표상체계라고 하며 사람마다 선호 표상체계는 다르다.

3) 하위감각 양식

하위감각 양식(Submodality)은 표상 체계를 좀 더 구체적으로 구분한 것으로 세부 감각이라고도 하며, 하위감각 양식이 모여 각각의 감각 양식이 이루어진다. 시각의 하위감각 양식은 크기, 모양, 명암, 위치, 거리, 색깔 등이 있으며, 청각의 하위감각 양식은 소리의 크기, 높낮이, 내부소리 등이 있다. 신체 감각의 하위감각 양식은 감촉, 온도, 압력, 강도 등이 있다. 감정은 하위감각요소의 총합이라는 점을 근거하여 하위감각 양식을 분석하여 재구성하면 감정을 변환하여 조절할 수 있다. 부정적 감정을 일으켰던 상황이나 사건의 하위감각 양식을 분리하여 이를 긍정적 감정의 하위감각 양식으로 변화시켜 경험을 재구조화한다.

4) 아웃컴

실현하고자 하는 목표, 이상의 상태를 아웃컴이라 한다. 결과를 실현시키기 위해서는 아웃컴(Outcome)을 명확히 할 필요가 있다. 따라서 아웃컴을 잘 구성하는 것, 즉 성공 가능성 증대를 위해 구체적(Specific), 측정할 수 있으며(Measurable), 성취할 수 있고(Achievable), 현실적이고(Realistic), 시간이 정해져 있는(Time-bound) 것을 사용한다. 원하는 것을 더 분명하게 알면 알수록 그것을 성취할 수 있는 가능성이 더 높아진다.

5) 앵커링(Anchoring)

앵커는 배의 닻을 내리는 것을 의미한다. NLP에서 앵커는 개인의 최상의 상태에 닻을 내려 특정한 반응을 유발하는 것이다. 어떤 환경이나 정신적인 자극에 행동적인 반응을 결합시키는 과정 모델이다(Dilts, 2007). 우리가 기억하거나 지각할 수 있는 모든 것이 모두 앵커로 작동할 수 있다.

6) 정서 불러일으키기

정서 불러일으키기는 과거의 기억과 미래 상상을 현재에서 경험되는 상황과 내용으로 이루어진다. 감각경험이 정서 반응을 만들어 낸다. 이런 촉발감각을 활용하면 정서를 변화시킬 수 있다. 상상으로 감각경험을 불러일으키면 의도했던 정서를 만날 수 있다(신용협, 2017).

7) 시간선

시간선은 개인의 과거, 현재, 미래를 연결하는 가상의 선을 의미한다. 사람들의 과거, 현재, 미래 속에 있는 사건에 대한 시각, 청각, 신체 감각의 표상을 정신적으로 암호화하는 방법이 시간선이다. 뇌 속의 시간 축이다. 시간선은 자신이 원하는 모습으로 나아가고 그 연장된 선 위에서 이어지는 과거의 생생한 경험 안에서 긍정적 자원으로 발견하고 자신의 바람직한 미래 모습을 설정하는 작업으로 신체를 활용한 활동적인 기법이다.

8) 탁월성의 원

삶의 경험은 무의식적 마음속에 간직되어 있고 현재의 노력을 지원하기 위해 이들을 불러낼 수 있다. 우리 모두 각자가 원하는 것을 성취하기 위해 필요한 자원을 갖고 있다. 탁월성의 원은 이러한 자원에 접근하도록 하는 기법으로 자신감을 높이는 데 사용할 수 있다.

6. NLP를 적용한 푸드표현예술치료 집단상담프로그램

1) 단계별 프로그램 내용

(1) 상담 초기

집단과정을 촉진하는 과정에서 집단원이 신뢰를 바탕으로 안심하고 생산적인 피드백을 교환할 수 있도록 안전하고 수용적인 분위가 조성되어야 한다. 긍정적 피드백은 집단원들이 집단 내에서 긍정적인 변화를 유발하는 데 매우 강력한 촉매 역할을 한다.

(2) 상담 중기

작업단계에서 집단원들은 자발적인 자기개방을 통해 다른 사람의 피드백을 받고 싶어 한다. 피드백은 즉시성, 지금-여기에 초점을 두고 직접적인 상호작용 방식을 기초로 이루어진다. 집단원들 간에 주고받는 피드백은 집단상담에서 배움을 얻을 수 있는 가장 중요한 방법 중 하나다. 상대를 배려하는 진심 어린 피드백은 집단원들로 하여금 자신이 타인에게 미치는 영향력을 이해하고 대인관계에서 무엇을 바꾸고 싶은지 결정하게 한다. 효과적인 피드백에는 분명하고 직접적인 태토로 말하는 간결한 피드백, 집단원이 자신에게 어떤 영향을 미치는지에 대해 알려 주는 피드백, 집단에서 나타나는 특정한 행동에 대한 피드백, 적절한 시기에 비판적이지 않은 방식의 피드백이 있다.

(3) 상담 말기

집단을 통해 배운 것, 분리에 대한 감정, 중요한 핵심 갈등, 작업 결과 변화의 방향, 각 집단원에 대한 느낌과 생각을 묻는 피드백을 준다. 마무지 지을 기회를 주어야 한다. 종결단계는 긍정적인 것에 초점을 맞추어 집단과정에서 성취한 것에 대해 구체적이고 가시적인 행동 용어로 피드백하는 것이 도움이 된다.

2) 회기별 프로그램 진행 과정

1회기

회기 주제는 오리엔테이션과 존중과 배려하기이다. 오리엔테이션은 프로그램의 목적과 내용을 안내하고 집단원들이 상호신뢰하고 지지를 발달시킬 수 있도록 이름과 참가 동기로 자기소개를 하고, 프로그램에서 안전하고 편안함을 느끼기 위해서 어떻게 대우받고 대우해야 하는지, 프로그램을 잘 마치기 위해서 어떤 안내 규칙이 필요한지 실습한다. 존중과 배려는 집단원들 상호 간의 마음 헤아리기라는 긍정 세계를 경험하고 그 마음을 자연스럽게 확인하는 과정이다.

회기 목표

1. 집단상담 프로그램에 대한 목적과 내용 등을 소개한다.
2. 마음 열고 집단원들 간의 친밀감과 신뢰감을 형성한다.
3. 서로를 배려하는 아름다운 마음을 공유한다.

준비물

서약서, 명찰, 포스트잇, A4 용지, 사과, 과도, 접시

활동 방법

- 집단상담 규칙 정하기

① 집단상담을 하는 회기 동안 지켰으면 좋은 것을 3개 이상을 떠올려 본다.

② 포스트잇 한 장에 1개의 규칙을 적는다.

③ 집단원 중 1명이 본인이 적은 규칙 중 가장 중요하게 여기는 규칙 1개를

이야기한다.

④ 나머지 집단원들은 ③에서 제시한 규칙과 같거나 비슷한 규칙을 기록한 포스트잇을 ③과 같이 하나로 모아서 나열한다.

⑤ 집단원이 기록한 모든 규칙은 ③~④을 반복하여 규칙을 3~5가지로 목록화한다.

⑥ 이때 집단원들의 소수의 의견도 발표하게 하여 예외가 없도록 한다.

⑦ 집단상담에 필요한 규칙이 누락된 경우 리더가 추가하여 집단원들의 동의를 얻는다.

- **푸드표현 작품활동** : 존중과 배려

① 진행자는 접시 위에 사과 하나가 있음을 알려 준다.

② "여기 맛있는 사과 하나가 있습니다. 앞에 있는 분에게 돌려드립니다. 사과가 오면 여러분은 각자 드시고 싶은 만큼 잘라 드시고 옆의 분에게 드리면 됩니다."

③ 과정 중에 질문이나 서로 말은 하지 않도록 하고 그냥 자신이 먹고 싶은 만큼 먹게 한다.

④ 마지막에 있는 사람이 먹고 나면, 한 사람씩 사과를 받았을 때와 잘라 먹을 때 어떤 생각과 느낌이었는지 이야기를 나눈다.

⑤ 집단원들의 마음 안에 존중과 배려의 아름다운 마음이 이미 있다는 것을 알려 주고 격려하고 서로 감사의 인사를 나눈다.

✲ 활동 결과

안내 규칙들

존중과 배려

2회기

회기 주제는 별칭 짓기이다. 별칭은 자기의 특성과 자신이 바라는 모습, 집단상담에서 불리고 싶은 것 등을 나타내는 명사로 한다. 은유적, 상징적 표현이다. 별칭 짓기를 통해 서로에 대한 이해를 넓히고 라포를 형성할 수 있다. 별칭에 담긴 집단원의 각자의 긍정적인 느낌을 푸드 작품으로 표현하고 그 느낌 안에서 내적 자원을 깊이 있게 충만하게 감각적으로 경험할 것이다. 그 경험에 대해 '별칭에 담긴 비밀'이라는 주제의 푸드 작품을 표현한다.

✲ 회기 목표

1. 자신의 별칭에 부여한 긍정적 의미 찾는다.
2. 집단원 간의 정서적 친밀감과 연결성을 경험한다.
3. 자신의 별칭이 가지는 뜻이나 부여하고 싶은 의미를 푸드 작품으로 표현한다.

✲ 준비물

사과, 마늘종, 마늘, 고추, 적양배추, 나뭇잎, 접시, 과도 등

✲ 활동 방법

- 별칭 짓기
  ① 호흡을 하면서 몸과 마음을 이완한다.
  ② 생각만 해도 미소 짓게 하는 자신을 긍정적으로 나타내는 것 또는 원하고 바라는 것이거나 부족한 것을 채워 줄 수 있는 것을 나타내는 것을 별칭으로 생각해 본다.
  ③ 집단에서 불리고 싶은 별칭과 그 의미를 돌아가면서 발표한다.
  ④ 집단은 박수로 환영하고 격려한다.
- 푸드표현 작품활동 : 별칭에 담긴 비밀
  ① 눈을 감고 호흡을 통해 몸과 마음을 이완한다.
  ② 자신의 별칭이 가지는 가치와 부여한 의미를 생생하게 떠올린다.

④ 그때의 느낌과 정서를 호출할 때 활용할 방법을 한 가지를 정한다.

⑤ 그때 느낌과 정서를 다시 느끼는 중에 앞에서 정한 새로운 자극을 경험한다.

⑥ 기분을 전환한다.

⑦ 새로운 자극만으로 기분 전환의 변화가 만들어지는지 확인한다.

⑧ 집단원들의 각자가 체험한 것과 느낌을 나눈다.

- **푸드표현 활동** : 나의 강점 찾기, 피드백 나누기,

① 어려운 상황에서 전환점을 만들어 낸 내적 자원과 강점은 무엇인가?

② 긍정적 자원과 강점을 이미 자신이 가지고 있다는 것에 대한 느낌은 어떤가?

③ 그 느낌을 충분히 느끼면서 라면과 양념 분말 등으로 작품을 만든다.

④ 자신의 작품 제목과 표현하려고 한 것이 무엇인지 이야기한다.

⑤ 표현한 작품에 대한 집단원들은 상호 간에 피드백을 주고받는다.

⑥ 자신의 작품에 대한 피드백을 듣고 새롭게 알게 된 것과 느낀 것을 정리하여 표현한다.

⑦ 집단원들이 모두 표현하도록 돌아가면서 ④~⑥을 반복한다.

⑧ 집단원들이 서로에 대해 축하하고 격려한다.

✻ 활동 결과

뛰는 심장

대항해

잘 자라고 있어요

6회기

회기 주제는 내 인생의 중요한 사람이다. 자신의 인생에서 긍정적으로 깊게 연결된 특정한 사람과 사건의 순간에 집중할 것이다. 이를 통해 자신의 내면에 상대와 정서적으로 깊은 연결을 할 수 있는 내적 자원이 이미 있었다는 느낌과 긍정적인 영향을 끼친 중요한 사람과의 관계를 앵커링하고 '내 인생에 중요한 인물'을 주제로 푸드 작품을 표현한다.

✻ 회기 목표

1. 관계 속의 중요한 사람들과 깊이 연결하여 정서적으로 긍정적 경험을 체험한다.
2. 관계 안에서의 긍정적인 연결감이 이미 가진 자원임을 안다.
3. 관계에서 경험된 정서와 기분을 푸드 작품으로 표현한다.

✻ 준비물

수박, 오이, 바나나, 적양배추, 게맛살, 호박, 남천잎, 접시, 과도 등

✻ 활동 방법

- 영향력 수레바퀴 작성하기
  - ① 자신의 삶에 가장 큰 긍정적 영향을 끼친 사람 또는 사건을 생각해 본다.
  - ② 자신의 이름을 중앙에 원을 그리고 그 가운데 적는다.
  - ③ 다른 사람들은 수레바퀴처럼 원 주위를 돌아가며 원을 그리고 그 가운데 적는다. 이때 친밀할수록 두 원의 거리는 짧게 표현한다.
  - ④ 친밀할수록 두 사람 간의 관계 선의 두께를 두껍게 그린다.
  - ⑤ 사람들과의 관계 선은 양방향으로 그릴 수 있다.
  - ⑥ 자신에게 긍정적으로 영향을 준 사람과 사건의 순간에 대해 집단원과 서로 나눈다.
- NLP 활동 : 정서 불러일으키기, 경험(감정) 나누기
  - ① 중요한 사람과 정서적으로 깊게 연결된 경험을 한 가지 떠올린다.

② 어떤 기분인가? 그때가 언제인가? 그 장소는 어디인가? 그때 누구와 함께 있었는가?
③ 그 기분을 느꼈을 때 무엇이 보였는가? 무엇이 들렸는가? 무엇을 느꼈는가?
④ 그 기분은 내 몸 어디에서 느껴지는가?
⑤ 그때 일을 떠올리면서 지금 기분은 어떻게 느껴지는가?
⑥ 무엇이 변화되었는가?
⑦ 이미 가진 자원과 필요한 자원을 모두 확인한 지금 무엇을 알게 되었는가?
⑧ 집단원들의 각자가 체험한 것과 느낌을 나눈다.

- **푸드표현 활동** : 내 인생의 중요 인물, 피드백 나누기

① 중요한 사람과 정서적인 깊은 연결감을 생생하게 떠올린다.
② 중요한 사람과의 연결감을 느끼고 있는 자신에 몰입한다.
③ 그 느낌을 충분히 느끼면서 준비한 재료로 작품을 만든다.
④ 자신의 작품 제목과 표현하려고 한 것이 무엇인지 이야기한다.
⑤ 표현한 작품에 대한 집단원들은 상호 간에 피드백을 주고받는다.
⑥ 자신의 작품에 대한 피드백을 듣고 새롭게 알게 된 것과 느낀 것을 정리하여 표현한다.
⑦ 집단원들이 모두 표현하도록 돌아가면서 ④~⑥을 반복한다.
⑧ 집단원들이 서로에 대해 축하하고 격려한다.

활동 결과

든든한 중심

콩닥콩닥

행복한 사람

7회기

회기 주제는 행복한 추억들이다. NLP의 전제조건 중 하나는 자원이 없는 사람은 없다는 것이다. 다만 자원이 없어 보이는 상태가 있을 뿐이다. 즉, 우리 속에는 이미 필요한 모든 자원이 있거나 새로이 그것을 창조할 수 있다는 것이다. 우리 삶 속에 자원이 보석처럼 반짝이는 순간들이 있다. 우리가 자각하지 못할 뿐이다. 우리가 그 순간을 생생하게 떠올리기만 해도 자원을 충분히 갖고 있을 때 느끼는 정서 상태인 자원감을 기꺼이 느낄 것이다. 이번 회기는 과거에 자원감의 경험하고 자신의 자원감에 대해 '행복한 추억들'을 주제로 푸드 작품을 표현한다.

✲ 회기 목표

1. 과거에 자원이 충만했던 정서를 느낀다.
2. 우리 안에 이미 행복을 만들어 낼 자원이 있음을 발견한다.
3. 충만된 자원감을 일깨우기를 통해 경험한 행복한 추억을 푸드 작품으로 표현한다.

✲ 준비물

김밥과 김밥 재료(어묵, 계란, 게맛살, 당근, 새싹, 알 등) 접시, 과도 등

✲ 활동 방법

- NLP 활동 : 충만된 자원감 일깨우기, 경험(감정) 나누기,
  ① 원하는 자원감의 기분은 어떤 것인가?
  ② 과거에 그 기분을 느꼈던 경험을 한 가지 떠올린다.
  ③ 그때는 언제인지, 장소는 어디인지, 누구와 함께 있었는지 탐색한다.
  ④ 그 기분을 느꼈을 때 무슨 일이 일어났는가?
  ⑤ 무엇을 보았고, 무엇을 들었고, 무엇을 느꼈는지 탐색한다.
  ⑥ 그 기분은 내 몸 어디에서 느껴지는가?
  ⑦ 그때 일을 떠올리면서 지금 기분은 어떻게 느껴지는가?

⑧ 지원감이 높아진 지금 무엇이 변화되었는가?

⑨ 집단원들의 각자가 체험한 것과 느낌을 나눈다.

- **푸드표현 활동** : 행복한 추억들, 피드백 나누기

① 눈을 감고 호흡을 통해 몸과 마음을 이완한다.

② 충만된 자원감을 일깨우기를 통해 경험한 행복한 추억의 자원을 생생하게 다시 떠올린다.

③ 그 느낌을 충분히 느끼면서 준비한 김밥 재료로 작품을 만든다.

④ 자신의 작품 제목과 표현하려고 한 것이 무엇인지 이야기한다.

⑤ 표현한 작품에 대한 집단원들은 상호 간에 피드백을 주고받는다.

⑥ 자신의 작품에 대한 피드백을 듣고 새롭게 알게 된 것과 느낀 것을 정리하여 표현한다.

⑦ 집단원들이 모두 표현하도록 돌아가면서 ④~⑥을 반복한다.

⑧ 집단원들이 서로에 대해 축하하고 격려한다.

✲ 활동 결과

"저요!"

출발

충만

8회기

회기 주제는 즐겁고 행복한 추억들이다. 즐겁고 행복했던 감정과 만나는 경험은 자신의 삶에서의 긍정성을 찾아낼 수 있는 좋은 방법 중 하나이다. 에너지는 주의를 따라 흐른다. 자신의 초점을 문제가 없었던 예외 상황에 돌림으로써 문제가 아니라 자신의 긍정적 자원과 경험으로 초점을 옮김으로써 주의가 자연스럽게 즐겁고 행복한 감정의 상태에 머물게 된다. 과거의 경험 안에서 마치 소꿉놀이했던 때와 같은 추억을 떠올리고 즐겁고 신나는 기분을 '즐겁고 행복한 추억들'이라는 푸드 작품으로 표현한다.

회기 목표

1. 과거의 자원이 즐겁고 행복했던 정서를 경험한다.
2. 자신의 삶 속에서 긍정적인 자아를 발견한다.
3. 내적 자원 찾기를 통해 경험한 즐겁고 행복한 추억을 푸드 작품으로 표현한다.

준비물

오이, 파프리카, 방울토마토, 레몬, 양파, 고추, 젤리, 접시, 과도 등

활동 방법

- **NLP 활동** : 내적 자원 찾기, 경험(감정) 나누기,
  ① 집단원들이 각자 원하는 것을 탐색한다.
  ② 원하는 것을 이루기 위해 사용할 수 있는 내적 자원을 생각해 본다.
  ③ 그것 외에 더 필요한 내적 자원이 무엇인지 찾는다.
  ④ 과거 경험에서 내적 자원이 가장 풍부했던 때는 언제이고 어떤 것인지 탐색한다.
  ⑤ 지금 찾은 내적 자원을 현재 어떻게 사용해 볼 수 있는지 생각해 본다.
  ⑥ 집단원들의 각자가 체험한 것과 느낌을 나눈다.
- **푸드표현 활동** : 즐겁고 행복한 추억, 피드백 나누기

① 눈을 감고 호흡을 통해 몸과 마음을 이완한다.
② 내적 자원 찾기를 통해 경험한 즐겁고 행복한 추억의 자원을 생생하게 다시 떠올린다.
③ 그 느낌을 충분히 느끼면서 준비한 재료로 작품을 만든다.
④ 자신의 작품 제목과 표현하려고 한 것이 무엇인지 이야기한다.
⑤ 표현한 작품에 대한 집단원들은 상호 간에 피드백을 주고받는다.
⑥ 자신의 작품에 대한 피드백을 듣고 새롭게 알게 된 것과 느낀 것을 정리하여 표현한다.
⑦ 집단원들이 모두 표현하도록 돌아가면서 ④~⑥을 반복한다.
⑧ 집단원들이 서로에 대해 축하하고 격려한다.

✲ 활동 결과

촛불이벤트

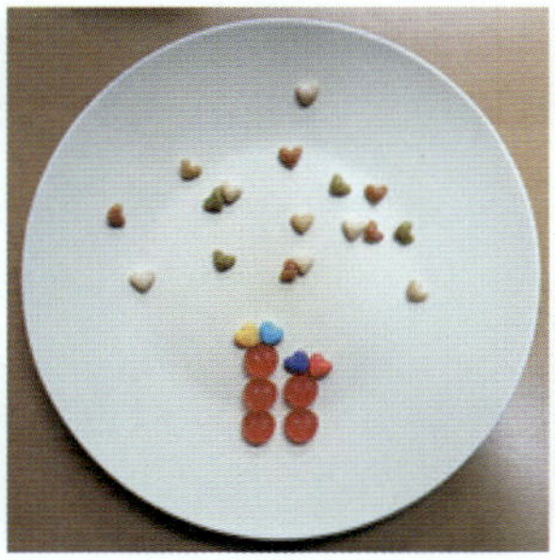
아침햇살

만개의 복

9회기

회기 주제는 타임라인, 꿈을 이루는 영웅의 여행이다. 집단원들이 성장과 진화하기 위해 자신의 경계를 넘는 도전에 직면한다. 경계 너머에 있는 영토는 새롭기 때문에 우리에게는 보호와 보호자가 필요하다. 이 도전에는 특별한 자원이나 도구를 발견하는 것이 필요한 것이다. 우리가 자신의 경계를 넘어 영웅의 여행을 시작하면서 갖게 되는 모든 저항을 밝히고 변형시키는 것을 돕기 위해 시간선과 바람직한 내 모습 만들기 기법을 사용한다. 이 여행을 위한 필수적인 자원들을 가질 수 있게 시간선 안에서 충만한 상태의 체험을 한다. 그 충만한 상태에 대해 '우리의 긍정 에너지'라는 주제의 푸드 작품을 표현한다.

✲ 회기 목표

1. 현재의 안전지대를 벗어나 새로운 삶의 영토로 들어갈 수 있게 한다.
2. 변화와 성취에 대한 긍정적 자원이 이미 있었음을 발견한다.
3. 자신의 경계를 넘어 자신의 바람직한 미래로 나아가면서 갖는 저항을 밝히고 변형한다.
3. 영웅의 여행을 통해 경험한 느낌을 푸드 작품으로 표현한다.

✲ 준비물

적양파, 양파, 당근, 상추, 고추, 접시, 과도 등

✲ 활동 방법

- NLP 활동 : 꿈을 이루는 영웅의 여행, 경험(감정) 나누기,
  ① 자신의 시간선이 어디에 있는지를 확인한다.
  ② 바람직한 상태를 한 가지 정한다(4회기에서 찾은 것을 떠올린다.)
  ③ 미래 쪽으로 향하여 다시 한번 원하는 결과를 자신이 확인한다.
  ④ 미래 쪽으로 원하는 상태가 실현되는 곳까지 나아간다.
  ⑤ 천천히 뒷걸음으로 현재의 위치로 되돌아간다.

⑥ 지금까지 인생에서 자원 가득한 체험을 했던 과거의 어느 한 시점으로 뒷걸음 한다. 자원 가득한 상태에 있는 것을 캘리브레이션 하고 몸에 앵커링 한다.

⑦ 더욱더 자원 가득한 체험을 한 과거의 어느 한 시점으로 뒷걸음 한다. 자원 가득한 상태에 있는 것을 캘리브레이션 하고 몸에 앵커링 한다.

⑧ 현재의 위치로 돌아온다. 앵커링으로 자원 가득한 상태를 확인한다.

⑨ 앵커링을 한 상태로 미래로 한 걸음씩 ③의 지점까지 나아간다.

⑩ 미래 쪽으로 원하는 상태가 실현되는 곳까지 나아가며 새롭게 앵커링 한다.

⑪ 집단원들의 각자가 체험한 것과 느낌을 나눈다.

- **푸드표현 활동** : 우리의 긍정 에너지, 피드백 나누기

① 눈을 감고 호흡을 통해 몸과 마음을 이완한다.

② 영웅의 여행을 통해 경험한 느낌을 충만하게 다시 떠올린다.

③ 그 느낌을 충분히 느끼면서 준비한 재료로 작품을 만든다.

④ 자신의 작품 제목과 표현하려고 한 것이 무엇인지 이야기한다.

⑤ 표현한 작품에 대한 집단원들은 상호 간에 피드백을 주고받는다.

⑥ 자신의 작품에 대한 피드백을 듣고 새롭게 알게 된 것과 느낀 것을 정리하여 표현한다.

⑦ 집단원들이 모두 표현하도록 돌아가면서 ④~⑥을 반복한다.

⑧ 집단원들이 서로에 대해 축하하고 격려한다.

✻ 활동 결과

행복한 뿌듯함

박수

이쁜이

10회기

회기 주제는 탁월성의 원과 충만한 자신의 공간에 대한 푸드 작품 제작이다. 탁월성의 원은 최고의 성과를 낼 수 있는 개인적인 상태를 인식하게 함과 동시에 주요한 신체적 패턴들을 발견할 수 있게 한다. 자신이 탁월한 성과를 내 그때의 시간에 어떤 자원이 있었는지를 더 많이 알고 있을수록 의도적으로 재접속할 수 있는 가능성이 높아진다. 탁월한 원에서 경험한 충만한 자신의 공간이 있다는 그 체험을 '충간한 나의 공간'이라는 주제의 푸드 작품으로 표현한다.

✻ 회기 목표

1. 탁월한 상태일 때의 행동 단서를 발견한다.
2. 그 상태를 쉽게 재접속하기 위해서 내면의 앵커를 만든다.
3. 언제 탁월한 상태에 들어가는지 그 단서들을 효과적으로 관찰하고 읽는 법을 배운다.
4. 스스로 자신만의 가치를 발견하고 자신에 대한 긍정성을 찾아낸다.
5. 탁월성의 원을 통해 경험한 느낌을 푸드 작품으로 표현한다.

✻ 준비물

사과, 적양배추, 귤, 키위, 오렌지, 고추, 종이리본, 접시, 과도 등

✻ 활동 방법

- NLP 활동 : 탁월성의 원, 경험(감정) 나누기
  - ① 자주 경험하고 싶은 자원이 충만한 상태를 생각한다(7회기와 8회, 9회기의 충만한 체험).
  - ② 그러한 경험을 충분히 했던 구체적인 시간이 언제였는지를 떠올려 본다.
  - ③ 앞에 원이 하나 있다고 상상하고 그 원을 마음에 들게 만든다. 색깔이나 선의 굵기, 재질, 음악이나 소리, 느낌 등의 다양한 방법으로 원을 마음에 들게 만든다.

④ 마음에 드는 원이 만들어졌다고 상상하고 자원이 충만한 경험을 떠올리면서 그 원 안으로 들어간다.

⑤ 원 안으로 들어가면서 자원이 충만한 상태에의 경험을 실제로 경험했던 것처럼 상상으로 체험한다. 그때 있었던 것을 보고, 그때의 소리를 들으며, 그때 느낌들과 호흡한다.

⑥ 모든 표상 체계를 포함하여 그 현장에 있는 것처럼 느끼면서 그 장면을 더욱 생생하게 만들어 본다.

⑦ 원 밖으로 물러나 몰입 상태에서 벗어난다.

⑧ 다시 원 안으로 들어간다. 얼마나 완전히 조금 전에 느꼈던 그 상태에 다시 접속할 수 있는지에 주목하면서 탁월성의 원을 집중한다.

⑨ 언제 어디에서 이런 탁월성을 느꼈던 그 자원이 필요한지 생각해 보고, 이런 경험을 미래에 어떻게 활용할 수 있을지를 상상해 본다.

⑩ 집단원들의 각자가 체험한 것과 느낌을 나눈다.

• **푸드표현 활동** : 충만한 나의 공간, 피드백 나누기

① 눈을 감고 호흡을 통해 몸과 마음을 이완한다.

② 탁월성의 원을 통해 경험한 느낌을 충만하게 다시 떠올린다.

③ 그 느낌을 충분히 느끼면서 준비한 재료로 작품을 만든다.

④ 자신의 작품 제목과 표현하려고 한 것이 무엇인지 이야기한다.

⑤ 표현한 작품에 대한 집단원들은 상호 간에 피드백을 주고받는다.

⑥ 자신의 작품에 대한 피드백을 듣고 새롭게 알게 된 것과 느낀 것을 정리하여 표현한다.

⑦ 집단원들이 모두 표현하도록 돌아가면서 ④~⑥을 반복한다.

⑧ 집단원들이 서로에 대해 축하하고 격려한다.

✲ 활동 결과

사랑충만

아름다운 꽃밭

충만한 가슴

참고문헌

강종우(2019). NLP Trainer 자격과정 수강생 워크시트.

김민용, 김지유(2019). **창의융합적 맛있는 만남 푸드표현예술치료**. 서울: 창지사.

김혜경(2019). 푸드표현예술치료 프로그램이 영유아 어머니의 양육효능감, 우울 및 자기-자비에 미치는 영향. 선문대학교 글로벌통합대학원 석사학위논문.

설기문(2003). **자기혁신을 위한 NLP파워**. 서울: 학지사.

신용협(2017). **생활 속의 NLP, 인생을 바꾸는 40가지 기본기**. 서울: 필통북스.

유철민(2010). NLP 집단상담프로그램이 수형자의 자아존중감과 의사소통 및 대인관계에 미치는 효과. 홍익대학교 대학원 박사학위논문.

전경숙(2003). **NLP 심리치료**. 서울: 학지사.

Bandler, R. & Grinder, J. (1975). *The sructure of magic I.* Palo Alto, CA: Science and Behavior Books.

Bandler, R. & Grinder, J. (1976). *The structure of magic II.* Palo Alto, CA: Science and Behavior Book.

Dilts, R. (2009). **비전과 변화를 위한 긍정 코칭**. [From Coach to Awakener](박정길 역). 서울: 아카데미북(원저출판: 2007년).

O'Connor, J., & Seymour, J. (1990). *Introducing neuro-linguistic programming: The new psychology of personal excellence.* London: Harper Collins.

CHAPTER

12

외상 후 성장을 위한 푸드표현상담

아픔의 흔적을 억지로 지우려 말자

CHAPTER
12 외상 후 성장을 위한 푸드표현상담

현대사회는 다양한 사람, 다양한 집단, 다양한 사회현상 속에서 변화가 많고 다원적인 사회 안에 살아갈 수밖에 없다. 우리는 살아가면서 사람들과 부딪히지 않을 수 없고 상처를 받지 않을 수 없다. 어떤 경우에는 가족 안에서 방임, 학대, 폭력의 경험을 하기도 하며, 직장 내에서 따돌림, 성희롱, 성추행 등의 심각한 문제를 경험하기도 한다.

우리 사회 안에는 다양한 문제들이 있다. 학교폭력, 연인 간 발생하는 데이트폭력, 가정폭력, 성폭력, 현대사회에 매우 심각한 문제로 대두되고 있는 디지털성범죄피해와 같은 심각한 문제들이 있으며, 어느 누구도 이와 같은 사건을 경험하고 싶지 않을 것이다. 이런 심각한 사회문제들의 피해자가 된다면 그 트라우마는 우리가 일반적으로 상상하는 정도를 뛰어넘을 수도 있을 것이다.

트라우마(Trauma)는 재해, 사고, 사건 등을 경험한 뒤에 생기는 비정상적인 심리적 반응이다. 일반적인 의학용어로는 '외상(外傷)'을 뜻하나 심리학에서는 '정신적 외상', '충격'을 말한다. 트라우마는 시각적이미지를 동반하는 일이 극히 많으며 이러한 이미지는 장기기억에 저장되기도 한다. 트라우마는 사고로 인한 외상이나 정신적인 충격 때문에 사고 당시와 비슷한 상황이 되었을 때 불안감이 높아지는 것을 볼 수 있다.

반드시 심각한 문제가 있어야 트라우마가 남는 것일까? 지진, 홍수, 태풍 등의 자연재해로 인한 트라우마가 발생할 수 있으며 교통사고, 화재, 질병, 인간관계와 같은 일상에서 발생하는 사건으로 트라우마가 남기도 한다. 뿐만 아니라 소방관, 경찰, 의사, 간호사, 교사 등 직업적 환경에서 특수하게 발생하는 사건사고로 인해 트라우마가 남기도 한다.

다양한 문제로 인한 트라우마에 대해 구체적으로 알아보고, 푸드표현예술치료활동으로 회복할 수 있는 방법을 알아보고자 한다.

창의성의 꽃

창조성은 내 안에서 나오게 마련이며 내 안의 창조성을 끄집어 내기 위해서는 거름이 되는 토양과 물, 햇볕이 필요하다. 따스한 태양을 받으며 비옥한 토양에서 나의 창조성은 활짝 피어난다.

1. 트라우마 치유를 위한 푸드표현예술치료

1) 트라우마의 증상

트라우마(Trauma)의 용어 자체는 '외부의 충격'을 지칭하는 말이지만 그 단어 속성상 권력이나 힘의 불균형 속에서 발생하는 것이기에 힘의 관계를 내포하고 있다. 그에 따른 커다란 심리 · 정서적 고통과 후유증의 의미를 포함한다.

트라우마(Trauma) 증상은 크게 세 가지로 요약할 수 있다.

첫 번째, 통제되지 않는 침입적인 생각으로 아무리 생각하지 않으려고 해도 어느새 머릿속은 기억하고 싶지 않은 사건으로 가득 차고, 기억을 끊어내려고 해도 그날 그 사건에 집착하게 된다.

두 번째, 심리 · 정서적 충격에 대한 각성으로 과각성 상태로 신경이 매우 예민해지고 짜증이나 우울한 기분이 들며 식욕 부진, 수면 장애 등의 증상이 나타남으로써 자기 자신을 부정적으로 만들거나 타인에게 부정적인 인상을 주기도 한다.

세 번째, 충격적인 사건이나 경험에 대한 회피로 트라우마 사건에 대해 직면하는 것이 더 심한 고통을 수반하므로 기억을 하지 않고, 보려고도 하지 않는 상태, 즉 회피함으로 자신을 보호하려는 방어적이며 자기보호적인 상태가 되는 것이다.

트라우마의 3가지 특성은 심리적으로 매우 취약한 면이 있으며 과한 예민함과 반대로 아무렇지 않은 듯이 무감각한 상태로 감흥이 없는 삶을 살아가기도 한다. 감정과 감각의 마비는 자기 자신을 바로 바라볼 수 없는 상태가 되며 이는 자신의 감정에 대한 부정의 감정으로 돌아오기도 한다. 트라우마로 고통을 받는 내담자의 경우 사건에 대해 문제적 발단이 자신에게 있다고 생각하여 자책을 하거나 죄책감으로 힘들어 하거나, 극도의 분노감정으로 자기 자신을 잠식해 버리는 경우를 종종 볼 수 있다. 트라우마는 한 개인이 '너무 무섭고 두렵지만 피할 수 없는, 대처할 수 없는 상황'을 경험함으로써 겪게 되는 정신적 외상인 것이다.

트라우마는 다양한 경로로 발생하지만 전쟁, 재난, 폭력피해 등으로 일상을 넘어서는 큰 사건이 한 인간의 삶에 극적인 영향을 미치는 상태이다. 또한 인간의 삶 속에서 자신감이나 자존감을 잃게 만드는 일상 속에서의 경험과 사건이 있다. 학교나 직장 등에서 친구나 동료로부터 반복적으로 경험하는 부적절한 말이나 행동, 일상에서 겪는 당혹스러웠거나 수치스러웠던 순간들의 경험, 질병으로 인한 고통이나 장애, 가족이나 지인의 죽음, 이별, 좌절의 경험이 개인의 정서, 감정, 기분에 영향을 미쳐 트라우마로 나타나기도 한다.

2) 외상 후 스트레스 장애

충격적인 외상사건을 경험하게 되면 이후 다양한 심리적 부적응 증상이 나타나는 현상을 외상 후 스트레스 장애(PTSD : Posttraumatic Stress Disorder)라고 한다.

① **일회적 외상** : 단 한번의 충격적인 사건으로 발생하는 심리적 상처

② **반복적 외상** : 반복적으로 주어진 충격으로 인한 심리적 상처

일회성 외상 발생원인으로 자연재해, 폭력범죄피해 또는 목격, 가족이나 친구, 연인 등의 관계상실, 교통사고 등과 같은 일회적인 사건을 경험할 때 발생한다.

반복적 외상의 원인으로 가정폭력피해, 아동학대, 지속적 성폭력, 전쟁, 감옥투옥 경험 등의 지속적이고 반복적인 경험을 수반한다.

3) 외상 후 스트레스 장애의 취약성 요인

① **외상 전 요인** : 정신장애에 대한 가족력, 아동기의 외상경험, 의존성이나 정서적 불안정성과 같은 성격특성

② **외상 중 요인** : 외상사건의 강도가 심하고 외상사건에 자주 노출될 경우, 타인의 악의에 의한 것일 경우, 외상 사건이 가까운 사람에 의해 일어날 경우

③ **외상 후 요인** : 사회적 지지나 친밀한 관계의 부족, 생활 스트레스, 결혼과 직장생활의 불안정, 심한 음주와 도박 등 외상 후 이러한 요인들은 외상경험자의 심리적 적응을 저해함으로써 외상 후 스트레스 장애를 악화시키게 된다.

4) 외상 후 스트레스 장애의 치료

① **지속적 노출** : 외상과 관련된 상황에 대한 반복 노출을 통해 외상 사건을 큰 불안 없이 직면할 수 있도록 유도하는 치료법이다. 외상사건을 단계적으로 떠올리게 하여 외상과 관련된 공포를 둔감시키기 때문에 일종의 체계적 둔감

법이다.

② **인지행동치료** : 외상 사건을 좀 더 상세하고 정교하게 재평가하여 외상 사건에 부여한 잘못된 생각을 수정하여 부정적 신념과 정서를 변화시키는 치료법이다.

③ **안구운동 둔감화 및 재처리 치료**(EMDR) : 안구운동과 같은 양측성 자극을 이용하여 뇌에서 정보처리시스템을 활성화시킨 후 고통스러운 기억을 치료하는 기법이다.

④ **소매틱 치료** : 트라우마를 겪게 될 때 신경계 안에 얼어붙은 에너지를 방출하게 하는 치료기법으로 몸의 감각을 느끼고 집중하게 하여 신체의 자연적이고 본능적인 생리반응을 완결시켜 주는 기법이다.

2. 외상 후 성장

외상 후 성장((Post Traumatic Growt)은 외상 이전보다 성장 이후 더 의미 있는 삶을 살아가도록 도움을 준다는 것에 의의가 있다. 즉, 트라우마를 자신의 성장 촉진제로 활용하고, 트라우마를 극복하는 과정에서 자신의 잠재력, 강점을 발견하게 된다. 고통과 아픔으로 인해 타인을 더 이해하고 부정정서는 줄이고 긍정정서는 증가시킴으로 외상이 자기 성장의 기회로 변화하게 되는 것이다.

1) 외상 후 스트레스 장애의 치료적 단계

외상회복의 치료단계는 안전단계, 기억단계, 애도단계, 치유단계, 회복단계, 지지단계, 일상연결단계로 치료단계를 세분화하여 조심스럽게 접근하는 것이 중요하며 예술치료를 적용하여 자기문제에 고착되어 있어 내담자가 외부세계와 접촉이 어려운 정신적 상처를 입은 사람들에게 더욱 적합하다.

우리가 일상에서 접하는 다양한 음식재료를 통해 심리 · 정서적 치유의 경험을 할 수 있도록 푸드표현예술치료를 활용 할 수 있다. 음식을 만져 보고, 냄새도 맡아 보고, 먹어도 보며, 재료를 손질하면서 발생하는 소리, 음식을 먹을 때 나는 소리 등 오감을 자극하여 신선한 푸드매체를 통해 온몸과 마음으로 느끼고 정서적으로 푸드 매체와 하나되는 작품 활동을 통해 자기 자신의 감정을 이해하고 공감함으로써 스스로를 정서적으로 느끼며 통찰할 수 있는 시간을 가지게 된다.

푸드 매체를 활용하여 트라우마 회복 프로그램에 참여한 대상자들은 '내가 이렇게 외로웠는지 몰랐다', '나 자신이 애처롭다', '내가 이렇게 아팠었구나'라는 표현을 하여 자신의 트라우마를 직면할 수 있는 용기를 가지게 되었고 시간이 거듭할수록 마음이 유연해지고 외상 후 성장을 통해 회복탄력성도 향상이 되었다.

"말린 재료들을 보면서 나 자신을 보는 것 같았다. 고통의 시간들을 보내면서 메마른 나의 삶, 메마른 나의 마음을 보는 것 같아서 마음이 아팠지만 초록의 바탕에 마른재료들을 표현함으로 새로운 생명력을 부여받은 것 같이 활짝 피어나는 꽃이 되었다. 마치 내가 되살아나는 것 같아서 힘이나고 새로워지는 기운을 얻을 수 있었다."

직면의 용기는 나를 사랑하고 타인을 바라볼 수 있는 심리적 여유를 가져오며 아픔을 인식하고 자기통찰을 함으로써 두려움에 도망가거나, 회피하지 않는 나를 만나게 되는 것이다. 자연은 스스로 회복되고 치유할 수 있는 자정작용을 하게 된다. 우리는 자연의 일부이며 우리 안의 항상성과 자연치유력을 발휘하여 스스로를 돌보고 회복시킬 수 있는 심리적 자원을 가질 수 있다. 어떤 학자들은 트라우마는 치유되는 것이 아니라 그 트라우마를 바라보는 내담자의 마음이 편안해지고 트라우마와 비슷한 상황이 발생해도 자신을 조절하고 통제할 수 있으면 회복되는 것이라고 말한다. 우리 몸에 상처가 나면 시간이 지나고 딱지가 앉고 그 딱지가 떨어지면 상처의 흔적은 남아 있지만 우리 몸은 그 상처의 흔적을 건드려도 아무렇지도 않다. 트라우마도 이렇게 치유되고 회복되는 것이다.

많은 참가자들의 회복 과정 속에서 슬픔과 아픔을 바라보며 경이로움을 느꼈던 순간을 함께 공유하고자 푸드표현예술치료를 활용한 트라우마 회복프로그램을 소개하고자 한다. 물론 이 책에 소개되는 것은 필자가 트라우마 관련 많은 상담을 하고 사람들과 집단을 운영하면서 행복한 시간을 보냈던 일부 사례이다. 이 책을 읽는 분들 중에는 이렇듯 거창하게 어떻게 할 수 있을까 하고 재료의 준비에 대해 미리 염려를 하는 분도 계실듯하다. 그러나 그냥 믿고 맡기면 모든 것은 스스로 되게 되어 있다. 필자는 수년간 심각한 트라우마를 경험한 내담자를 만나고 그들이 건강하고 행복한 사람으로 살아가기 위해 스스로를 치유해 가는 과정을 지켜보며, 우리 인간의 타고난 본질적인 사랑과 위대한 마음의 힘을 체험하고 감동했으며 신이 주신 탁월한 자연치유력을 믿게 되었다. 이러한 경험을 바탕으로 독자 여러분을 다양한 맛과 향을 가진 맛있는 푸드표현예술치료의 세계로 초대한다.

3. 푸드표현예술치료는 외상 후 성장에 좋은가?

김민용, 김지유(2019)에 의하면 음식재료를 만지고 놀며 표현하는 것만으로도 치유적이라고 하였다. FOOD표현 매체는 어떠한 치유적인 힘을 가진 것일까?

우리의 몸은 우리가 섭취하는 음식이 만든다고 말을 한다. 음식이 곧 몸이라면 우리가 섭취하는 음식이 매우 중요하다고 볼 수 있다. 세계의 많은 식용재료가 넘쳐나고 다양한 음식이 많지만 나와 맞지 않는 음식도 분명 존재한다.

예를 들면, 한국인의 대표 건강식 중 홍삼의 경우 전 국민에게 몸에 좋다고 광고를 하고 있지만 체질에 맞지 않는 사람이 섭취했을 경우 얼굴에 열이 오르는 승열 반응이 나타난다. 그 결과 2010년 농림수산부식품부는 승열 반응에 대한 대책을 고민하고 체질에 따른 상품 전략을 홍삼제조업체에게 요청을 한 바가 있다. 그외 계란, 땅콩, 새우 등 특정 음식재료에 알레르기 반응을 보이는 사람들도 있다. 사람의 몸은 한 가지로 획일화되어 있지 않고 다양한 체질을 소유하고 있듯이 우리들이 겪는 다양한 아픔에 대한 치유의 푸드 매체 역시 각기 다르게 사용될 수 있다.

가령 다양한 컬라의 과일들을 가지고 푸드표현을 할 경우 신선한 과일을 만지고 맛보고 냄새를 맡는 행위 자체만으로도 긍정에너지, 생명의 에너지가 생성되어 마음의 회복을 줄 수 있다. 또한 매일 일상 속에 있는 다양한 푸드매체로 파, 깻잎, 고추, 배추, 무, 두부 등의 다양한 일상의 먹거리는 우리의 몸을 건강하게 만들 뿐 아니라 푸드매체로 푸드표현예술치료활동을 할 경우 그냥 음식재료가 아닌 일상의 힐링 재료가 되는 것이다. 자연의 매체를 통해 자신이 태어나 존재하는 이유와 자신에 대한 이해의 깨달음으로 자아성찰의 시간을 가질 수 있게 됨으로 푸드매체 자체가 주는 힘은 자연치유적인 효과와 개인의 항상성을 높일 수 있게 만드는 것이다.

「건강하고 맛있는 창의융합 푸드표현예술치료(김민용, 김지유, 2019)」에서 푸드표현예술치료는 상담 현장에서 저항적이거나 의심이 많은 사람, 의사소통에 문제가 있거나 일탈행동을 하거나 지적장애가 있는 사람들에게도 그들 안의 자연치유력을 복원시키는 힘을 가지고 있다고 한다. 이런 효과성을 보여 준 푸드매체를 활용한 상담사례를 소개한다.

첫 번째 푸드 매체 : 두부

프로이트는 불안에 관해 정서적인 상태라고 하였다. 느낌으로서의 불안은 불쾌한 것이지만, 다른 불쾌감은 긴장, 고통 등이 신체의 특정한 기관으로 돌릴 수 있는 분명한 육체적 느낌이 동반된다고 말하고 있다. 프로이트는 불안 상태의 기원을 출생의 외상이 되살아난 것으로 보고 있다. 불안의 기원이 출생의 외상에서 출발한다면 푸드표현예술치료에서는 건강한 출생, 즉 자기를 바라보고 다시 태어나는 것을 경험할 수 있도록 도와준다. 여기서 말하는 '다시 태어난다'는 것은 푸드 매체로 창조적 활동을 함으로써 나를 마주하고 알아차림을 통해 스스로 새로워진다는 것이다.

고통과 아픔으로 힘들어진 자신을 두부 매체로 상징화한다. 원재료는 영양가 풍부한 콩에서 출발한다. 두부가 되기까지 많은 노력과 수고가 있어야 한다.

두부 매체의 경우 갓 만든 두부는 따뜻하고 온기가 있지만, 트라우마 회복을 위한 두부 매체의 경우는 일반 마트에서 판매하는 두부를 선택한다.

마치 트라우마로 아픔을 치유하지 못해 차갑게 변해 버린 자신을 상징하게 된다. 두부는 곧 자기 자신인 것이다. 차갑고 아무렇지 않은 척하며 단단하게 살아가려 하지만 고통과 아픔으로 울부짖는 자신인 것이다.

두부를 바라보며 참여자는 푸드 매체인 두부를 통해 자신을 바라보는 시간을 갖는다. 즉 두부와 영적인 대화의 시간을 가지면서 내면의 자신을 만나게 된다. 두부라는 매체를 통해 따뜻한 감정과 뜨거운 열정이 있었던 과거의 나를 만나게 한다. 두부라는 매체는 콩을 삶는 작업에서부터 시작하여 새로운 형태로 재탄생하며 두부가 만들어지는 과정을 고통 속에서 힘들어 하며 재탄생하려는 자신과 동일시하게 된다.

두부를 바라본 후 가만히 두부를 만져 보는 시간을 가져 보도록 한다. 차가운 기운을 발산하는 두부를 통해 나를 느끼며 아픔을 느껴 본다. 두부를 손으로 누르기도 하고 으깨면서 두부의 부드러운 느낌을 통해 원래의 나도 이렇게 부드러운 존재였음을 인식해 본다.

두부를 바라보며 자신을 느끼는 순간

두부의 향기, 두부의 촉감을 통해 차갑지만 부드러운 면을 동시에 느끼며 자기 자신 안에 있는 두 가지 면을 바라봄으로써 두부를 온전히 체감하며 자신을 온전히 느껴 본다.
두부를 두들기거나 다지기, 손으로 으깨기, 두 손으로 꼭 짜서 수분 제거하기 등의 표현으로 억눌린 감정을 표출하고 트라우마를 회피하지 않고 바라볼 수 있도록 한다.

✻ 두부 매체를 통한 트라우마의 회복과정-자기 마주하기

두부 매체를 온전히 느끼는 시간이 자기 자신을 받아들이는 시간이었다면 다음으로 두부를 자신으로 상징화하여 자신의 아픔을 바라보고 트라우마로부터 이겨낼 수 있는 나를 상징화하여 회복탄력성을 가지는 나로 표현해 본다. 생각하고 싶지 않은 순간들이 반복적으로 생각날 때마다 나를 괴롭히는 아픈 기억으로 고통스러움에 굳어 버리는 자신을 위로하게 한다.

회복탄력성을 지닌 나를 수용하며 앞으로의 나를 마주하게 한다. 회복하는 나, 건강한 나, 자유로운 나, 힘 있는 나로 상징성을 부여함으로써 자기암시적인 주문을 걸게 된다. 이는 긍정적인 자기상을 부여함으로써 트라우마가 재발되거나 플래시백 현상이 나타날 때 나를 지킬 수 있는 기재로 활용될 것이다.

두부의 상징성을 부여하는 것은 회복탄력
성을 가진 나를 나타내는 표현이다.

자신의 행복을 새롭게 단장함으로써
긍정적 자기상 만들기

두부 매체를 만지고 느끼면서 자신의 아픔과 차가우면서 무른 두부를 통해 연약한 자신을 만나게 된다. 아픔으로 힘든 시간들이 나를 무르게 하였다는 것을 받아들이며 두부를 두 손으로 물기를 완전히 제거해 보는 작업을 통해 내담자는 아픔의 눈물도 함께 제거하도록 한다. 두부와 자신을 동일시함으로써 두부를 더 이상 함부로 다룰 수 없게 된다.

사람은 본디 자기치유적인 본능을 가지고 있다. 두부 매체를 자기의 모습으로 표현해 봄으로 객관적인 나를 만나 나에게 위로와 용기의 메시지를 전달하는 순간 내담자는 자신을 볼 수 있는 내면의 힘이 생기게 되며 또한 새로운 자신을 표현함으로 자신의 가치와 자존감이 높아지게 된다. 향상된 자존감은 자기향상성을 높이게 되며 아픔으로부터 이겨 낼 수 있는 힘이 생기게 되는 것이다.

✲ 두부매체 활용으로 고통을 승화시키며 재탄생하는 과정–자기치유적 회복

– 두부스테이크

– **재료** : 두부, 계란, 마늘, 양파, 데코 재료

다양한 방식으로 두부의 오감을 느낀 후 단단한 자신으로 만들기 위해 열을 가하여 단단하게 하는 작업을 한다. 이는 내담자에게 심리적 견고함을 부여하는 표현방법이다.

단단하게 만든 두부를 접시 위에 표현과정을 통해 자기암시적인 작품명을 부여한 후 긍정적이고 자기향상성을 가지는 메시지를 담게 된다. 참가자들은 서로 작품에 대한 의미를 나누는 시간을 가진다.

푸드표현예술치료는 작품을 새롭게 변형할 기회를 준다. 변형의 의미는 기회부여이다. 나의 다짐, 각오, 치유의 메시지를 담고 있으며 발전적인 의미를 지니며 내담자 스스로 자신을 통찰하는 순간 변형의 욕구가 발생하며 이것을 직접적이며 빠르게 작품에 표현하도록 한다. 순간의 감정이 사라지지 않도록 긍정적인 내담자의 감정에 집중하여 변형하는 순간은 내담자가 새로운 자기를 만나는 순간으로 자기치유력이 높아지는 기회이다.

푸드표현예술치료 활동을 통해 트라우마를 회복할 수 있도록 성장의 촉진제 역할을 하며, 두부 매체를 작품으로 표현하는 과정 속에서 자신의 잠재력, 강점을 발

견하며 스스로 통찰하는 시간을 가지게 된다. 두부를 만지고 주무르고 물기를 제거하는 등의 표현으로 내담자는 자신 안의 고통과 아픔을 받아들이고 이러한 치유적인 성찰의 시간들은 타인을 더 이해하고 공감할 수 있는 나, 트라우마에서 회복할 수 있는 자기향상성을 가진 나로 성장하게 된다.

두 번째 푸드 매체 : 무

'무'라는 매체를 만나 본다.

우리나라는 무를 삼국시대(BC 50년)부터 재배하였다고 전해진다. 무의 효능에 대해 5000여년 전 중국의 명나라 이시진이 쓴 최고의 약학서『본초강목』에 따르면 무 생즙은 소화를 촉진시키고 독을 푸는 효과가 있으며 오장을 이롭게 하고 몸을 가볍게 하면서 살결이 고와진다고 했다. 무즙은 담을 제거하고 기침을 그치게 하며 각혈을 다스리고 속을 따뜻하게 하며 빈혈을 보한다고 했다. 생즙을 마시면 설사를 다스린다는 기록도 있다.

✲ 무 매체의 특징

단단하다.
껍질이 있다.
땅속에서 자란다.
변화가 가능하다.
수분이 가득이다.

무는 단맛도 있지만 톡 쏘는 듯한 매운맛이 있어 답답한 것을 풀어 주는 작용이 있다. 무의 뭉친 것을 풀어 주는 특성으로 소화불량에 좋다.

✲ 무 매체의 부정적인 특징

단단해서 거북하다, 흰색이라 물이 잘 든다, 수분이 너무 많다 등이 있다.

✻ 무 매체의 긍정적인 특징

달다, 다양하게 변화가능, 수분풍부, 소화에 좋다, 친근한 재료, 해열진통에 효과적, 기관지, 성인병, 변비에 좋음, 면역력 강화... 등이 있다.

✻ 무의 특징을 통해 우리 자신을 표현하기

재료 : 생무, 단무지, 무쌈, 무순, 무청, 새싹채소, 과일 등

① 먼저 무를 가만히 바라보며 무를 만나는 시간을 가진다. 다음 무를 손으로 만져 보면서 무의 단단함, 차가움, 무의 향기 등을 오감을 통해 느껴 본다.

② 현재 내가 감사하게 생각하는 것이 무엇인지 탐색하고 무로 작품을 표현한다.

무의 단단함과 부드러움을 표현한 작품으로 아픔을 잘 이겨 내는 과정을 표현하였다.
재창조활동을 통해 회복할 수 있는 기회가 생기는 것이다.

무와 쌀의 만남으로 새로운 '무밥'탄생!
고통의 독소를 제거하고 내 안의 소화과정을 거쳐 무는 새로운 무밥으로 탄생하여
나를 따스하게 온기로 감싸고 지친 나의 마음을 위로해 주며 내 몸을 건강하게 만든다.

프로이트(2010)는 『억제, 증상 그리고 불안』에서 '불안은 억압에서 새로 생겨나는 것이 아니라 이미 존재하는 기억 이미지와 일치하도록 정서적인 상태로 복제된 것

이며 정서 상태는 애초에 겪은 외상성 경험의 잔여물로서 마음에 새겨져 있다가 비슷한 상황이 일어나면 기억 상징들처럼 되살아나는 것이다라고 하였다. 정신분석학에서 불안은 무의식에서 의식으로 올라오는 것의 반응이라고 한다.

트라우마로 인한 불안과 공포감을 해소하기 위해서 우선 트라우마가 발생한 원인과 마주해야 하며 그것을 서서히 둔감해질 수 있도록 치료를 해야 한다. 무의식저 아래 저장할 것이 아니라 의식의 세계에서 불안과 공포의 트라우마를 해소해야 한다. 융의 의식은 개인이 알 수 있는 유일한 부분이라고 했다. 푸드표현예술치료 활동을 통해 트라우마를 마주하고 그것을 무의식의 창조적 표현을 가지고 의식의 세계에서 트라우마를 소화할 수 있도록 내담자의 정서적 속도에 맞게 점진적으로 진행해야 한다.

'무'라는 소재 자체가 소화기능에 도움을 주며 독소를 제거하는 기능이 있으므로, 트라우마 회복을 위한 내담자에게 매우 적합한 매체라고 볼 수 있다.

트라우마로 우리의 마음과 몸을 보하는 재료로 재격인 무는 고통과 아픔을 소화하고 몸을 건강하게 회복하도록 돕는다. 모든 예술 활동은 무의식의 세계가 반영된 것이다. 창조된 푸드표현예술치료작품은 내담자 스스로를 위로하고 정서적으로 지지하여 트라우마를 건강하게 회복할 수 있도록 돕는 과정이다.

세 번째 푸드 매체 : 가루

'자유란 무엇인가'

인간이 살아가면서 진정한 자유를 느끼는 순간은 바로 타인에게 미움을 받는 것이라고 알프레드 아들러는 말했다. 즉, 타인에게 미움 받을 용기가 있을 때 우리는 스스로 주체적으로 삶을 살아갈 수 있다는 것이며, 타인을 의식하지 않고 온전한 나를 바라볼 수 있는 것이며 이것은 자아존중감이 높을 때 가능하며 이기적인 것과 다르다.

알프레드 아들러는 어떠한 경험도 그 자체는 성공의 원인도 실패의 원인도 아니라고 했다. 우리는 경험을 통해서 받은 충격, 즉 트라우마로 고통받는 것이 아니라, 경험 안에서 목적에 맞는 수단을 찾아낸다. 경험에 의해 결정되는 것이 아니라, 경험에 부여한 의미에 따라 자신을 결정하는 것이라고 그는 말했다.

"모든 고민은 인간관계에서 비롯된 고민이다." 라는 말처럼 우리는 관계를 벗어날 수 없으며 사람과 사람 속에서 살아갈 수 밖에 없다. 나를 지키고 트라우마가 발생하지 않기 위해 이겨 낼 수 있는 힘을 키우는 것이 필요할 것이다.

✲ **가루 매체의 특징** : 자유롭다, 변경이 가능하다, 섞을 수 있다. 찬물 더운 물 가리지 않는다. 섞을 경우 새로운 것이 된다.

✲ **부정적인 특징** : 본질을 흐리게 할 수 있다. 만지기 불편하다. 원래 모습을 알 수 없다.

✲ **긍정적인 특징** : 잘 섞인다, 물(액체)과 조화가 잘 된다. 여러 맛과 섞을 수 있다. 변형이 가능하다.

✲ **관계 속에서 상처받은 나를 바라보며 당신의 현재 모습과 마주하기**

재료 : 녹차가루, 노니가루, 커피가루 등

관계 속에서 자유롭지 못하고 스트레스는 반복되어 상처가 남게 되는 나를 표현하였으며, 어떻게든 회복하고자 노력하는 나를 만나고 스스로 위로하는 시간을 통해 관계 속 트라우마 회복이 가능해진다.

다양한 가루 매체를 통해 관계 속에서 힘든 나이지만 관계 속에서 또다시 회복한다는 것을 알아가게 된다. '사람으로부터 받은 상처는 사람으로부터 회복 받아야 한다' 라는 말이 있다.
이 말은 많은 사람들의 경험에서 만들어졌을 것이다. 우리는 관계 속에서 상처받고 아파하지만 관계 속에서 치유되곤 한다. 집단 푸드표현예술치료활동을 하면서 새로운 관계를 형성하며 그들 속에서 치유되는 것을 느낄 수 있다.

트라우마를 잘 받는 사람이 따로 있는가? 관계 속에서 상처받은 나를 바라보며 지치고 힘들어 하는 상처투성이의 나의 현재 모습을 보게 될 것이다. 건강한 성장을 위해 노력하지만 미해결되는 과제들은 자꾸만 쌓여 가는 게 많아진다.

수많은 인간관계 속에서 건강한 성장이란 자신을 채우고 공동체에 헌신하는 것이다. 레바논의 대표 작가인 칼릴 지브란은 "함께 있되 거리를 두라. 하늘 바람이 너희 사이에서 춤추게 하라" 라고 했다. 즉, 공동체 안에서 숨통의 공간을 마련해야 한다는 것이다. 우리는 친구 사이, 연인 사이, 가족 사이, 동료 사이에서 바람의 숨결이 지나갈 수 있도록 자리를 비워 두는 여유가 필요하며 그 공간이 우리를 지킬 수 있는 숨길인 것이다.

다양한 사람들과 부딪치고 살아가는 과정은 충돌과 상처를 남기기 마련이다. 상처들이 계속 이어지고 그 속에서 살아가는 인간은 예상치 못한 일과 변화 가득한 인생 안에서 불안과 놀라움, 혐오, 화, 행복, 슬픔과 같이 자연스러운 감정을 느낄 수 있다. 이러한 것들에서 오는 두려움은 어떻게 해결하느냐에 따라서 질병이 될 수도 있기에 불안과 트라우마에 대처하는 방법은 중요하다.

4. 트라우마 회복을 위한 자기성장 푸드표현예술치료

우리가 일상을 살아가며 건강한 사람으로 기능하기 위해 자신의 인지, 정서, 행동(신체의 자각)상태를 알아차리는 것은 매우 중요한 부분이다. 특히, 정서를 제대로 인식하지 못할 경우 인간은 스스로를 억압하거나 통제하며 과잉적인 행동을 통해 방어적인 자신을 드러내게 된다. 상담현장에서 많은 내담자들이 자신의 부정적인 정서를 제대로 인식하지 못하고 타인을 탓하거나 문제를 자신에게로 귀인하여 자책을 하는 모습을 자주 목격하게 된다.

이는 내담자들이 잘못해서가 아니다. 어떤 문제로 인한 불안, 두려움, 경계에 대한 방어적인 행동으로 볼 수 있다. 트라우마를 잘 회복하기 위해서는 우리가 매 순간 어떻게 느끼며, 어떻게 방어하고 있는지 알 필요성이 있다.

본 프로그램은 단기보호시설에 입소 중인 가정폭력피해 경험이 있는 대상자를 위해 푸드표현예술치료를 적용한 집단상담 프로그램이다. 단기보호시설에 입소한 내담자를 대상으로 실시한 것이므로 회기는 짧게 구성이 되어 있으며 현재의 상황에 대한 객관화를 통해 자신을 바라보고 현재의 감정을 느낌으로 세상의 잣대로 나를 바라보는 것이 아니라 건강하게 자립할 수 있는 건강한 나로 바라볼 수 있도록 한다.

트라우마 회복 푸드표현예술치료 집단상담에서 중요한 것은 트라우마의 원인이 된 사건이나 사고의 경험을 집단상담 속에서 자기노출을 함으로써 집단원들의 정서적 지지와 공감대를 형성할 수 있게 하는 것이다. 이런 경험을 바탕으로 푸드표현예술치료 집단속에서 긍정적 지지는 자기 자신에 대한 긍정적 인식을 형성하여 긍정적 자기상을 만들 수 있다.

트라우마 회복을 위한 푸드표현집단상담 프로그램을 통해 형성된 자기성장, 창조적 표현과 자기치유의 자연적 경험이 내담자를 스스로 성장하도록 만들며, 이 과정은 집단 속에서 인정하고 지지하는 협력적 과정이 내담자의 내면의 힘을 키워주게 된다.

트라우마 회복을 위한 자기성장 집단상담 프로그램

단계	회기	회기목표	활동내용	푸드재료
자기와의 만남	1	오리엔테이션 자기소개	• 자기성장 프로그램 실시목적, 집단의 규준, 규정을 안내한다. • 별칭을 통해 자기소개를 함으로 긴장감을 해소한다.	**재료 :** 뻥과자, 시럽, 이쑤시개, 작은 종이컵(시럽 담는 용기), 도화지
	2	나는 어떤 사람인가?	• 집단구성원 간 자기노출을 통해 자기의 새로운 발견과 있는 그대로 자신을 받아들인다. • 푸드매체는 껍질을 벗길 수 있는 재료 구성으로 현재 자신을 표현하도록 한다.	**재료 :** 양배추, 양파, 귤, 접시
자기탐색	3	자기 바라보기	• 나의 성장과정을 표현함으로 어릴 적 자신의 모습과 현재의 자신의 모습을 비교해 볼 수 있도록 한다. • 어릴 적 자주 먹었던 푸드매체를 통해 기억을 떠올려 본다.	**재료 :** 젤리류, 미니초코볼, 과자류, 접시 등
	4	싱그러운 나의 20대	• 연애시절 만남과 결혼까지 과정을 얘기함으로써 애틋했던 감정을 되짚어 보며 자신의 긍정성을 발견한다. • 결혼에 대한 가치관이나 신념을 알아본 후 관계의 중요성과 좋은 삶에 대해 나눈다. • 대비되는 푸드재료를 통해 대인관계를 짚어 보고 더불어 살아가는 삶과 현재 나의 삶을 바라보는 시간을 갖는다.	**재료 :** 사과, 수박, 후르츠과일, 사이다, 볼, 유리잔

문제 해결	5	폭력피해에 대한 자기노출	• 폭력사건에 대한 자기노출을 통해 자기이야기를 할 수 있도록 하며 푸드매체를 통해 자신을 받아들일 수 있도록 한다. 자신이 느끼는 감정을 말이나 행동으로 표한하도록 함으로 스트레스 상황에서 벗어나 자유로움을 느끼도록 한다. • 두부를 통해 연약한 자신을 만나보고 단단하게 변화될 수 있는 자신을 발견하고 애도하는 시간을 가져 본 후 두부스테이크를 만들어 성장한 자신을 만나 회복할 수 있다는 믿음을 가진다.	**재료** : 두부, 계란, 마늘, 양파, 파, 토마토, 데코 장식 등
	6	장점과 성장점 피드백 주고 받기	• 자신이 잘할 수 있는 것과 어떻게 하면 성장할 수 있는지 알아본다. • 폭력피해 이후 자신이 달라진 점과 다르게 살아가기 위해 내가 할 수 있는 것이 무엇인지 알아본다.	**재료** : 내담자에게 직접 물어보고 무엇으로 표현을 할 수 있을지 파악 후 재료 준비한다.
새로운 나와의 만남	7	내가 바라는 가족상	• 인생의 의미와 목적을 두고 살아가는 이유를 얘기해 보고 의미 있는 삶을 살아가는 방법을 찾아봄으로 자기 스스로 성장할 수 있다는 확신을 가져 본다.	**재료** : 메추리알, 파, 당근, 오이, 방울토마토, 새싹채소, 접시, 샐러드소스
	8	미래의 나-삶의 의미 찾고 긍정적 자기 만들기	• 트라우마를 회복해 가는 건강한 자신의 미래를 완성하기 위해 만다라를 완성하고 단단한 자신을 바라보며 행복한 감정을 충족한다.	**재료** : 비스켓류, 초, 색지

5. 사례를 통한 푸드표현상담의 효과

알콜의존 가족문제 트라우마 회복

작품1–꽃을 피우자

작품2– 다시, 새로운 꿈

40대 여성의 작품(작품1)으로, 남편의 알콜의존 문제로 가정이 온전하게 기능하지 못하고 있는 여성의 작품이다. 내담자는 가정을 지키고 싶어 했으며 상담을 받고 가정이 달라지기를 바랬다. 가족 내 누군가의 문제는 그 사람만의 문제가 아닐 수 있으며 영향도 가족 모두가 받는다는 걸 내담자는 받아들이는 데 매우 힘들어하였다. 가정을 지켜야 한다는 신념을 버릴 수 없었던 내담자는 매마른 땅에 가느디 가는 가지를 가진 꽃을 피우고자 노력하였지만 이 가정은 작품처럼 건조하고 간신히 서 있는 듯한 안쓰러움이 가득하게 표현되었다. 내담자는 상담 당시 작품의 의미를 알지 못하였으며 상담을 마치고 한동안 연락이 없었다. 2년이 지나서 내담자는 다시 상담실을 찾았으며 조용히 푸드표현작품을 표현하였다. 작품에 변화가 있었기에 내담자에게 그동안 무슨 일이 있었구나 짐작할 수 있었다. 내담자는 그동안 이혼을 마무리했으며 자녀들과 힘든 시간을 이겨 냈으며 지금은 조금 안정이 되었다고 했다.

내담자의 작품(작품2)은 자녀들과 내담자까지 3명의 가족이 앞으로 새롭게 시작하면서 다시 꿈을 꾸고 싶은 간절함이 담겨 있었으며 신에게 기도하듯이 삼위일체를 이루고 있었다. 내담자의 마음이 작품에 고스란히 담겨 있어서 많은 말을 하지 않아도 내담자의 간절함을 느낄 수 있었다. 내담자는 알콜의존으로 힘들어하는 남편을 통해 가족문제를 경험하면서 자녀들과 내담자가 심리적 트라우마가 형성되었으나 푸드표현예술치료활동을 하면서 자신을 바라보는 소중한 시간들이 자신을 바로 새우고 트라우마로부터 회복되는 것을 지켜볼 수 있었다. 미해결된 무의식적 갈등해결로 긍정적인 행동변화 유도를 스스로 할 수 있는 힘이 생겨난 것이다.

생명력이 있는 각종 푸드매체로 푸드표현예술치료활동을 하는 경우 내담자가 말로 다 표현할 수 없는 것이 작품에 내포하고 있으며 완성된 작품을 보면서 다시 생명력을 느낄 수 있는 것이다. 트라우마 회복과정 중 경험의 재구성 부분이 있다. 트라우마가 발생하는 사건을 회피하지 않고 천천히 바라볼 때 우리는 서서히 나아짐을 경험을 할 수 있다. 회복을 급히 할 필요는 없다. 천천히 트라우마로부터 멀어지면 되는 것이다. 푸드표현예술치료활동을 함으로써 창조적 행동으로 기쁨과 만족을 얻을 수 있으며 새로운 동기부여가 가능하게 된다.

질병의 트라우마에서 회복하기

작품3–축하해

작품4– 완성

선천적으로 빈혈을 앓고 있는 딸을 양육하던 내담자 여성의 작품이다. 내담자의 딸은 선천적 빈혈로 인해 잦은 수혈과 입원을 반복하며 초등학교 생활을 간신히 마쳤으며 결국 수술을 해야만 나아질 수 있다는 판단에 중학교 입학 전 수술을 하게 되었다. 다행히 수술은 잘 마무리되어 예후가 좋았다. 딸은 회복력이 좋았으며 빈혈도 많이 개선이 되었다. 빈혈로 인한 성장이 더디기만 했던 딸이 키도 크고 잘 자라 주었다. 그러나 수술 후유증으로 소화기관의 문제가 발생하여 중학교 시절 역시 역류성식도염이 자주 발생하게 되었다. 새벽에 통증이 발생하면 베개를 부여잡고 고통 속에 몸부림치는 딸의 모습이 늘 안타까웠으며 어려서 특별히 위장치료제 말고는 치료방법이 별로 없는 상황이라 더욱 힘든 시간들을 보내 왔다. 딸은 중학교 시기 역시 결석이 잦을 수 밖에 없는 상황이었다. 빈혈은 좋아졌지만 다른 질병으로 고통을 받아야 했던 것이다. 그런 아픔 속에서도 딸은 잘 자라 주었으며 조금씩 나아지는 상황에 중학교 졸업을 하게 되었으며 내담자는 그날의 감정을 푸드표현작품으로 표현하였다.

작품-3에는 내담자는 자신의 딸이 중학교를 잘 마무리하고 졸업까지 한 것에 대한 대견함이 담겨 있으며, 고등학교로 진학하는 딸의 새로운 시작을 개나리로 표현하였으며 딸의 미래를 축복하는 엄마의 사랑으로 모든 것을 감싸는 작품을 표현하고 감사한 마음을 느꼈다고 한다.

가족 중 질병이 있을 경우 온 가족의 마음의 무게는 경험하지 못한 사람은 알 수 없다. 그 가족만의 아픔과 슬픔이 트라우마로 남으며 어떻게든지 건강하게 회복하고자 하는 마음이 있을 것이다. 트라우마의 경험을 재창조를 위한 통로 및 자기개념의 전환으로 스스로 치유의 힘을 만들어 내며 작품을 통해 현재 가능성을 알아차림으로 자기 자신을 지지하고 응원할 수 있게 된다.

캘빈 S.홀(2004)은 그의 책에서 융의 말을 인용하여 '자기'는 질서, 조직, 통일의 원형이라고 말하였다. 자기는 모든 원형과 콤플렉스 및 의식 속의 원형들에 대한 표현 형태를 끌어들여 조화시킨다. 자기는 끊임없이 실현되려고 한다. 푸드매체를 활용한 내담자의 작품은 질서, 조직, 통일의 원형을 통해 자기실현을 이룩해 가고자 하는 내담자의 강한 메시지를 표현한 것이다.

6. 외상 후 성장을 위한 푸드표현상담자의 자세

그동안 필자와 만났었던 많은 크고 작은 트라우마를 경험한 사람들이 외상 후 성장을 하는 과정을 지켜보며 그들이 변화하는 마음의 경이로움을 느끼고 함께 울고 웃으며 함께 공유하는 시간을 가져 왔다. '푸드표현 하고 놀면 치유의 기적이~', '푸드표현 하고 놀면 즐거움이 치솟아요~', '푸드표현 하고 놀면 기쁨이 치솟아요~'라고 늘 노래를 부르듯 푸놀치 마음여행에 대해 말하는 치유산타 김지유(2020)의 말처럼 푸드표현하고 놀면 어느 순간 기쁨이 솟아나고 즐거움이 솟아나며 치유의 기적을 스스로 체험하게 된다.

지면 관계상 이 책에 소개되는 것은 필자가 트라우마 관련 많은 상담중 단편적인 한 부분이라 많은 부분을 공유하지 못해 아쉽지만 이렇게라도 아픔을 경험했던 사람들과 함께했었던 기쁨과 슬픔, 행복한 시간을 공유하게 되어 감사하게 생각하며 새삼 그들을 통해 필자 또한 많이 배우고 성장할 수 있는 감사한 경험이었음을 고백하고 싶다.

우리 모두는 태어나는 순간 자기치유와 스스로를 돌볼 수 있는 복원력을 가지고 태어난다고 필자는 믿고 있다. 푸드표현예술치료는 자연의 소재인 FooD재료를 활용하여 맛있게 먹으며 즐겁게 마음을 표현할 수 있는 도구이나, 손이 움직이지 않는 다면 그냥 먹으면서 맛을 음미하며 자신의 오감의 에너지가 어디로 흘러가는지 자신의 마음을 들여다보고 가만히 미각과 후각에 아삭아삭 경쾌하게 씹히는 청각까지 느껴보자. 자신의 오감과 만나는 그 순간부터 우리 몸은 스스로를 돌보고 자정작용을 하기 시작한다. 이 책을 읽는 독자 여러분이 만약 트라우마의 경험에서 아직 헤어나지 못했다면 여러분을 일상생활 속의 테라피인 푸드표현예술치료의 세계로 초대한다.

참고문헌

김민용, 김지유(2019). 건강하고 맛있는 창의융합 푸드표현예술치료. 서울: 창지사.

김보람(2011). 불안한 존재로서의 자아표현 연구. 이화여자대학교 석사학위논문.

김보람(2011). 老子의 내재화된 '道'범주와 칼 융(C .G. Jung)의 '자기(Self)'. 성균관대학교 석사학위논문.

김지유(2020). 우리아이 자존감을 키워주는 푸드표현공부법. 경기: 한국학술정보.

이은경(2019). 복합외상을 위한 트라우마 기반 정서조절 인지행동치료프로그램 개발 및 효과성 검증예비연구. 한신대학교 정신분석대학원 박사학위논문.

Calvin S. Hall & Vernon J. Nordby(2004). 융 심리학 입문. [Primer of Jungian psychology] (김형섭 역). 서울: 문예출판사(원저출판: 1973년).

Freud, Sigmund(2020). 억압, 증상 그리고 불안. [Hemmung, Symptom und Angst](황보석 역). 경기: 열린책들(원저출판: 1926년).

찾아보기

저자 소개

김민용

한국푸드표현예술치료(K-FEAT)협회 창립
창신대학교 푸드표현상담학 강의 중
저서: 푸드표현예술치료 외 다수
e-mail: mykim2k@hanmail.net

강민주

한국푸드표현예술치료협회 경기남부지부장
힐러스협동조합 이사
푸드표현예술치료 전도사
e-mail: klsh0519@hanmail.net

김지유

한국푸드표현예술치료(K-FEAT)협회 창립
힐링공간 플로리시(flourish) 대표
저서: 청소년미술치료, 푸드표현공부법 외 다수
e-mail: muranggi@hanmail.net

김혜경

한국푸드표현예술치료협회 충북지부장
김혜경심리상담연구소 소장
블로그 '푸드마음여행' 주인장
e-mail: kyoung9221@naver.com

백경미

제주대학교사범대학부설중학교 교사
저서: 희망을 심는 학급집단 미술치료의 이해 외 다수
e-mail: white9021@korea.kr

이경숙

한국푸드표현예술치료협회 경남지부장
그린나래심리상담센터장
푸드표현예술치료 전도사
e-mail: lks6841@hanmail.net

이영희

서울대학교 사범대학 부설 여자중학교 교사
한국푸드표현예술치료협회 이사
푸드표현예술치료 홍보대사
e-mail: lyhtt@hanmail.net

이은영

서울답십리초등학교 교사
푸드표현상담사 1급 전문강사
네이버오디오클립
'영양쌤과 영양 talk talk' 진행
e-mail: youngyangtalktalk@naver.com

장기덕

김천대학교 교수
한국푸드표현예술치료협회 수퍼바이저
문제해결상담치료학회 수퍼바이저
e-mail: brain0921@hanmail.net

지효숙

마음자리심리상담연구소 대표
한국상담학회 1급 전문상담사
한국청소년상담학회 수퍼바이져
e-mail: minky1962@hanmail.net

최진태

대아중학교 전문상담교사
한국푸드표현예술치료협회 부산지부장
前. (사)한국청소년상담학회 학회장
e-mail: jintae64@gmail.com

한은혜

한국푸드표현예술치료협회이사/충남지부장
공주보호관찰협의회장
새샘가족상담센터 실장
e-mail: i0328eunhye@naver.com

푸드표현 상담을 통한
치유와 성장

1판 1쇄 인쇄 2021년 1월 18일
1판 1쇄 발행 2021년 1월 22일

저　　자 - 김민용 강민주 김지유 김혜경 백경미 이경숙
　　　　　이영희 이은영 장기덕 지효숙 최진태 한은혜
발 행 인 - 강철원
발 행 처 - 양성원
주　　소 - 경기도 파주시 검산로 173번길 29-20
전　　화 - 031-946-3861(代)
팩　　스 - 031-946-3864
이 메 일 - tnwpub@naver.com
홈페이지 - tnwpub.co.kr
출판등록 - 2015년 8월 31일 제 2015-000211 호

ISBN 979-11-6126-337-3

정가 22,000원

※ 저작권법 제136조(벌칙)에 따라 위반자는 5년 이하의 징역 또는
5천만 원 이하의 벌금에 처하거나 이를 병과할 수 있습니다.